广东外国语言学会组织编写

宫齐 吴寒 主编

广东外语学人

GUANGDONG
WAIYU XUEREN

世界图书出版公司
广州·上海·西安·北京

图书在版编目（CIP）数据

广东外语学人/宫齐，吴寒主编. ——广州：世界图书出版广东有限公司，2019.3
ISBN 978-7-5192-5837-5

Ⅰ.①广… Ⅱ.①宫…②吴… Ⅲ.①语言学家—生平事迹—广东—现代 Ⅳ.①K825.5

中国版本图书馆 CIP 数据核字（2019）第 004553 号

书　　名	广东外语学人 GUANGDONG WAIYU XUEREN
主　　编	宫　齐　吴　寒
责任编辑	程　静　曹桔方
装帧设计	米非米
责任技编	刘上锦
出版发行	世界图书出版广东有限公司
地　　址	广州市海珠区新港西路大江冲 25 号
邮　　编	510300
电　　话	020-84451969　84453623　84184026　84459579
网　　址	http://www.gdst.com.cn/
邮　　箱	wpc_gdst@163.com
经　　销	各地新华书店
印　　刷	广州市迪桦彩印有限公司
开　　本	787 mm×1 092 mm　1/16
印　　张	17
字　　数	272 千字
版　　次	2019 年 3 月第 1 版　2019 年 3 月第 1 次印刷
国际书号	ISBN 978-7-5192-5837-5
定　　价	68.00 元

版权所有　翻印必究

咨询、投稿：020-84451258　gdstchj@126.com

《广东外语学人》编委会

主任委员：
黄国文（华南农业大学）

委　　员：
宫　齐（暨南大学）
常晨光（中山大学）
温宾利（广东外语外贸大学）
冉永平（广东外语外贸大学）
雍和明（广东金融学院）
钟书能（华南理工大学）
周　榕（华南师范大学）
蒋道超（深圳大学）
肖坤学（广州大学）
张广奎（深圳大学）
陈　旸（华南农业大学）
莫爱屏（广东外语外贸大学）
吴　寒（广东轻工职业技术学院）

感谢外语教学与研究出版社，新东方在线资助出版。

序

进入新时代,中国在世界各个领域的影响和作用越来越大。在国际化进程中,外语发挥着越来越重要的作用。一个国家的外语能力,既是国家的硬实力,也是国家的软实力。我们走出国门,走向世界,外语是必备的。中国的外语教育所做出的贡献,在过去几十年的快速发展中起着举足轻重的作用。

习近平总书记在党的十九大报告中指出,要"优先发展教育事业","加快一流大学和一流学科建设,实现高等教育内涵式发展"。在全国教育大会上,习近平总书记进一步强调,要"以更高远的历史站位、更宽广的国际视野、更深邃的战略眼光,对建设教育强国做出总体部署和战略设计,坚持把优先发展教育事业作为推动党和国家各项事业发展的重要先手棋,不断使教育同党和国家事业发展要求相适应、同我国综合国力和国际地位相匹配"。习总书记所讲的教育,当然也包括外语教育。

广东不仅是我国改革开放的大省和前沿,同时也是我国外语教学与研究的重镇。自中华人民共和国成立以来,特别是改革开放以后,广东外语界学术氛围十分活跃,对引进语言学、文学、文化、翻译、比较文学和世界文学,以及国别与区域研究等方面的相关理论,引进新的教学方法及其相关理论、对我国的外语教学改革与发展做出了重要贡献,出现了一大批在我国外语学界领军的著名学者和专家,如戴镏龄、王宗炎、桂诗春、秦秀白、王初明等教授,为我国改革开放的桥头堡——广东的经济和社会发展做出了重要贡献。

广东外国语言学会是由我省老一辈外国语言文学界著名专家和外语教育家戴镏龄先生、王宗炎先生、桂诗春先生和秦秀白先生创建和传承下来的一个学术性、群众性、非营利性的民间学术团体。在广东省社会科学联合会的直接领导和监管下,学会30多年来一直秉承学术至上的优良传统,积极组织本省高校外语教师开展外国语言和外国语教学研究和学术交流活动，已经成为我省高校外国语言研究和外语教学领域的一个不可或缺的重要学术平台。近五年里，学会先后在深圳大学、中山职业技术学院、惠州学院、深圳职业技术学院以"外语教师发展与外语教学""互联网＋背景下的外语教师专业展""外语教育的生态问题""新时代背景下的广东外语教育创新"为主题，召开了四届年会，充分发挥自身在语言和学术研究方面的优势，汇聚资源，搭建平台，不断推动广东外语学术研究创新和教育教学模式改革，探索服务国家"一带一路"倡议和粤港澳大湾区建设路径，为打造具有重要国际影响力的中国南方外语教育高地、支撑广东在新时代中国特色社会主义现代化建设的新征程上走在全国前列做出应有的贡献。学会全体同仁努力工作，充分调动广东省各高校的资源，发挥其特色，集思广益，广开思路，凝练广东外语教学的新思路，探究广东外语教学改革的出路及外语类人才培养的新路径，为全国外语教学研究与发展做出我们应有的贡献。

多年来，广东外国语言学会得到广东外语界各位的鼎立支持，前任会长桂诗春教授和上任会长秦秀白教授分别给予我们很多工作指导和帮助，使我们更加有信心为广东外语教学服务。在此对这两位老会长表示深深的谢意。

广东外国语言学会于2017年启动，组织编写《广东外语学人》一书献给广东，献给我国外语界。《广东外语学人》的收录范围立足广东高校，所有被收录人员均为广东外语界正高职称的专家和学者，其简历由所在或曾任教相关学校的院系提供，书中所收录的条目内容再由学会专家组和相关学校院系的负责人依据"广东外语学人"编写规范（体例）的要求进行审订和修改，旨在客观、真实地反映他们对广东高教事业所做的贡献。同时，本书的编写也部分反映了广东外国语言学会的成长与发展，亦为一部文献史料，具有一定的学术价值和社会价值，对希望了解广东发展，特别希望了解广东外语界变迁和外语界学人为广东经济社会发展所做贡献的研究者们（包括那些旨在研究广东外语发展史的史学研究者）具有一定的参考价值。在此，我们要感谢宫齐教授和吴寒教授两位主编所付出的辛勤劳动。

在本书的编写和审稿过程中，我们得到了广东外国语言学会多位领导和知名学者的大力支持，其中包括中山大学常晨光教授，广东外语外贸大学温宾利教授、冉永平教授、莫爱屏教授，广东金融学院雍和明教授，华南理工大学钟书能教授，华南师范大学周榕教授，深圳大学蒋道超教授、张广奎教授、张吉良教授，广州大学肖坤学教授，华南农业大学陈旸教授等的大力支持和帮助。同时，在本书的资料收集、整理、分类和排版过程中，暨南大学硕士研究生李鹏、张馨予、李诗雅等同学做了大量的工作。我们再此一并表示衷心的感谢。同时，我们还要感谢外语教学与研究出版社和新东方在线提供的经费支持。

黄国文

（广东外国语言学会会长，教育部"长江学者"特聘教授，华南农业大学外国语学院教授、博士生导师）

2019 年 7 月 11 日

目 录

姓名音序检索表 …………………………………… 1

正　文 …………………………………… 1—256

姓名音序检索表

A
安晓灿 …………………… 1

B
包家仁 …………………… 2
Bowcher, Wendy Lee …… 3

C
蔡金亭 …………………… 4
蔡龙文 …………………… 5
曹广涛 …………………… 5
曹志希 …………………… 7
常晨光 …………………… 8
陈冬纯 …………………… 8
陈多友 …………………… 9
陈建平 …………………… 10
陈穗湘 …………………… 11
陈伟平 …………………… 12
陈小红 …………………… 13
陈晓茹 …………………… 13
陈　旸 …………………… 14
陈毅平 …………………… 14
陈永培 …………………… 15
程　杰 …………………… 15
程　倩 …………………… 16
程世禄 …………………… 17

D
戴　凡 …………………… 18
戴桂玉 …………………… 18
戴镏龄 …………………… 19
戴伟华 …………………… 19
邓　隽 …………………… 20
邓文华 …………………… 21
邓志辉 …………………… 22
丁国旗 …………………… 23
丁建新 …………………… 24
董金伟 …………………… 25
董燕萍 …………………… 27
杜金榜 …………………… 28

F
方汉泉 …………………… 29
方开瑞 …………………… 30
方玲玲 …………………… 31
冯光武 …………………… 32
冯启忠 …………………… 32
冯清高 …………………… 33
付永钢 …………………… 34

G
甘丽华 …………………… 34
宫　齐 …………………… 35
龚少瑜 …………………… 36

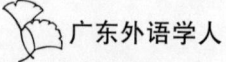

龚长华 …………… 36	黄建华 …………… 60
谷红丽 …………… 38	黄　均 …………… 61
桂灿昆 …………… 39	黄丽燕 …………… 62
桂诗春 …………… 39	黄若妤 …………… 64
郭丽娜 …………… 41	黄晞耘 …………… 65
郭士香 …………… 41	黄锡祥 …………… 66
郭遂红 …………… 42	黄　星 …………… 66

H

	黄以亭 …………… 67
韩金龙 …………… 43	黄中习 …………… 67
韩景泉 …………… 43	黄忠廉 …………… 68
Haslam, Thomas J. …… 44	霍永寿 …………… 70
何安平 …………… 45	

J

何高大 …………… 46	纪瑛琳 …………… 71
何广铿 …………… 47	季明雨 …………… 71
何海伦 …………… 48	姜　琳 …………… 72
何恒幸 …………… 49	蒋澄生 …………… 72
何家宁 …………… 50	蒋道超 …………… 73
何玲梅 …………… 50	蒋清凤 …………… 74
何明珠 …………… 51	金英姬 …………… 74
何自然 …………… 52	

K

贺显斌 …………… 54	康　澄 …………… 75
洪　明 …………… 54	康燕彬 …………… 76
洪振国 …………… 55	

L

侯德富 …………… 56	蓝红军 …………… 77
胡春雨 …………… 56	雷　霄 …………… 78
华维芬 …………… 58	黎　导 …………… 79
黄成夫 …………… 58	黎秀石 …………… 79
黄国文 …………… 59	黎志敏 …………… 80
黄家佑 …………… 60	

李成团	81	林明华	102
李春植	81	林少华	104
李根洲	82	林裕音	104
李国庆	82	林泽铨	105
李 践	83	刘保安	105
李 杰	83	刘洧波	105
李 晶	84	刘胡敏	106
李桔元	85	刘季春	107
李 明	86	刘家磊	108
李清华	87	刘建达	108
李韧之	88	刘金举	109
李瑞林	89	刘丽芬	110
李田心	90	刘沛富	111
李小均	90	刘齐生	112
李晓凡	91	刘森林	113
李筱菊	92	刘新粦	113
李雁南	93	刘 毅	114
李 毅	93	龙海平	115
李英垣	94	卢 植	115
李 元	95	陆道夫	117
李 昀	96	罗世平	118
李占喜	96	**M**	
梁栋华	97	麻贵宾	118
梁锦祥	98	马俊波	119
梁瑞清	98	马丽伟	119
梁 悦	99	马蔚兰	120
廖开洪	100	马志刚	121
林 红	101	毛思慧	121
林连书	102	蒙柱环	123

孟庆玲	124	全永根	147
莫爱屏	125	**R**	
莫海文	126	冉永平	148
穆 雷	127	任 伟	149
N		阮 炜	150
宁春岩	128	**S**	
牛瑞英	130	尚劝余	151
O		邵 璐	152
区 鉷	130	石定栩	153
欧阳护华	131	孙 兵	154
欧阳利锋	131	孙耀珠	156
P		Swirski, Peter	156
潘 莉	132	**T**	
庞 焱	133	谭时霖	157
彭保良	134	谭伟民	158
彭剑娥	135	谭 玮	159
彭伟强	136	唐克胜	160
彭宣维	136	唐荣华	160
平 洪	137	陶文好	161
蒲若茜	139	田 兵	162
蒲志鸿	140	田文燕	162
Q		田祥斌	163
亓鲁霞	141	佟 君	164
钱冠连	142	童庆生	165
钱中丽	143	涂兵兰	165
秦国林	143	**W**	
秦秀白	144	万大如	166
邱雅芬	146	汪立荣	167
权立宏	146	王 宾	168

王初明	168
王东风	169
王桂珍	169
王 海	170
王俊生	171
王茂林	172
王心洁	173
王应龙	174
王友良	174
王志娟	175
王中强	175
王 琢	176
王宗炎	177
韦立新	177
魏在江	178
温宾利	179
温 志	180
翁显良	181
吴 寒	182
吴慧坚	183
吴让科	184
吴圣杨	184
吴松初	185
吴 岩	185
吴增生	186
吴之桐	187
伍小龙	187
武建国	188

X

夏纪梅	189
夏家驷	190
夏立新	191
肖好章	192
肖惠云	193
肖建芳	194
肖洁文	195
肖坤学	195
谢庆芳	196
谢元花	196
辛铜川	197
徐 海	198
徐学平	198
徐章宏	199
徐真华	200
许德金	201

Y

杨 红	201
杨劲松	202
杨 静	203
杨 可	204
杨 梅	205
杨绍北	206
杨文慧	206
杨文滢	207
杨晓辉	208
雍和明	209
余 东	210

袁 洪 ······ 210
原青林 ······ 211

Z

曾 蕾 ······ 212
曾利沙 ······ 213
曾文雄 ······ 214
曾晓阳 ······ 215
曾衍桃 ······ 215
曾用强 ······ 216
曾昭科 ······ 217
詹 成 ······ 218
张保红 ······ 219
张 弛 ······ 220
张广奎 ······ 221
张国扬 ······ 221
张洪岩 ······ 222
张继文 ······ 223
张 进 ······ 224
张黎黎 ······ 225
张鸾铃 ······ 226
张平功 ······ 226
张 萍 ······ 227
张庆文 ······ 229
张小波 ······ 230
张晓红 ······ 231
张 欣 ······ 232
张 兴 ······ 232
张秀强 ······ 233
张云勤 ······ 233
章国军 ······ 234
章恒珍 ······ 235
章宜华 ······ 236
赵军峰 ······ 237
赵 君 ······ 238
赵晓靓 ······ 239
赵一农 ······ 239
赵友斌 ······ 240
赵 真 ······ 241
郑立华 ······ 241
钟书能 ······ 243
钟佑同 ······ 244
钟志英 ······ 244
仲伟合 ······ 244
周富强 ······ 245
周红辉 ······ 247
周建新 ······ 247
周 榕 ······ 248
周小兵 ······ 249
周玉军 ······ 251
朱道敏 ······ 251
朱甫道 ······ 252
朱立霞 ······ 253
朱其智 ······ 254
朱 望 ······ 254
朱晓燕 ······ 255

安晓灿（1953— ），山东掖县人。广东省二级教授、广东省教学名师、全国优秀教师。现任韶关学院职业教育英语教学与评估研究所所长、教育部高等学校英语应用能力考试委员会委员、中国职教学会通识文化课类教学研究中心副主任、全国职业院校技能大赛高职组英语口语赛项裁判组裁判员；广东省精品资源共享课负责人、广东省大学英语教学团队负责人。主要研究方向为高等教育英语课程教学要求和教材设计与编写。1975年毕业于吉林大学外语系；1997—1998年在美国普渡大学作访问学者。自1990年起从事教育部组织的高职高专英语教学改革：1993年被聘为教育部普通高等专科英语教材编审组副组长、普通高等专科英语课程质量检测组副组长；1997年被聘为教育部普通高等专科英语课程教学指导委员会副主任；2001年被聘为教育部高职高专教育英语课程教学指导委员会副主任；2003—2016年任中国职教学会教学工作委员会外语教学研究会主任；2005—2010年被聘为教育部高等学校高职高专英语类专业教学指导委员会副主任。曾两次获国家级优秀教学成果奖：1989年在教育部首届优秀教学成果评奖中获唯一一项外语教学成果奖；2005年主持完成的课题"高职高专教育英语课程教学内容体系改革建设的研究与实践"获国家级优秀教学成果二等奖。1997年获高教司颁发"重要贡献"荣誉证书；2001年被高教司全国高职高专教育人才培养委员会授予"特殊贡献奖"。完成多项国家级教研项目：1993年作为主研人之一完成教育部高教司教学指导性文件《普通高等专科英语课程教学基本要求》；1999—2000年作为主研人之一，协助高教司完成《高职高专教育英语课题教学基本要求》的制定工作；1995—2015年作为主编之一完成"九五""十五""十一五""十二五"国家规划教材《实用英语》

的研究与编写工作，获2002年高等学校优秀教材一等奖、2011年被评为国家精品教材；1998作为主研人完成"普通高等专科英语课程教学体系"的研究，获上海市优秀教学成果集体二等奖；2002—2016年作为主编之一完成"十五""十一五""十二五"国家级规划教材《新编实用英语》的研发与编写任务；2010—2015年作为总主编完成"十一五""十二五"国家级规划教材《新编大学英语》等系列教材的研发任务。先后在《中国外语》《外语界》《中国大学教学》《吉林教育科学》等刊物上发表《与时俱进，深化高等职业教育英语课程教学改革——〈高等职业教育英语课程教学要求〉研究报告》等学术论文多篇。

B

包家仁（1946—　），浙江温州人。1969年毕业于南开大学外文系本科；1982年毕业于华南师范大学外语系，获文学硕士学位。后在广州师范学院外语系任教，曾任外语系副主任；1990—1991年在美国东华盛顿大学英语系进修，进修科目为跨文学研究、英语修辞学及英语风格学；1995年调入暨南大学研究生部，专职从事博士生英语教学。后调至暨南大学外国语学院英语二系，担任硕士研究生导师，教授本科生和英语专业研究生专业课，主要有商务英语、应用翻译、翻译、英语风格学、文学翻译以及翻译理论和实践等课程。在省级和全国核心刊物发表论文《尤金·格里斯和美国十四行诗》《从族际语看澳门文化》《艾米莉·狄金森诗歌的语义含糊性》《翁显良先生翻译观初探》《海明威〈太阳照样升起〉的创作风格》等20篇；主要译著有《服装搭配大全》《幼儿护理与教育》等4部以及译文数十篇；主要著作有《英语录像电影教程》（主编）、《新编英美文学概论》（主编）、《汉语常用句型及其翻译》等6部，其中《英语录像电影教程》获中南优秀教材二等奖、《中学英语 ppc 教学法及录像片》（合编）获广州教学科研奖二等奖。1988 年被评为广东省高教系统先进工作者。

Bowcher，Wendy Lee（1959—   ），澳大利亚籍。中山大学教授，博士生导师。现任 *Functions of Language*、*Functional Linguistics* 和 *International Journal of the Oita Text Forum* 编辑。主要研究方向为英语口语语篇分析和英语语音语调分析、多模态语篇分析、多元识读、社会符号学等。2001 年毕业于利物浦大学语言学专业，获博士学位；1996—2005 年任日本系统功能语言学协会副主席；1998—2007 年任东京学艺大学副教授；2007—2009 年在澳大利亚任法律语言学顾问；2009 年至今任中山大学外国语学院教授；2011—2014 年担任国际系统功能语言学副主席；2013 年起担任中山大学澳大利亚研究中心副所长；2016 年起担任中山大学功能语言学研究所所长。2013 年主持教育部人文社会科学规划基金"中国小学语文书的多元符号研究——基于多元识读的视角"。在 *Functions of Language*（SSCI）、*Maternal & Child Nutrition*（SCI）、*Social Semiotics*（SSCI）、*Visual Communication*（SSCI）等发表文章和书目章节近 50 篇，代表文章和书目章节有 *Issues in Developing Unified Systems for Contextual Field and Mode* 和 *Messages to New Mothers：An Analysis of Breastpump Advertisements* 和 *Future Directions in the Study of Verbal Art*。在 Cambridge University Press、Palgrave Macmillan、Equinox Publishers 和 Lawrence Erlbaum and Associates 等单位出版著作 5 种。代表著作有 *Cambridge Handbook of Systemic Functional Linguistics*（forthcoming）、*Society in Language, Language in Society：Essays in Honour of Ruqaiya Hasan*、*Systemic Phonology：Recent Studies in English* 和 *Multimodal Texts from Around the World：Cultural and Linguistic Insights*。此外，经常受邀在国内和国际会议上做主旨发言。

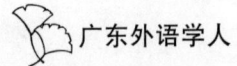

C

蔡金亭（1973—   ），山东淄博人。华南理工大学外国语学院三级教授，中国人民解放军战略支援部队信息工程大学（原解放军外国语学院）博士生导师。研究方向为二语习得与外语教学。1996年毕业于曲阜师范大学外文系；2002年在解放军外国语学院获得博士学位；2003—2005年在教育部人文社科重点研究基地——北京外国语大学中国外语教育研究中心做博士后研究。2004年被评为副教授，2009年被评为教授。2001年2—6月受香港浸会大学资助在该校做助理研究员，2012年8月—2013年8月获国家留基委资助在美国俄亥俄大学做访问学者。2013—2016年担任外语类核心期刊《解放军外国语学院学报》主编。2016年5月被华南理工大学以"杰出人才"（第三层次）引进，工作至今。社会兼职：中国二语习得研究会副会长、中国教育语言学研究会副会长、中国英语教学研究会常务理事、中国英语写作教学研究会常务理事、教育部重点研究基地——北京外国语大学中国外语教育研究中心和广东外语外贸大学外国语言学及应用语言学研究中心的兼职研究员、曲阜师范大学等校的兼职教授、上海外语教育出版社全国骨干教师培训项目的主讲教师、世界图书出版公司《西方应用语言学新视野丛书》专家委员会委员。已发表论文40篇，其中外语类核心期刊20多篇，包括《外语教学与研究》10篇、《现代外语》4篇、《外国语》1篇、《当代语言学》1篇。出版专（编）著5部：《语篇因素对英语过渡语中使用一般过去时的影响》（外语研究与教学出版社，2003）、《应用语言学》（第二主编，上海外语教育出版社，2005）、《中国学生英语过渡语研究》（外语研究与教学出版社，2008）、《中国学生习得英语时体的实证研究》（世界图书出版公司，2009）、《学习者因素对大学生英语能力发展的动态影响研究》（第二作者，上海外语教育出版社，2012）。其论著3次获得河南省优秀成果奖,其中特别奖 1 次(排名第二)、三等奖 2 次(独立)。另外,主持在研的国家社科基金项目"中国大学生英语产出中的母语迁移历时研究"(项目编号:11CYY021),主持完成教育部教改项目 1 项,参与完成国家社科基金 2 项。

蔡龙文(1967—   ),湖南衡阳人。广东农工商职业技术学院教授。广东高职教育外语教学指导委员会委员、广东农工商职业技术学院学术委员会委员、《广东农工商职业技术学院学报》编委、英文译审。主要研究方向为翻译理论与实践、应用语言学、中国古代文学。1989 年毕业于湖南师范大学外语系;2001 年晋升副教授;2011 年晋升教授;2000 年至今先后任广东松山职业技术学院外语系主任,广东农工商职业技术学院教务处副处长、外语系主任。2002 年被评为韶关市优秀教师,2004 年被评为广东"南粤优秀教师",2014 年获得广东省教育教学成果(高等教育)二等奖。主持"实用英语"网络课程建设(广东省教育厅,2005)、"凸显专业核心技能的弹性学分制研究与实践"(广东省教育厅,2013)、商务英语二类品牌专业建设项目(广东省教育厅,2015)、"一流院校"高水平专业旅游英语专业项目(广东省教育厅,2016)等省级以上课题或项目 10 项;公开发表《回顾与展望:我国解构主义翻译研究(2000—2010)》《论基于认知语言学的翻译机制》等学术与教研论文 25 篇;编著、主编《实用英语 AB 级词汇手册》(中华工商联合出版社,2003)、《会展实务英语》(对外经济贸易大学出版社,2013)等字典或英语类教材 15 部。

曹广涛(1971—   ),河南民权县人。韶关学院外国语学院副院长、英汉语言文化对比研究所所长、职业外语教育研究所副所长,英语语言文学专业教授、文学博士,主要从事英汉语言比较与翻译、戏剧英译研究。1990—1997 年在河南大学外国语学院学习,获学士、硕士学位;2003—2006 年在中山大学中文系学习,获博士学位;

曾先后于 2003 年、2012 年在英国 Wales University、North-Ampton University 作高级访学。1997 年至今在韶关学院外国语学院任教，2000 年起至今担任外国语学院副院长，2005 年晋升副教授，2007 年被河南科技大学聘为"外国语言学及应用语言学"专业硕士学位课程主讲教师，2015 年晋升教授。2004 年起被评为广东省"十百千工程"培养对象；2011 年起至今担任广东省高校高职类高考命题专家；2016 年起担任英语教师发展"国培"专家、英语教师省培项目首席专家和负责人。广东省"十一五""十二五"社科基金规划项目评审专家。任教以来讲授了多门本科生、研究生课程，主持广东省哲学社会科学项目 1 项（"基于语料库的戏曲英译研究"，项目编号：GD11XWW10，2012 年 3 月），主持广东教育厅青年创新项目 1 项（"基于文学和演出视角的戏曲英译研究"，项目编号：WYM08067，2008 年 12 月），主持韶关市哲学社会科学项目 2 项。出版学术论著 1 部（《英语世界的中国传统戏剧研究与翻译》，独著，广东高等教育出版社，2009 年初版，2011 年再版）。主编教材 6 部（《戏曲艺术概览》英文版，主编，上海交通大学出版社，2013；《西方文化概览》英文版，副主编，东北师范大学出版社，2012；等等）。在《外国语文》（《译者的归译者，导演的还给导演——基于戏曲视角的可表演性翻译原则限度分析》，2015 年第 2 期；《汉英对比研究中的权力话语》，2003 年第 9 期）、《艺术百家》（CSSCI，《莎剧与戏曲之时系意境比较研究》，2005 年第 4 期）、《当代戏剧》、《舞台艺术》（《Fan Pen Chen 的中西影戏起源与传播研究补缀》，人大报刊复印资料《舞台艺术》，2011 年第 1 期）、《安徽大学学报》（CSSCI，《莎剧时间系统简论》，2005 年第 4 期）、《江西师范大学学报》等专业期刊发表论文 40 余篇，论著曾获教育部和广东省教育厅高校教师论文奖各 1 次（2008、2009），曾 2 次获得韶关市哲学社会科学优秀成果奖二、三等奖（2012、2014）。

曹志希（1958—　　　），湖南益阳人。岭南师范学院退休教授。1965年春在益阳县石笋公社黄逸湾学校读小学，1972年益阳县石坝学校初中毕业，1974年1月益阳县一中高中毕业以后当生产队会计、小学和中学代课老师；1979年参加高考考入益阳师范高等专科学校，并于1882年6月英语专科毕业后到益阳县一中教英语，1988年湖南教育学院脱产英语本科毕业，获学士学位，1989年8月调入益阳师范高等专科学校，1991年9月—1994年6月在湖南省高等学校师资培训中心攻读湖南师范大学英语语言文学专业，获研究生课程结业证书，1996年起担任中国英汉语比较研究会终身会员，1996年9月—1999年6月在上海师范大学就读并获硕士学位，1997—2001年7月担任益阳师范高等专科学校英语副教授、外语系党支部副书记、外语系系主任职务，1995—1998年成为湖南省首批省级优秀青年骨干教师；2001年调入中南林学院，2003年获得外国语言文学类教授职称，湖南省翻译工作者协会理事（2000—）、国际应用语言学学会会员（2003—）、中南林业科技大学教学指导委员会委员（2004—2008）和校学术委员会委员（2006—2008）及外国语学院院长、湖南第一师范学院教授（2004—2009）、长沙理工大学外国语言学及应用语言学专业研究生导师（2004—）；2009年8月调入湛江师范学院（2014年更名为岭南师范学院）后，兼任过湖南省和广东省高校教师系列高级职称评审和教改与社科项目评审专家（2009—）、广州市语言学会常务理事（2013）、广东省翻译协会常务理事（2013—）、广东省外语专业教指委委员兼广东省英语专业教指委委员（2013—）、湛江师范学院外国语学院英语系系主任（2009—2012）、英语广东省级特色专业负责人（2010—）和大学英语广东省级精品资源共享课负责人（2013—）、岭南师范学院外国语学院院长、学术委员会委员、学位委员会委员（2012—2016），2017年4月1日退休返聘。倡导"信息流翻译观"和"SCTPPP"课程教学模式。曾开设

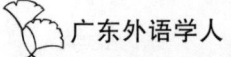

有信息流翻译观、文学翻译、英语词汇学和英语修辞学等20多门本科课程和第二语言习得等研究生课程，指导研究生14名，这14名研究生毕业后到海南大学等多所高校和重点中学担任教学与研究工作或考上博士研究生。先后有40多篇论文在《教育科学》《外语教学》等书刊上发表。有《外语教育文丛》《教育语言学词典》《二语习得内容与形式的认知研究》等共计200多万字的著作在中南大学出版社等多家出版社出版。主持和参与完成全国教育科学规划课题和省级课题10多项，获省级教学成果三等奖和二等奖两项。

常晨光（1966—　　），安徽砀山人。中山大学教授、博士生导师。曾任中山大学外国语学院院长、国际翻译学院院长。研究领域为功能语言学、语篇分析、应用语言学、澳大利亚研究。曾在英国剑桥大学、威尔士大学、美国太平洋路德大学做访问学者。兼任中国英汉语篇分析研究会副会长，广东外国语言学会副会长。担任国际刊物 Functional Linguistics（Springer）联合主编，M. A. K. Halliday Library Functional Linguistics Series（Springer）丛书联合主编。在国内外发表学术论文50多篇，出版专著、教材、编著20余部。主持、参与国家级、省部级项目及国际合作研究项目多项。代表作有《英语习语与人际意义》（中山大学出版社，2004）、《功能语境研究》（外语教学与研究出版社，2011）、《最新英语短语动词词典》（外语教学与研究出版社，1999）。曾获得第十二届"中国图书奖"、广东省哲学社会科学成果三等奖、广东省普通教育教学成果奖二等奖（排名第二）等奖项。

陈冬纯（1965—　　），广东汕头人。广东财经大学教授，硕士生导师，剑桥大学高级访问学者。中国教育语言学研究会理事，《当代外语研究》第二语言加工专业委员会常务理事会理事。现任广东财经大学外国语学院院长。研究方向为语篇分析、第二语言习得及应用语言学。在《外语界》《外语电化教学》《现代教育技术》

《中国电化教学》《国内外语教学》《西安外国语学院学报》等期刊发表论文近30篇，代表作包括《试论自主学习在我国大学英语教学中的定位》(《外语界》2006年第3期)、《"商务"依托式大学英语语言实践能力培养模式研究》(《外语界》2013年第4期)、《构建立体化英语自主学习导学与监控体系》(《外语电化教学》2011第7期)。论文研究成果主要涉及英语自主学习理论、语篇语境理论及ESP教学研究等方向。主持广东省社科规划项目2项、广东教育厅教研课题2项。主编教材2部。

陈多友（1964—　　），安徽淮南人。现任广东外语外贸大学东方语言文化学院院长、教授，文学博士。广东外语外贸大学教学名师。主要从事日语教学与日本研究工作。研究方向为文艺学、中日比较文学及翻译研究。求学阶段，先后就读于杭州大学、吉林大学与中山大学，分别获得学士、硕士与博士学位。现兼任越南社会与人文科学大学东方学学科兼职博士生导师，中国教育部高等学校外语教学指导委员会日语专业指导分委员会委员，中国日语教学研究会副会长、华南分会会长，中国广东省本科高校外语类专业教学指导委员会副主任委员，广东省本科高校外语类专业教学指导委员会亚非语言专业分委员会主任委员，中国东方文学研究会副会长，广州外国语协会副会长，广东外语外贸大学东方语言文化学院东方学研究中心主任，广东外语外贸大学中日韩合作研究中心常务副主任，中国中日比较文学研究会常务理事，中国日本文学研究会常务理事，广东省翻译协会理事，东京大学客座研究员，中山大学华南日本研究所学术委员，日本国日本文学协会会员，中国及国际比较文学学会会员，『東アジア文化研究』杂志主编等。在潜心教学工作、倡导教学改革之同时，致力于学术研究，著述丰瞻。多年来，在国内外公开发表学术论文50多篇，其中二类以上权威刊物论文8篇；出版专著《研文肆言——文与中日文学研究》（汕头大学出版社，2009）、《日本游沪派文学研究》（上海外语教育出版社，2012），译著《日本近代国语批判》(吉林人民出版社,2003)、《天皇的玉音放送》(北京三联出版社,2004)、《日本生态文学前沿理论研究》(上海交通大学出版社,2015),以及编著《日本与东方语言文化研究集萃——东方主义语境下的语言、文本与翻译》(上海交通大学出版社,2014)、《日本与东方语言文化研究集萃——翻译学理论与翻译文学研究集萃》(上海交通大学出版社,2015)等各类著述40余部;主持并参与编写专业教材60余部;承担国家社科基金一般项目"《文心雕龙》日本百年传播史研究"、广东省哲学社会科学"十二五"规划项目"中国文学近代性发生过程中日本思想文化之影响"及其他各类省部级以上项目10余项。主持中国国家级教学改革项目"中日韩亚洲校园"项目及广东省小语种专业人才培养创新模式试验区等项目。

陈建平(1955—),广东潮安人。现任广东外语外贸大学外国语言学及应用语言学研究中心教授(二级)、专职研究员、博士生导师。1975年毕业于广州外国语学院英语专业;先后于1986年获香港中文大学应用语言学哲学硕士学位、1994年获英国兰卡斯特大学现代社会史硕士学位、2000年获北京外国语大学英语语言文学博士学位(获评北京外国语大学优秀博士论文奖);1991年晋升为广州外国语学院副教授,1995年起任广东外语外贸大学教授,2003年获评广东外语外贸大学外国语言学及应用语言学专业博士生导师资格。历任广东外语外贸大学副校长、党委副书记(1995—2015)、教育部人文社会科学重点研究基地广东外语外贸大学外国语言学及应用语言学研究中心主任(2002—2005);曾任全国高校外语专业教学指导委员会委员/英语专业分委员会副主任委员(1992—2012)、中国英语教学研究会副会长(2000—2014)、中国国际贸易学会国际商务英语研究委员会副主任委员(2000—2014)、广东外语学会副会长(2000—2014)、广州欧美同学会副会长(1995—)等。主要研究方向为应用语言学及英语教学研究、社会语言学和跨文化语篇研究。主持完成全国哲学社会科学规划项目（青年）、全国哲学社会科学规划项目（结项获评优秀等级）、教育部人文社会科学研究项目、广东省哲学社会科学规划项目和教育部人文社会科学重点研究基地重大项目（结项获评优秀等级）各一项；在研项目：教育部人文社会科学重点研究基地重大项目"跨文化语篇能力研究"（2016年立项）。主要论著有《中国英语学习研究》（高等教育出版社，2005）、《语言与社会》（高等教育出版社，2011）、《翻译与跨文化交际》（外语教学与研究出版社，2012）、《社会、文化、身份与话语建构——中国社会语言学新探索》（人民出版社，2017）以及论文：*An investigation into the preference for discourse patterns in the Chinese EFL learning context*（*International Journal of Applied Linguistics*，2008）、《中外大学机构身份话语建构比较研究》（《中国外语》，2016）、《中英美大学机构身份的话语建构策略比较》（《现代外语》，2017）等学术研究成果。曾获国家级教学成果奖二等奖（1997）、广东省省级教学成果一等奖（1996）；1991年被国家教委和人事部评为"在工作中做出突出贡献的回国留学人员"；1993年评为国务院政府特殊津贴专家。

陈穗湘（1954—   ），广东台山人。广东外语外贸大学法语教授，硕士生导师。曾任全国高校法语专业教学测试专家组成员，全国基础法语教学大纲修订组成员。曾任广东外语外贸大学南国商学院西语学院学科带头人。主要研究方向为法语词汇学、法语修辞学、法国文学、法语语用学。1982年毕业于广州外国语学院法国语言文学专业，留校任教。1983年考取广州外国语学院法国语言文学专业，主攻词汇学，攻读硕士学位，1986年获得硕士学位，毕业后留校任教。1989—1990年由国家留学基金委派到瑞士洛桑大学进修学习。2003年考取广东外语外贸大学法国语言文学专业，攻读博士学位，主攻法国文学与法语语用学，2010年获取博士学位，博士

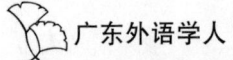

论文被评为校级优秀博士论文。1996年晋升副教授，2006年晋升教授。从2002年起任硕士生导师。"教学、科研、社会服务相结合，推动外语应用型人才培养"（2001）获得国家级教学成果二等奖（集体项目），"基于网络和多媒体环境下的法语口译课改革与实践"（2010）获得第六届广东省高等教育省级教学成果奖（集体项目）。"法语口译"课程被评为国家精品课程（2009）（集体项目）。参与编写《法汉大词典》（上海译文出版社，2000）、《法汉汉法实用医学词典》（外语教学与研究出版社，2008）。在国内外刊物发表科研论文20余篇。文学作品译著有《菜利亚》《征服巴黎的女人》《镶嵌画师》等，《嘴边的话》与《阿尔布西乌斯》于2018年在生活·读书·新知三联书店出版。参与翻译广东电视台播放的电视剧《法国电影史》和《克莱芒蒂娜》。参与编写《法国文学导读——从中世纪到20世纪》，任该书副主编，该书入选"十一五"国家规划教材和"十二五"国家规划教材（上海外语教育出版社，2006）。参与修订《法国文学导读——从中世纪到20世纪》，任该书副主编，该书修订版于2018年出版（上海外语教育出版社）。个人专著2部：《莫里哀戏剧话轮研究》（暨南大学出版社，2004）、《莫里戏剧对话研究》（上海外语教育出版社，2015）。

陈伟平（1968—　　），广西壮族自治区博白县人。广州医科大学英语教授。主要研究方向为第二语言习得、课程与教学论。1990年毕业于广西师范大学；2003年晋升为副教授；2015年晋升教授。1990—2005年从事师范院校英语专业课程教学以及担任中学英语教师继续教育主讲教师的工作，培训英语教师近2000人。2005年起于广州医科大学从事大学英语教学工作至今。任职期间指导师范院校英语专业学生参加全国高师学生英教师职业技能竞赛荣获一等奖。教学改革研究成果《结构——功能大纲的JEFC教材与交际能力的培养》《试谈英语情态动词对可能性的表达》以及《翻译中的语境问题》等学术论文获得世界未来研究会下属中国未来研究会2002年学术成果一等奖以及广西师专师院外语教学研究会优秀论文二等奖和三等奖。主持广东省教育科学"十二五"规划2011年度研究项目"重视医学生综合素质，创新大学英语教学模式"等课题。在《外语界》《黑龙江高教研究》《内蒙古师范大学学报》《继续教育研究》《教学与管理》《广西社会科学》《广西民族学院学报》等刊物发表学术论文30多篇。主编和参编教材多部，代表作为《语法结构应试辅导教程》（主编，广东高等教育出版社，2009）。

陈小红（1970—   ），湖南岳阳人。广州大学教授，硕士生导师。广州大学中西文化研究所所长，现代诗学研究中心副主任，美国文化中心副主任。主要研究方向为美国文学，尤其关注生态文学以及中美诗缘。1999年毕业于广西师范大学英语系，获硕士学位；2006年毕业于中山大学外国语学院，获博士学位；2009年上海外国语大学博士后出站，获评为优秀。2014年获国家留学基金赴美访学1年。2006年晋升为副教授；2013年晋升教授。任中美诗歌协会会员，中山大学英语诗歌研究所兼职研究员，广州江南外国语中学特聘教学指导专家。曾获广州大学"优秀教师"称号，一项市级科研二等奖，指导多名学生荣获全国英语竞赛特等奖一等奖。主持广东省十二五社科规划以及广州市高校重点项目。曾受邀去美国卫斯理安学院、普林斯顿大学讲学。在《外国文学研究》《当代外国文学》《外国语文》《外语教学》《学术论坛》等刊物发表文章30余篇。出版专著3部：《加里·斯奈德生态伦理思想研究》（中山大学出版社，2008）、《加里·斯奈德诗学研究》（中国社会科学出版社，2010）、《什么是文学的生态批评》（上海外语教育出版社，2013）。

陈晓茹（1965—   ），广东汕头人。博士，教授，硕士研究生导师。1987年毕业于汕头大学外语系，分配至广东机械学院（后合并为

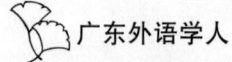

广东工业大学),2009年12月被评为教授,曾任广东工业大学外国语学院副院长、国际教育学院副院长,主持过省部级项目若干,发表研究论文若干篇。曾在新西兰访学;兼任教育部和广东省大学英语教指委委员。主要研究方向为外语教学、外语教师发展。

陈 旸(1969—),广东汕头人。现任华南农业大学教授,硕士生导师。华南农业大学生态语言学研究所副所长。1984—1987年在广东外国语师范学校英语专业学习;1987—1991年在华南师范大学英语系英语专业学习,并获得学士学位;2003—2006年在中山大学外国语学院学习英语语言文学,并获得硕士学位;2007—2014年在中山大学外国语学院学习外国语言学及应用语言学,并获得博士学位。2003—2007年、2007—2012年以及2012—2015年分别任佛山科技学院讲师、副教授和教授;2015年调入华南农业大学,任教授,硕士生导师。现任广东外国语言学会秘书长、中国生态语言与生态翻译学会秘书长、中国英汉语比较研究会英汉语篇分析专业委员会副秘书长。2002年开始发表学术论文,已在《外语与外语教学》《中国外语》《外国语文》《北京科技大学学报》《山东外语教学》等刊物上发表论文近30篇,其中《〈论语〉三个英译本翻译研究的功能语言学探索》被中国人民大学书报资料中心复印报刊资料H1《语言文字学》2009年第6期全文转载;论文《〈论语〉不同语篇类型的结构特征研究》被中国人民大学书报资料中心复印报刊资料H1《语言文字学》2015年第10期索引。2007年和2011年,两次获由佛山市人民政府度颁发的市哲学社会科学优秀成果三等奖。先后主持广东省社科等研究项目5项。协助组建华南农业大学外国语学院高水平大学建设项目"生态语言学教学科研团队"。研究方向为功能语言学、语篇分析、应用语言学、翻译研究和生态语言学。

陈毅平(1968—),湖北汉川人。暨南大学翻译学院教授、副院长,硕士研究生导师。主要研究领域为翻译学、语用学。《英语广场》编委，中国修辞学会、中国英汉语比较研究会、中国语用学会会员。1989年毕业于华中师范学院英语系（本科）；1995年毕业于天津外国语学院英语系（翻译方向，硕士）；2004年毕业于武汉大学中文系（汉语言文字学专业现代汉语修辞学方向，博士）；历任讲师（1996）、副教授（2002）、教授（2007）。曾在武汉工学院（1989—1992）、武汉大学（1995—2010）、汕头大学（2010—2012）工作。在《中国翻译》《武汉大学学报》《红楼梦学刊》《修辞学习》等刊物发表论文近30篇，在《读者》《英语广场》等杂志发表译文70余篇。在外语教学与研究出版社、北京大学出版社、武汉大学出版社、中信出版社等出版专著、编著、译著约20种。代表性著作有《英语名家散文》（主编，华中理工大学出版社，1998）、《〈红楼梦〉称呼语研究》（专著，武汉大学出版社，2005）、《大学英语文化翻译教程》（第一主编，外语教学与研究出版社，2014）、《平衡》（第一译者，中信出版社，2015）。联合主持2015年度国家社科基金中华学术外译项目"秦汉称谓研究"（汉译英）、主持2015年度广东省质量工程项目2项。获2006年度宝钢优秀教师奖。

陈永培（1932— ），中山大学外语系英语专业本科及研究生毕业。先后在中山大学、广州外国语学院（现广东外语外贸大学）、中山大学广州英语培训中心担任英语教学工作。现为中山大学外国语学院教授，已经退休，目前返聘工作。除教学工作外，主要从事语言学及英、美语音学研究。曾与李家玉合著《英语语调》，与龚少瑜合编《语言学文选》（英语），主编《实用英语学习词典》，在《外语教学与研究》、《现代外语》、香港《中英语文教学》等杂志发表过一些文章。

程 杰（1970— ），甘肃定西人。华南师范大学教授，研究生导师。主要研究方向为生成语言学、英汉句法对比研究、认知语言学和英语教学研究。1997年西北师范大学外语系英语教育专业毕业，获学士学位；2001年西南师范大学外国语学院英语语言文学专业毕业，获硕士学位；2007年广东外语外贸大学外国语言学及应用语言学专业毕业，获博士学位。2007年晋升副教授职称；2011年晋升教授职称；2015年起担任研究生导师。2014年1月—2015年1月在美国马里兰大学语言学系访学。在 *Lingua*、*Diachronia* 及《当代语言学》《现代外语》《外语与外语教学》《华文教学与研究》《四川外语学院学报》《解放军外国语学院学报》等期刊发表论文20多篇；在科学出版社出版专著《汉语名源动词的句法生成研究》（2010）；主持过国家社科基金项目"零形素句法研究——对汉英'意合—形合'类型性差异的句法学阐释"、教育部人文社科项目"英汉构词句法对比研究：名源动词的最简方案推导及诠释"等的研究工作。

程　倩（1962—　　），江苏苏州人。暨南大学外国语学院教授、副院长，全国英国文学学会常务理事。英国文化委员会交流学者，美国富布莱特访问学者。北京大学外国语学院博士，师从申丹教授，主要研究方向为叙事理论与小说阐释。曾任教于湖南师范大学外国语学院，讲授英美文学史及作品选读、文体与修辞、西方文学经典与评论等文学类课程，为研究生开设了叙事理论、文体学等数门课程。在《外国文学评论》《外国文学》《国外文学》《当代外国文学》《北京大学学报》和《英美文学论丛》等重要文学批评杂志上发表学术论文20余篇，包括《拜厄特小说〈占有〉之原型解读》（《外国文学评论》，2002年第3期）、《困境·梦想·救赎——德拉布尔小说中的自然、神话和宗教意象解读》（《当代外国文学》，2010年第4期）、《寄梦神话——德拉布尔小说〈七姐妹〉的互文戏仿解读》（《外国文学》，2011年第5期）。出版专著《历史的叙述与叙述的历史——拜厄特小说〈占有〉之历史性的多维研究》（人民文学出版社，2007）。主持并完成省部级和国家级社科研究课题6

项，主要有国家社会科学基金项目"英国当代女性小说之超验叙事"（2014），教育部人文社会科学一般项目"德拉布尔姐妹研究"（2008）。

程世禄（1945—　　　），重庆人。1997年晋升教授，2002年起任硕士生导师。1969年毕业于四川大学外文系，1971—1973年在北京外国语学院英语系进修，1985—1986年到美国密歇根大学进修语言学和从事专门用途英语和科技英语写作的学习和研究。1973—1992年在长沙铁道学院外语系任教，1987年晋升副教授，任公共英语教研室副主任、主任。1993—2000年在广州师范学院任教，担任大学英语部副主任、主任。2000—2006在广州大学外国语学院任教，承担大学英语和英语专业硕士研究生专门用途英语教学，任外国语学院副院长、院长。2006年7月入职广州大学华软软件学院，任外语系副主任、主任。研究方向为语言学、专门用途英语、语言教学和学习理论。在《外语教学与研究》《外语界》《广州大学学报》等刊物上发表了《ESP教学的理论与实践》《大英口语教学改革——愿景与现实》《外语教学十大原则》《三个层次上的英语平行结构》《大学英语四级"常模"带来的困惑》《学术论文英语摘要写作要素》《IT英语语体的语言特征》等20多篇论文。在北京高等教育出版社、广东高等教育出版社、华中科技大学出版社、中南大学出版社、中山大学出版社、复旦大学出版社等权威出版社出版了《英语阅读测试练习》（1—4册）、《英语写作》、《新题型大学英语四级统考训练试题精编》、《主观题大突破》等20多本教材和教学辅导书。由广西教育出版社出版的专著《ESP的理论与实践》获广东省高教社科三等奖。2004—2006年主持广州大学教改招标项目"大学英语教学综合改革研究"、2004—2006年主持广州市教育局教改项目"大学英语教学改革综合实验"（广州市教研面上重点，穗教科〔2005〕24号）、2008年广东省高等教育教学改革项目"IT人士英语应用能力构成要素及培养模式研究"（项目编号：BKJGYB2008116)、2010年广东省高等教育教学成果奖培育项目"IT类专业人才英语应用能力培养的研究与实践"（粤教高〔2011〕55号）。主持广州大学华软软件学院大学英语"精品课程"。1995年被评为广州市"优秀教师"。"IT类专业人才英语应用能力培养的研究与实践"获2012年广州大学华软软件学院首届教学成果奖一等奖。

D

戴　凡（1963—　　），浙江人。博士生导师。中山大学英语创意写作研究中心主任，英语系系主任。研究领域为创意写作、语篇分析、文体学、功能语言学、人文地理。获宝钢优秀教师奖。出版专著、教材、译作8部，中文传记、散文集4部，英文小说1部，英文创意作品多篇，发表论文30多篇，主持国家社科项目1项、省级和中外合作的创意写作项目等10项。

戴桂玉（1959—　　），江西乐平人。广东外语外贸大学英语教授，博士生导师。现主要从事英美文学、商务英语文体的教学与研究工作。1991年毕业于湖南师范大学外语学院，获得硕士学位。1999年毕业于上海外国语大学英语学院，获得文学博士学位。2005年赴英国兰开夏大学访问学。现担任广东外语外贸大学外国文学文化研究中心兼职研究员。在《外国文学评论》《外国文学研究》《外国文学》《学术研究》《外语与外语教学》《外语教学》《求索》等多种学术刊物上发表论文40余篇，出版的著作有《新编英美文学欣赏教程》（2001）、《海明威小说中的妇女及其社会性别角色》（2003）、《英美文学选读应试指南》（2005）、《后现代语境下海明威的生态观和性属观》（2009）、《商务英语文体研究》（2013）、《生态女性主义视角下主体身份研究》（2013）。主要承担和完成的科研项目:"后现代语境下海明威的生态观和性属观"(2008年度广东省社会科学"十一五"规划后期资助项目)、"生态女性主义视角下主体身份研究"(2012年度广东省哲学社会科学"十二五"规划项目)、"美国拉美裔女作家疾病叙事的后身份政治研究"(2016度广东省哲学社会科学"十三五"规划划项目)等。

戴镏龄(1913—1998),江苏镇江人。早年留学英国,1939年获英国爱丁堡大学英国文学硕士学位。同年回国。历任武汉大学、中山大学教授、外语系系主任,全国英语教学研究会第一届副会长,广东外国文学学会第一届会长,中国翻译工作者协会第一届副会长。专长英国语言文学,尤其长于古典文艺批评。译有(英)托马斯·摩尔《乌托邦》、马娄《浮士德博士的悲剧》,撰有论文《论科学实验对近代英国散文风格形成的影响》等,与朱光潜、方重合编大学教材《近代英美散文选》。在外语系为本科生开课的同时,在20世纪50年代已在国内首次指导词汇学研究生。1981年11月经国务院批准为英语语言文学专业首批博士生导师,接着便培养出中国第一位英语语言文学博士。先后为本科生、硕士研究生、博士研究生开设过10多门课程,如英语诗歌、欧洲古典名著、莎士比亚、西欧文艺批评史、英语写作、翻译等。还是多个校外学术团体的发起者和组织者,并在其中担任要职,如中国外国文学学会常务理事、中国莎士比亚研究会常务理事、中国美国文学研究会常务理事、中国英语教学研究会副会长、中国翻译工作者协会副会长、中国作家协会广东分会顾问、广东比较文学研究会顾问、广东外国文学会顾问、中国高校外国文学教学研究会顾问等。

戴伟华(1940—   ),生于马来西亚柔佛州。1956年自新加坡归国;1966年毕业于北京外国语学院英文系;1968年被分配到广州外国语学院,同年被派往汕头牛田羊部队农场锻炼;1970年调回广州外国语学院英语系任教;1978年调回暨南大学外语系。历任暨南大学学术委员会委员、高级技术职称资格评审委员会委员，广东省翻译专业译审、副译审资格评审委员会委员，广东省翻译协会委员，广东省外国语言学会理事，广东省英美文学学会会员。1982—1984年由教育部派往澳大利亚悉尼大学进修研习两年，其间获得悉尼大学部颁发 Diploma in Teaching of English as a Foreign Langauge（作为外语之英语教学文凭）并师从著名语言学家 M. A. K. Halliday（韩礼德）学习系统功能语法。1984—1987年任暨南大学外语系英语语言文学教研室主任，1989—1992年任外语系副主任、代理主任，1993—1997年任外语系主任。1988年任硕士研究生导师，共培育了近20名硕士研究生；1986年晋升为副教授，1993年晋升为教授。历年主要译著如下：与谭时霖合译《中西文学戏剧比较论文集》（饶芃子编著），其中负责翻译《中西戏剧接触、影响和融合》《中西戏剧起源、形成过程比较》（暨南大学出版社，1996）；审定《网络英语》（刘春英等编著，暨南大学出版社，1998）；审校《中级英语教程》（李宗渭主编，教师用书、练习册）、《听说训练》（李宗渭主编，教师用书、练习册）（广东高等教育出版社，1999）；编撰《粤英简明辞典》《英国旅游》《日本旅游》《法国旅游》《马来西亚槟城旅游》等英语文化旅游系列丛书（新加坡国际出版社，1997）；审译《中华对联研究与英译初探》（黄忠习编著）并为之作序（时代文艺出版社，2005）；2006年退休后，审译《华文流散文学论集》（饶芃子编著、蒲若茜等英译，复旦大学出版社，2011）、《中国诗歌与诗学比较研究》（谢跃文编著，暨南大学出版社，2006）；审订《灵襟秀口》（谢跃文编著，暨南大学出版社，2016）。2001年被评为"教书育人优秀教师"。

邓 隽（1964—　　），四川南充人。电子科技大学中山学院教授，电子科技大学硕士研究生导师，西南政法大学兼职硕士研究生导师。主要研究方向为现代英语及英美语言理论、翻译理论。1998年毕业于四川大学英语语言文学专业，获硕士学位，2005年起至今担任电子科技大学中山学院外语系主任、外国语学院院长，2011年晋升教授，2012年获批为中山市紧缺适用人才。任中国语用学会会员、广东省外国语言学会理事、广东省翻译协会理事、广州外国语协会副理事长、中山市翻译工作者协会常务副理事长。在《上海翻译》《当代修辞学》《外语学刊》《外语电化教学》等核心及重要学术期刊上发表文章30余篇，其中代表作有《语境制约，顺势而行——从语用学视角管窥"了$_2$"意义》《语用意义对等翻译——试论"了$_2$"的英译策略》《从目的论管窥严复译〈天演论〉》等。曾主编、参编国家"十一五""十二五"期间大学英语规划教材15部，其中包括《新通用大学英语综合技能训练4》（高等教育出版社，2009）、《21世纪大学英语教学课件》（复旦大学电子音像出版社，2011）、《21世纪大学英语应用型综合教程》（复旦大学出版社，2016）。主持及参与省部级教学质量工程和专业建设项目10余项，其中省级项目有"外语类专业商务实践教学基地""依托区域经济社会发展优势，培养外语类应用型人才模式探索与实践""基于校政企协同实践平台的应用型外语类专业人才培养模式改革创新"。

邓文华（1972—   ），广东遂溪人。南方医科大学外国语学院英语系教授。主要研究方向为文学、美学与医学人文研究。1996年毕业于北京第二外国语学院，获英语语言文学学士学位；2004年毕业于北京第二外国语学院，获英语语言文学硕士学位；2009年毕业于中国社会科学院研究生院，获文学博士学位；2013—2014年先后访学美国马凯大学（Marquette University）和威斯康辛大学密尔沃基分校（University of Wisconsin-Milwaukee），承担马凯大学哲学系"艺术哲学"课程的部分授课任务。1996—2006年在广东海洋大学外国语学院英语系工作，先后任助教和讲师；2010年起在南方医科大学外国语学院英语系工作，由讲师晋升副教授；2015年晋升教授。2010年起担任南方医科大学外国语言文化研究所副所长；2017年起担任南方医科大学外国语学院英语系主任，《医学语言与文化研究》副主编，国际美学协会、中华美学学会、中国中外文艺理论学会会员。在《哲学动态》《艺术百家》《外国美学》等期刊发表学术论文近30篇。公开出版的著作包括《审美经验的守望》（专著，世界图书出版公司，2015）、《符号、文化、城市：文化批评哲学五题》（译著，四川人民出版社，2008）、《印记："种族"的恐慌与移民的记忆》（译著，江苏教育出版社，2004）、《西欧大观》（编著，上海文艺出版社，2007）、《西方文化英文经典选读》（教材，暨南大学出版社，2010）等。先后主持了广东省哲学社会科学"十二五"2015年度规划项目"意义、情感、道德：从认知诗学到认知美学"、广东省哲学社会科学"十二五"2012年度规划项目"门罗·比厄斯利分析美学研究"、广州市哲学社会科学"十二五"2011年度规划项目"英美分析美学的人文性研究"等。

邓志辉（1973—　　），湖北通城人。中山大学外国语学院翻译学博士，教授，硕士生导师。主要研究方向为翻译理论、应用语言学。1998年以来任教于中山大学外国语学院，2009年晋升副教授，2017年晋升教授。英国剑桥大学英语与应用语言学研究中心访问学者（2009—2010）。长期从事公共外语教学理论与实践研究、翻译理论实践与研究。有丰富的口笔译实战经验，担任国外政要与国际知名学者的外事接待、商务会谈、谈判、学术讲座等场合的中英、英中口译交传百余场，数次担任广、深地区各类国际会议口译员。在《外国语》（2011，2012）、《外语界》（2008）、《文艺理论研究》（2008）、《中国翻译》（2006、2011）、《外语与翻译》（2016）、《亚太跨学科翻译研究》（2017）、*Asia Pacific Translation and Intercultural Studies*（2015）等国内外期刊上发表学术论文18篇，译文2篇，出版学术著作1部：《翻译专长与翻译的不确定性管理过程》（2016）。主持完成1项广东省优秀青年创新人才培育项目（2009—2012）、1项广东省高等学校教学质量与教学改革工程项目（2012—2016）、1项广东教育教学成果奖（高等教育）培育项目（2014—2017），在研广东省哲学社会科学"十三五"规划项目（2016—2018）1项。作为主要参与人完成教育部人文社会科学研究一般项目1项（2012—2014）、教育部国家级教学改革研究项目1项（2005—2007）。长期担任中山大学核心通识课程"英语演说的艺术"负责人和主讲教师、外语教学中心翻译专业辅修与双专业课程开发与建设负责人和"实用口译"系列课程主讲教师。多次获得各级各类翻译类、教学类奖项，如第五届"《英语世界》杯"翻译大赛全国一等奖（2014）、"外研社杯"全国大学生英语演讲大赛指导教师全国特等奖（2011，指导学生获全国冠军）和指导教师广东省特等奖（2016）、"外教社杯"全国大学英语教学比赛广东省三等奖（2011）、中山大学首届青年教师授课大赛一等奖（2008）等。

丁国旗（1962—　　），河南郑州人。文学博士。曾任广东外语外贸大学东方语言文化学院日语系系主任、副院长，现任广东外语外贸大学东方语言文化学院日语系教授、日本研究中心主任。研究方向为中日比较文学与翻译学、日本思想史。兼任的职务：广东省本科高校外语类专业教学指导委员会亚非语言专业分委员会委员、中国日语教学研究会华南分会副会长、广东外语外贸大学东语学院学术委员、广东外语外贸大学外国文学文化研究中心兼职研究员等。1986年7月毕业于上海外国语学院日语系，1989年6月获得吉林大学外文系日语语言文学专业硕士学位。1989年8月—1998年9月任职深圳市粤宝电子工业总公司。1998年9月调入广东外语外贸大学日语系，2002年12月任副教授，2007年12月升任教授。2001年4月—2003年4月任日语系基础教研室主任，2003年5月—2005年4月担任日语系主任。2004年9月入暨南大学中文系深造，2010年6月获得文艺学博士学位。2005年4月—2006年3月赴日本神户女学院大学任客座研究员。2007年5月—2011年4月任日语系主任。2010年12月—2014年12月任东方语言文化学院副院长。主要学术成果：代表性论文有『陶淵明の「虚」と「実」——岡村繁氏の「淵明観」をめぐって』、《大冈升平的东南亚叙事与战争认知——文学文本的政治指涉阐析》、《日本和歌俳句教学的若干体会与思考》。著作与译作有《日本隐逸文学中的中国因素》（人民出版社，2015）、《源氏风物集》（译著，新星出版社，2015）、《江户思想史讲义》（译著，三联书店，2017）。此外，还翻译出版了西村寿行、渡边淳一、内田康夫的多部小说。主要科研、教研项目类：主持2015年度国家社科基金"中华学术外译项目"，卓新平著《中国宗教与文化战略》（日文版）；参与2016年度国家社科基金"中华学术外译项目"，卓新平著《中国当代社会建设》（日文版）；参与2009年教育部人文社科基金项目"日本隐逸文学中的中国因素"；参与2012广东省教育厅高等学校教学质量与教学改革工程本科类项目；参与2012广东省研究生创新培养计划资助项目"'亚洲校园'本硕协同培养模式研究"；主持2009年度广东外语外贸大学校级教改项目"日语专业学科调整与人才培养方案改革研究与实践"；参与2015年度广东外语外贸大学高层次人才项目人才领航项目"日本高校外语人才培养与外语教育模式的启示"。

丁建新（1970—   ），湖南益阳人。中山大学外国语学院英语系教授、博士生导师。入选"教育部新世纪优秀人才支持计划"、广东省高校"千百十工程"、中山大学人才引进"百人计划"。主要研究方向涉及批评语言学、功能语言学、文化研究、边缘话语分析。兼任中山大学语言研究所所长、中山大学南方学院外国语言文学系主任、中国话语研究会副会长。曾在厦门大学外文学院攻读硕士学位（1996—1999）、中山大学外国语学院攻读博士学位（1999—2002）。2004年在香港城市大学，2009年在剑桥大学做短期学术访问。学术兼职：天津科技大学"海河学者"特聘教授（2009—2012）、江西师范大学"特聘教授"（2011—2013）、湖南城市学院"会龙学者"特聘教授（2012—2014）。中国社会语言学理事、中山大学教育部人文社科重点研究基地"逻辑与认知研究所"兼职研究员、重庆市人文社会科学重点研究基地西南大学外国语言学与外语教育研究中心兼职研究员、天津市人文社会科学重点研究基地天津外国语大学外国语言文学文化研究中心兼职研究员；《天津外国语大学学报》编委、《东亚学术研究》（AREA）执行主编、《流溪论坛》主编、Cambridge Journal of China Studies 编委、《中国话语研究》编委、《话语研究论丛》编委。迄今在《外语教学与研究》《当代语言学》《外语研究》《现代外语》《外国语》等国内外重要学术刊物上发表论文近 40 篇，其中包括《跨学科、后现代、文化转向》《作为文化的语法：功能主义的人类诠释》等。在北京大学出版社、中山大学出版社、南开大学出版社等出版著作和教材近 40 种，主持编写全国英语专业"博雅系列"教材（总主编，共 35 种）、"南开话语研究系列"（总主编，10 余种）；代表性著作：《文化研究》（中山大学出版社，2016）、《文化的转向：体裁分析与话语分析》（南开大学出版社，2015）、《叙事的批评话语分析：社会符号学模式》（重庆大学出版社，2014）、《批评视野中的语言研究》（中山大学出版社，2006）。主持完成国家哲学社科项目 1 项："叙事的社会符号学研究"；教育部哲学社会科学项目 1 项："语言相对论视野中的英汉隐性范畴与认知模式比较研究"；同时主持广东省社科或教育厅项目数项。讲授多门本科生、研究生和博士生课程，培养硕士和博士研究生近 100 名。

董金伟（1966—   ），河南周口人。文学博士，英语教授，硕士生导师，广东外语外贸大学英语教育学院院长。广东省"千百十工程"第二批校级培养对象，广东省"大学综合英语教学团队"负责人，广东省优秀教学成果奖（高等教育）一等奖获得者。1987 年毕业于郑州大学外文系英语语言文学专业，获文学学士学位；2001年获浙江大学英语语言文学硕士学位；2016年毕业于广东外语外贸大学外国文学文化研究中心，获文学博士学位。2004年8—9月受加拿大研究专项奖学金（SACS）资助，在多伦多大学、英属哥伦比亚大学等访学，2005—2006学年受国家留学基金委（CSC）资助，在美国宾夕法尼亚大学访学，从事英语教育和教师发展研究；2013年7—8月受学校委派，在英国考文垂大学接受高等教育管理干部培训。1999年评为副教授，2003年担任广东外语外贸大学硕士生导师，2008年晋升为教授。讲授主要课程有高级英语、综合英语、英语学习策略、第二语言习得、英语视听说、英语写作等；主要研究方向为大学英语教育、教师专业发展、法律语言学。近年来主持省部级教研、科研课题6项，主编、参编教材、论著10余部，在 Working Papers in Educational Linguistics（美国）及《外语教学与研究》《现代外语》《外语教学理论与实践》《外语研究》《英语教师》《广东外语外贸大学学报》等发表论文、书评20余篇。主持课题有2012年广东省教育科规划办公室研究课题"广东省高校外籍英语教师教学问题探析（2012JK128）"、2011年广东省教育厅教改课题"大学教师可持续发展的有效学习策略研究——以大学英语教师为例"、2013年广东省教育厅教改课题"夯实基础、突出听说、全能提高型大学英语课程教学体系的优化与实践"、2014年广东省教育质量工程项目"需求驱动、校本特色的专门用途英语课程体系建构与实践"、2014年广东省教育厅教改项目"大学综合英语教学团队"。代表性学术论文有 Teachers' Perspectives on Professional Development: A Case Study of Innovation at a Chinese University（Working Papers in Educational Linguistics, Vol. 21, No. 2, 2006）、《后方法视角的外语教学：特征与要素》、《文化定型对高校英语外籍教师教学效果的影响——基于定型理论的分析》。主要社会兼职有全国外语院校大学外语协作会副会长、全国外语教师教育与发展研究会常务理事、中国语言教育研究会理事、教育部本科教学审核评估专家、广东省本科高校大学英语课程教学指导委员会副主任委员、广东省本科高校教师教育与发展教学指导委员会委员、民建广东外语外贸大学支部主委。

董燕萍（1965—   ），湖北咸宁人。广东外语外贸大学教授、博士生导师。广东外语外贸大学学术委员会委员，广东省人文社科重点实验室双语认知与发展实验室主任。国家一级学会"中国英汉语对比研究会"副会长，二级学会"心理语言学专业委员会"会长；语言类 SSCI 期刊影响因子排名第三的国际双语旗舰期刊 *Bilingualism: Language and Cognition* 编委（2011 年起）及其特刊 *Interpreting: A Window to Bilingual Processing* 联合主编；国际知名出版社 John Benjamins 系列丛书 *Bilingual Processing and Acquisition* 顾问（2011 年起），以及其他两个国际期刊及两个国内期刊的编委。1986 年毕业于中国人民解放军外国语学院，获理学学士学位，1989 年毕业于同一学院，获文学硕士学位，1998 年毕业于广东外语外贸大学，获心理语言学博士学位。曾在美国 Carnegie Mellon University 心理系及语言系各访学一年，并在该校担任对外汉语兼职教师两年。主要研究方向为心理语言学、双语加工、口译认知、第二语言习得，侧重双语的心理语言学研究和口译的心理加工。目前主持 1 项国家社科重点项目、已完成所主持的国家社科面上项目 1 项，教育部项目 3 项。在英文期刊发表论文 19 篇，其中在国际 SSCI 期刊发表文章 15 篇，包括 *On the predictive validity of various corpus-based frequency norms in L2 English lexical processing*（2018，期刊 *Behavior Research Methods*，影响因子 3.597）、*How does consecutive interpreting training influence working memory: a longitudinal study of potential links between the two*（2018，期刊 *Frontiers in Psychology*，影响因子 2.089，他引 1 次）、*Interpreting experience enhances early attentional processing, conflict monitoring and interference supresion along the time course of processing*（2017，期刊 *Neuropsychologia*，影响因子 3.325，该文目前他引 11 次）、*Shared and separate meanings*

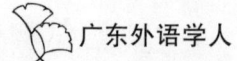

in the bilingual lexical memory（2005，期刊 Bilingualism: Language and Cognition，影响因子2.707，该文目前他引120次）。在国内CSSCI期刊发表论文45篇，其中在外语界影响力排名前三的期刊《外语教学与研究》《外国语》《现代外语》发表论文25篇。在外语教学与研究出版社出版专著1部：《心理语言学与外语教学》。曾获南粤优秀教师，新世纪人才支持计划等。

杜金榜（1953—   ），河南南阳人。教授、博士生导师。主要研究方向为法律语言学；相关研究领域为语言学、语篇分析、英语测试、语言哲学、信息处理。1982年7月毕业于河南师范大学外语系，获学士学位；1982年7月—1991年9月在河南师范大学外语系任教；1991年9月—1994年9月在广东外语外贸大学外国语言学及应用语言学专业学习，获博士学位；1994年9月—1999年9月在广州师范学院外语系任英语教师；1999年9月起—2014年7月退休前在广东外语外贸大学任英语教师；2003年起担任法律语言学方向博士生导师；2013年起同时担任商务英语研究专业博士生导师；2011年获第六届广东省高校教学名师奖。现任中国英汉语比较研究会法律语言学专业委员会主任。长期从事法律语言学研究、英语教学及其研究生教学及指导工作，先后主持国家社科基金项目"基于语料库的法律信息挖掘模式研究及应用"（2013）、教育部人文社会科学重点研究基地重大研究项目"基于语料库的法律语篇信息分布与语言实现研究"（2006）、广东省哲学社会科学项目"基于语料库的法律语篇信息结构汉英对比研究"（2005）、广东省普通高校人文社会科学重大攻关项目"涉外法律语言信息研究"（2011）等多个科研项目；先后出版了专著《法律语言学》（上海外语教育出版社，2004）和《法律语篇信息研究》（人民出版社，2014）；合作出版了专著《论法律语言学方法》（人民出版社，2016）；主持编写出版了《语篇分析教程》（武汉大学出版社，2013）；在《外语教学与研究》（《外语教学中的诊断性测试》，

1999年第4期)、《现代外语》(《法律语篇树状信息结构研究》,2007年第1期)、《外国语》(《论语篇中的信息流动》,2009年第3期)、《中国翻译》、《心理科学》等国内期刊发表学术论文40余篇。

F

方汉泉(1939—   ),广东人。华南师范大学外国语言文化学院教授(2007年退休)。曾任中国加拿大研究会常务理事,广东省高级技术职称评审委员会(外语学科组)委员,暨南大学外语系主任,华南师范大学学术委员会委员、教学委员会委员、学术仲裁委员会委员。主要研究方向为英国文学和西方文论,兼及现代语言学。1965年毕业于中山大学外语系英语语言文学专业(五年制),后任教于广州高校,并获两次出国深造机会:1973年被选派为中国英语教师代表团成员赴英国访问,并在英国埃塞克斯大学修读现代语言学半年;1980年通过考试被遴荐为访问学者赴加拿大多伦多大学研修两年,主修英国文学,兼修社会语言学。1986年在暨南大学任教期间晋升为副教授,后任外语系副主任、主任;1992年在华南师范大学任教期间晋升为教授,后任英语学科组组长,英语专业研究生指导组组长、校学术委员会委员等学术职务。致力于本科生和研究生教育数十年:为本校研究生教育效力至2007年,后又承蒙中山大学外国语学院之信任,作为校外专家连续8年参与该院硕士、博士学位论文的评审和答辩,仅审阅的硕士学位论文就多达200篇。20世纪80年代,曾应香港大学语文研习所(Language Centre)和加拿大赖尔森大学之邀,先后赴两校作短期学术交流,宏观介绍中国外语教学的历史与现状,重点阐述中国的外语教学改革。早期出版著作2部:《实用出国人员英语》(花城出版社,1987,加拿大广播电台专门为本书录音)、《实用英语文书大全》

（花城出版社，1992）。在《外语教学与研究》《外国语》《外语研究》《中国外语》《外语与外语教学》《天津外国语学院学报》《广东外语外贸大学学报》《暨南学报》《华南师范大学学报》以及 Language in Society（Cambridge University Press）等国内外刊物发表论文60多篇，包含语言与语言学研究、英诗研究、英美文学阅读与论评、现代西方文论与运用、文学翻译与文学教学探索5类文章。发表于以上刊物的主要论文（共55.5万字）分别收入《英诗论集》（花城出版社，2002）和《语言探索与文学论评》（中山大学出版社，2012）。

方开瑞（1964—　　），山东莱州人。广东外语外贸大学英语语言文化学院教授，博士生导师，英语语言文化学院学术委员会副主任，九三学社广东外语外贸大学支委副主委，九三学社广东省文化委员会副主任，中美富布赖特研究学者。主要研究方向为小说与小说翻译、文学文体学、叙事学、中外文化交流史。2002年9月考入北京大学英语系，成为申丹教授的博士研究生，2006年7月获得北京大学文学博士学位。曾获得韩素音青年翻译奖一等奖（1995）、广东省优秀大学生（1996）、全国优秀大学生（1996）、首届桂诗春研究生优秀论文奖（1997）、北京大学学习优秀奖（2004）、北京大学2008年优秀博士论文奖二等奖等奖励或荣誉。2004年晋升为副教授，2008年晋升为教授，2014年晋升为博士生导师。2009年在英国兰卡斯特大学英语与语言学系做访问学者。2012—2013年受中国政府与美国富布赖特基金会资助，在美国耶鲁大学英语系研究美国文学。1998—1999年担任学院院长助理。2006年12月—2012年7月担任学院副院长，主管科研、学科建设和研究生教育工作。曾先后主持广东省教育厅人文社科重点研究基地项目、广东省211工程三期重点学科建设子项目、中美富布赖特研究学者项目、广东省学位与研究生教育改革项目、广东省教育厅特色创新类项目（人文社科类）等。曾在《中国翻译》《外语与外语教学》

《外语教学》《山东外语教学》《广东外语外贸大学学报》《读者》及 Fudan Journal of the Humanities and Social Sciences（Springer Nature）等刊物发表学术论文、翻译散文、诗歌及短篇小说。合作主编《新视角：当代文学文化问题研究》（华南理工大学出版社，2000），参与编译《快乐的期待》（英国散文选，花城出版社，2000），参与写作 The Routledge Handbook of Literary Translation（Routledge，2018），并参与编写《高级英语》等教材。出版专著《语境、规约、形式——晚清至20世纪30年代英语小说汉译研究》（北京大学出版社，2012），该著作在国外许多著名大学均可检索到馆藏信息，包括美国的哈佛大学、耶鲁大学、普林斯顿大学、斯坦福大学、哥伦比亚大学、芝加哥大学、宾夕法尼亚大学、弗吉尼亚大学、加州大学伯克利分校、威斯康辛大学麦迪逊分校、伊利诺伊大学香槟分校，以及加拿大的多伦多大学等。部分论文引用率较高，有的论文可以在国外部分大学的图书馆检索。

方玲玲（1957—　　），广东惠来人。硕士，教授。1982年6月毕业于华南师范大学外语系英语专业。1982—1995年在华南建设学院工作，1995—2014年在广东工业大学工作，1994年晋升副教授，2010年晋升教授。长期从事英语教学和行政管理，历任系副主任、教务处副处长、系党总支书记和国际合作与交流处处长，曾任广东省高等教育学会高校外国文教专家工作委员会常务理事。1995年获国家建设部优秀教育工作者、1991年和1992年分别获得广东省南粤优秀教师奖、2014年全国来华留学教育模范个人等荣誉称号4次，获广东省第七届教育教学成果奖（高等教育）一等奖、广东省涉台研究课题优秀论文二等奖等奖项6项。在《外语界》和《华南师范大学学报》等外语类和中文核心期刊发表论文20余篇，主编和参编国家级双语教学示范教程《国际贸易实务双语教程》等教材8部，主持和参与省部级、校级等项目10余项。主要研究方向为第二语言习得和英语教学。

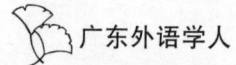 广东外语学人

冯光武（1965— ），四川洪雅县人。广东外语外贸大学教授，博士生导师。中美富布莱特（耶鲁大学）高级研究学者，教育部高等学校英语专业教学指导分委员会秘书长，广东外语外贸大学英语语言文化学院副院长，*Journal of Linguistics*、*Language Sciences*、*Journal of Pragmatics*、*Lingua*、*Linguistics and Literature* 等学术期刊特约审稿人，剑桥通用英语五级证书（KET、PET、FCE、CAE）考试和中小学英语教师资格（TKT）考试专家委员会委员。1981年起先后在四川外国语大学、广东外语外贸大学、英国利兹大学、英国雷丁大学、美国耶鲁大学获英语语言文学学士学位、语言学与应用语言学硕士学位、语言学与英语教育硕士学位、语言学哲学博士学位以及美国富布莱特高级研究学者毕业证书。主要研究方向有日常语言哲学、语用学、语义学、英语教育改革和英语高考试题命制等。在国内外学术期刊发表论文数十篇，其中多篇在 *Journal of Pragmatics*、*Language Sciences*、*Pragmatics & Cognition* 等国际主流语言学期刊发表，主要研究成果：*Pragmatic markers in Chinese*（*Journal of Pragmatics*）、*Conventional implicature and pragmatic markers in Chinese*（*Studies in Logic*）、*A Theory of Conventional Implicature and Pragmatic Markers in Chinese*（England：Emerald Group Publishing Limited）、*A neo-Gricean pragmatic analysis of Chinese pragmatic markers*（*Language Sciences*）、《语言转向与语言关怀》、*Speaker's meaning and non-cancellability*（*Pragmatics and Cognition*）、《外语学刊新一轮英语类专业教育改革——回顾与展望》、《把握国标精神、找准学校定位、突出专业特色》。其学术专著 *A Theory of Conventional Implicature and Pragmatic Markers in Chinese* 由国际著名学术出版机构 Emerald Group Publishing Limited 出版，并获广东省优秀社科成果二等奖。

冯启忠（1946— ），湖北武汉人。1969年毕业于中山大学外语系英语专业，现任中山大学外国语学院副教授、硕士生导师。长期从事

大学英语教学工作，曾于1985年10月—1987年7月在美国进修，1995年9月—1996年2月赴美讲学和进修。科研的主攻方向为英语语言学，发表论文数篇，著、编、译和参与合作出版的著作、教材有7部。其中，与林裕音合译的《英语语法详解》（80万字）获广东省外国语言学会颁发的1988—1992五年间优秀科研成果奖。发表论文《论大学英语教学的症结与改革方略》等。

冯清高（1943—　　　），湖北天门人。英语教授，硕士生导师，德国科隆大学高级访问学者，加拿大研究专项奖（SACS）学者。1966年毕业于华中师范学院（现华中师范大学）英语语言文学专业，1975年起从事高校英语教学与研究，高校教龄逾40年。1995年评聘英语教授。历任湖北师范学院外语系副主任、主任，广东技术师范学院（原广东民族学院）外语系主任、翻译学院副院长，华南农业大学珠江学院副院长、教学督导委员会主任，广东外语外贸大学南国商学院教学督导委员会副主任、英语语言文化系（现英语语言文化学院）系主任。工作期间，先后在武汉大学、北京师范大学、北京大学等高校研修语言学和美国文学。1989—1990年公派德国科隆大学访学，主修语言学。2001年作为加拿大研究特别奖奖励学者赴加拿大做专项考察研究。曾在杜塞尔多夫大学、波恩大学、牛津大学、伦敦大学、巴黎大学、莫斯科大学、多伦多大学、渥太华大学、约克大学、奥克兰大学、香港中文大学等著名高等学府作短期学术访问。主要研究方向为词汇学、语义学。在国内外学术刊物发表论文30余篇。20世纪90年代以来的主要论文有《语义双层次研究法简述》（《外语教学与研究》，1996）、《一词多义和单一词义：评语义双层次模式》（《外国语》，1997）、《语言习得与语言磨蚀：关于复语专业的理论思考》。主要编著有《周易金言百句》（汉英对照）（英文主编，广东教育出版社，2009）、《地质探秘神农架》（英文主编，中国大地出版社，2016）等。主持教育部全国基础教育研究项目1项（珠三角职业中学外语教学现状及改革对策，1999），参加省级课题2项，获省科技成果二等奖1项。1996年被评为广东省南粤优秀教师。20世纪90年代以来，曾兼任广东外国语言学会副秘书长、广东省世界语协会副理事长、广州应用外语研究会副会长。

付永钢（1958—   ），四川人。暨南大学外国语学院教授、研究生导师。主要研究方向为跨文化交际语用学和跨文化语用翻译。兼任珠海市政协理论研究会副会长。在《外语研究》《外语教学》等杂志上共发表学术论文40余篇：《跨文化交际语境与跨文化交际》（《外语研究》，2002年第4期）、《论跨文化交际中"入乡随俗"的相对性》（《外语教学》，2008年第4期）、《儒家中道思想与跨文化交际》（《北方论丛》，2005年第3期）以及《内地高校港澳台大学生语言使用调查》（国家语言文字工作委员会《中国语言生活状况报告2016》第5期）等。出版专著《不出国门会老外》（南京大学出版社，2003）和《地区亚文化与主文化之间的跨文化交际》（四川大学出版社，2015）。译著主要有《怪物史瑞克Ⅰ》（江苏少儿出版社，2002）和《索特和神秘飞龙》（江苏少儿出版社，2005）。主持的省部级和国家级项目3项，分别为：2012年教育部社科基金一般项目"内地高校港澳台学生与大陆师生交际过程中的跨文化问题研究"、2014年广东省哲学社科"十二五"规划基金项目"同语言不同地区的跨文化语用翻译研究——以我国两岸四地的英汉翻译为例"、2016年国家社科基金中华学术外译项目"孙中山传"（英文版）。

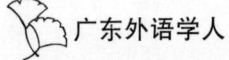

甘丽华（1975—   ），广东翁源人。英语教授。主要研究方向为应用语言学及英语教学法。1997年7月毕业于广东外国语师范学校，1999年12月获得广东外语外贸大学颁发的文学学士学位，2004年

7月获得华南师范大学教育硕士（英语专业）学位，2006年1月至今在顺德职业技术学院外语学院任教，2009年晋升为英语副教授，2015年晋升为英语教授。自毕业后一直从事英语教学及研究工作。先后主持了广东省"十二五"规划课题、佛山市社科课题、顺德区社科课题等科研项目9项。曾获得佛山市优秀社科成果奖一项，全国高校微课教学比赛奖一项。在《高教探索》等杂志上发表论文36篇。

宫　齐（1959—　　），辽宁昌图人。现任暨南大学外国语学院教授、博士生导师，《外语论丛》（外语教学与研究出版社）主编。1998年8月调入暨南大学执教。2006年任暨南大学外国语言学研究所首任所长，2008年任外国语学院副院长，2011年至今任外国语学院院长（兼跨文化及翻译研究所所长）。主要研究方向为理论语言学、音系学、第二语言习得及翻译。讲授课程主要有理论语言学、音系学、当代语言学专题等。社会及学术兼职有国家出版基金评审委员会专家，全国翻译资格考试翻译人才评价与学校促进专家委员会委员，广东省外国语言学会常务副会长，广东省翻译协会副会长，广东省本科高校外语类专业教学指导委员会副主任委员，广东省本科高校英语专业分委员会副主任委员等，此外还担任《外语教学与研究》等6家学术期刊的审稿专家，上海外语教育出版社引进版《语音学与音系学经典丛书》专家委员会委员等。发表学术论文主要有《韵律音系学概述》《近代汉语精组字的腭化与非腭化》《汉语重音模式对英语学习干扰的实验研究》《海安话轻声前字连读变调的制约条件及优选论分析》《汉语浊塞音声母清化的优选论分析》《汉语方言塞音韵尾保留情况的优选论分析》等60余篇，分别见于《外语教学与研究》《当代语言学》《外国语》《语言文字应用》《中国外语》《现代外语》《国外社会科学》《民族语文》等国内权威语言学期刊，以及《兰州大学学报》《暨南学报》《南京师范大学学报》《华南师范大学学报》等大学学报。此外，

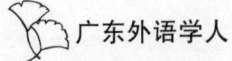

在《国外社会科学》《国外社会科学文摘》等发表语言学、哲学、历史、教育、文化、经济等方面的译文 50 余篇。多篇论（译）文被《新华文摘》、中国人民大学复印资料《语言文字学》《心理学》《新兴科学》等全文转载。主编有《暨南外语博士文库》《英语学习丛书》等 10 余种；编（译）著有《社会语言学》（中国社会科学出版社，1990）、《英语世界简明百科》（旅游教育出版社，2000）、《Encarta 英汉双解大词典》（世界图书出版公司，2011）、《美国史》（4 卷本）（南方日报出版社，2012）等 30 余种；参编有《社会科学新方法大系》（重庆出版社，1995）、《国外社会科学前沿》（上海社会科学出版社，1999）等。主持科研项目有"十三五"国家重点辞书编纂项目《英语世界百科词典》，国家社科后期资助项目《Encarta 英汉双解大词典》（2009）；广东省"十一五"规划项目"当代音系学理论优选论研究及其应用"（2005）；广东省哲学社会科学"十二五"共建项目"粤语学生英语音节习得中迁移现象的优选论研究"（2012）等 10 余项。2015 年荣获广东省南粤优秀教育工作者奖励。

龚少瑜（1934—   ），华南师范大学外语系英语专业本科毕业，曾在华南师范大学、广州外国语学院（现广东外语外贸大学）任教，现为中山大学外国语学院教授（已退休，仍返聘工作）。曾与陈永培合编《语言学文选》，任《实用英语学习词典》副主编，与陈嘉宝合著《英语朗读指南》，发表过《谈谈无声教学法》等文章。对美国文学感兴趣，发表过介绍美国平原文学的文章。

龚长华（1966—   ），江苏盐城人。文学博士、广东药科大学英语教授、外国语学院院长。广东药科大学第四届学位委员会委员，广东药科大学外国语学院"医药英语研究中心"主任。主要研究方向为系统功能语言学、语篇分析、医药英语研究。1988 年毕业于徐州师范学院（现江苏师范大学）外语系；2006 年毕业于中山大学外国语学院，获文学硕士学位；2016年毕业于中山大学外国语学院，获文学博士学位。在《外语界》《中国外语》等期刊发表科研、教学文章15篇，主编、参编教材21本，词典5本。近年来编写出版医药英语类教材：参编国家级"十二五"规划教材《药学英语（第四版）》（上下册）（2012）、卫生部"十三五"规划教材《中医英语》（2016），主编《药学英语翻译实践教程》（2015）、《实用医学英语写作教程》（2015）。近年来，主持医药英语研究与教学类省级课题6项：2012年主持广东省教育科学"十二五"规划课题"基于'悉尼学派'语类支架读写法的医药学术英语教学模式研究"（项目编号：2012JK141）；2014年主持广东省高等教育教学改革项目"依托药学背景、以'校企'合作为基础应用型药学英语专业人才培养模式研究"（项目编号：GDJG20141167）；2014年主持广东省教育教学成果奖（高等教育）项目"药学英语翻译人才培养模式研究与实践"（粤教高函〔2015〕72号）；2015年主持广东省教育厅本科高校教学质量与教学改革工程项目"医药英语翻译人才培养模式创新实验区"（粤教高函〔2015〕133号）；2015年主持广东省教育厅特色创新类（人文社科类）项目"翻译社会学视阈下《黄帝内经》英译研究"（项目编号：2015WTSCX040）（粤教科函〔2016〕12号）；2015年主持广东省哲学社会科学"十二五"规划2015年度"外语学科专项"项目"基于语料库的《黄帝内经》中国传统文化核心概念英译研究"（项目编号：GD15WZ09）（粤社科规划办通〔2015〕19号）等。2012年荣获"广东省南粤优秀教师"称号，1998年荣获"广东省南粤教坛新秀"称号；2011年荣获"广东药学院优秀共产党员"称号。担任社会学术团体职务：广东省普通高校大学英语课程教学指导委员会委员（2014—2018年）、广东省翻译协会常务理事（2013—2017年）、广东省翻译协会医学翻译委员会副主任委员（2014—2016年）、世界中医药学会联合会翻译专业委员会常务理事（2016—2020年）、中华中医药学会翻译分会常务委员（2016—2020年）。

谷红丽（1968—   ），河南叶县人。华南师范大学教授、硕士生导师。华南师范大学外国语言文化学院副院长、外国文学与文化研究中心主任、翻译硕士教育中心主任。主要研究方向为英美文学、英语教学、翻译理论与实践。1991年7月毕业于河南大学外语系英语语言文学专业，获学士学位；1994年7月毕业于河南大学外语系英语语言文学专业，获硕士学位；2003年12月毕业于厦门大学外文学院，获文学博士学位；2007年8月—2008年8月美国康奈尔大学英语系访问学者。1994年7月—1995年7月在郑州大学经贸系任助教；1995年7月—2010年3月在海南师范大学外国语学院先后任助教、讲师、副教授、教授、副院长、硕士生导师；2010年3月调入华南师范大学外国语言文化学院工作。兼任国家社科基金项目同行评议专家、教育部学位与研究生教育评估工作专家、广东省高等学校教师专业技术资格评审高评委、广东省教育厅教育科学研究项目评审专家、广东省中国文学学会比较文学分会副会长、广东省党外知识分子联谊会理事、广东省广州市天河区第九届人大代表常务委员会委员。在《外国文学研究》《外国文学》《当代外国文学》等杂志发表近30篇学术论文，其中《文本的狂欢世界——诺曼·梅勒作品中的互文性策略解读》和《诺曼·梅勒〈林中城堡〉中悖论性的历史叙事》被A&HC收录，《诺曼·梅勒非虚构小说中历史的虚构策略》被《文艺报》改编后登载（2006年2月14日）。出版学术专著《新历史主义与文化唯物主义批评视角下诺曼·梅勒的作品研究》（厦门大学出版社，2004）、《理解诺曼·梅勒》（西北大学出版社，2009）；译著《穿PRADA的女魔头》（译林出版社，2005，2007年2月以《时尚女魔头》为名再版）、《创业大亨》（中国对外翻译出版公司，2002）。主持1项国家社科基金项目"诺曼·梅勒美国文学批评史研究"（项目编号：14BWW004），1项教育部人文社科项目"美国当代作家诺曼·梅勒作品研究"（项目编号：12YJA752008）和2项省社科规划项目。

桂灿昆（1919—1996），云南昆明人。1939年考入浙江大学外文系学习英文。1943年9月起在国立云南大学外语系任英语助教，1947年赴美国密西根大学研究院学习并于1949年获英语硕士学位，1950年回国在武汉华中大学英语系任副教授，1953年调广州中山大学外语系任教，1970年10月调广州外国语学院英语系，1978年晋升为教授，曾任语言学与应用语言学研究所所长、硕士生导师。在社会兼职方面，曾任广东省社科联外语学会会长、广东省社会科学院学术委员、6届广州市人大代表、4届广东省政协委员。我国著名的语音学家，是我国最早开展英语语音学研究的权威学者之一。开设了"语言学概论""英语语音学""音位学"等课程。1950年代后期著有《语言学概论》（1957）一书，首创相关学科著作内容和体例都以英语为主书写的先例。1956年与一位美籍教师合作，在中山大学带了2名英语语音学副博士研究生。1960年代即已为研究生开设"语音学引论"和"英语理论语音及音位学"等课程。发表的《索诸尔思想对英语结构语音学派的影响》等文章，开启了国内结构语言学研究的先河，对在英语教学中如何运用语音学提高教学质量起了积极的推动作用。20世纪70、80年代，在调至广州外国语学院之后，发表了《美国英语应用语音学》《关于音素的几个问题》《英语语调常识》《美国音和英国音：历史、现状和区别》《汉英两个语音系统的主要特点比较》《适应新的形势，学习和推广美国音》《中小学英语教学一定要抓好语音这一环》《这样的改革能提高英语语音教学质量吗——评国内近年来的音标改革论》《一条最基本的语音原理》《英语教师为什么要掌握语音理论?》《英语的拼写和发音为什么不一致?》等大批著作。

桂诗春（1930—2017），陕西西安人。1950年毕业于香港华仁书院，随后就读于武汉大学和中山大学，1955年毕业于中山大学外国语言文学系英语专业，留校任助教、讲师，1970年调入广州外国语学院，1978年任副教授，1983年任教授，1986年任博士生导师；历任广州外国语学院英语系系主任、副院长、院长,广东外语外贸大学外国语言学及应用语言学研究中心教授,博士生导师;曾任国务院学位委员会外国语言文学学科评议组第二、三届委员,全国外语教学研究会副会长,全国外语教学计算机辅助教学委员会会长,广东外语学会会长;曾获全国优秀教师奖章、广东省"教书育人"南粤优秀教师特等奖、南粤杰出教师、广东省"五一"劳动奖章、广东省首届优秀社会科学家、首届中国外语教育终身成就奖、广东外语外贸大学"荣誉教授"称号;是广东省第五、六、七届人民代表大会代表。毕生致力于语言学和应用语言学探索,主要研究领域是应用语言学、心理语言学、外语测试、语料库语言学、语言学研究方法等。作为中国创建外国语言学与应用语言学专业的第一人,并组织广州外国语学院英语系部分教师开设从硕士生到博士生课程。该项工作1992年获国家教委的优秀教学成果一等奖。外国语言学与应用语言学专业被遴选为全国重点学科。在1966年前主要负责英语精读、英语语法、英语泛读、英语写作、大一英语、毛泽东文艺思想、英国文学史、英国文学选读等本科课程;在1976年后则主要负责普通语言学、应用语言学、英语词汇学、心理语言学、认知语言学导论、实验设计与统计学、高级统计计算机应用等硕士生、博士生课程。同时,还主持了众多科研项目,分别有国家社会科学人文科学"七五"规划重点项目"中国学生学习英语的心理语言学研究",国家教委社会科学人文科学"八五"规划重点项目"现代西方语言学方法论",国家社会科学人文科学"九五"规划项目"以语料库为基础的中国学生英语错误分析"等等。从1985年以来,分别出版了《心理语言学》、《标准化考试——理论、原则与方法》、《应用语言学》、《应用语言学与英语教学》、《实验心理语言学纲要》、《中国学生英语学习心理》、《语言学方法论》(与宁春岩合著)、《中国学习者英语语料库》(与杨惠中合著)、《基于语料库的英语语言学语体分析》等著作。曾指导过30多位硕士生的论文写作,并培养了15位博士和1名博士后。

郭丽娜（1972—　　　），广东潮州人。中山大学文学硕士，史学博士，教授，博士生导师，中国法国文学研究会理事。研究领域为中法文化关系史、法国汉学、法国文学和比较文学。曾赴法国国立东方语言与文化研究院、里昂第三大学做访问学者。主持国家社科基金、教育部社科基金和广东省社科基金等项目。在《民族研究》《世界历史》《国外文学》《宗教学研究》《基督宗教研究》等重要核心期刊和 *Géostratégique/Chine-Europe*（索邦大学）发表论文多篇，出版专著 1 部，译著 6 部。主要代表作有《清代中叶巴黎外方传教会在川活动研究》（专著）、《倮倮·云南倮倮泼——法国早期对云南彝族的研究》（编译著）、《广州湾租借地：法国在东亚的殖民困境》（上下卷，译著）、《法国勒·普雷学派的中国研究及其影响》、《法国彝学研究述评》、《晚清贵州教区教务长童文献的中国观》、《论广州湾在法属印度支那中的"边缘化"地位》、《20 世纪上半叶法国在广州湾的鸦片走私活动》、《18 世纪法国启蒙主义文学中的中国思想因素》和 *A la recherche d'un dialogue sino-occidental efficace à partir de la défaite littéraire de Le Clézio en Chine* 等。

郭士香（1967—　　　），辽宁桓仁人。江门职业技术学院英语教授，外语系系主任，广东省高职英语教学指导委员会委员。主要研究方向为应用语言学、英语教学研究。1994 年毕业于东北师范大学英语系，先后在本溪大学基础部、本溪冶金高等专科学校基础部、辽宁科技学院外语系、韩山师范学院外语系从事教学工作。主要业绩及成果：（1）主持或参与各级课题 18 项。其中，主持广东省"十二五"教育科学规划课题 1 项，广东省教育厅课题 1 项，主持广东省"商务英语职业教育专业教学资源库"建设项目子项目 1 项，参与省级精品在线开放课程建设 2 项，主持江门市哲学社会科学项目 2 项，江门市科学技术局基础理论研究项目 1 项，此外，还同江门市外贸行业的多家企业合作开发多项横向课题。（2）以第一作者在公开发行的刊物上发表论文 32 篇。其中在《解放军外国语学院学

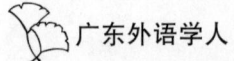

报》《山东外语教学》《中国英语教学》《外国语文》等外语类核心期刊发表论文4篇。主编《高职实用英语（一）》《高职实用英语（二）》《英文听力实训教程》等教材3部。（3）从2011—2015年连续5次指导学生参加全国职业院校技能大赛广东选拔赛英语口语比赛并获奖，是江门职业技术学院教学名师，担任商务英语专业带头人。

郭遂红（1968—　　），重庆人。硕士、教授、硕士生导师。主要研究方向为外语教师教育与发展、翻译理论与实践。1991年9月至今任教于广东海洋大学外国语学院，曾担任外语教研室主任、公共外语教学研究部主任、外国语学院副院长等。2013年5月起担任广东海洋大学外国语学院院长，广东海洋大学外国语言与外语教学研究所所长，兼任广东外国语言学会常务理事、广东省翻译协会常务理事、广东省大学英语教学指导委员会委员、广东海洋大学学报编委等。在《中国外语》《外语界》《外语电化教学》《外国语文》《山东外语教学》《广东外语外贸大学学报》等学术期刊发表论文30余篇，主要有《基于教学情境的外语教师非正式学习与专业发展研究》《大学英语教师网络培训评价研究》。在外语教学与研究出版社、清华大学出版社、中国商务出版社等单位出版著作5部。主持课题18项，其中2010年主持全国教育科学"十一五"规划教育部重点项目"网络环境下大学英语教师专业素质发展研究"，2016年主持广东省哲学社会科学"十三五"规划重点项目"区域协作网络环境下大学英语教师非正式学习现状与对策研究"，主持广东省教育厅课题5项。2006年被评为"全国三八红旗手"，2000年获广东省"南粤优秀教师"，2005年被评为"广东省三八红旗手""广东省巾帼建功先进个人"，先后获湛江市"五一"劳动奖章、第三届湛江市"师德标兵"、"第六届湛江市十大杰出青年"提名奖、第九届"湛江市职工职业道德建设十佳标兵"等。

H

韩金龙（1965—   ），山东临沂人。教授，硕士生导师。主要研究方向为话语分析、英语教学。1984 年 7 月毕业于山东师范大学英语系，获学士学位；1988 年 7 月—1997 年 9 月在临沂大学任教；2000 年在华南理工大学获得硕士学位，2009 年在广东外语外贸大学外国语言学及应用语言学研究中心获得博士学位。2000 年 4 月起在华南理工大学外国语学院任教，先后任讲师、副教授、教授，现担任大学英语国家级精品资源共享课程负责人，广东省大学体验英语实验教学示范中心负责人，广东省大学英语课程教学指导委员会副主任，中国学术英语教学研究会常务理事。先后主持省部级教改项目两项，曾获得第六届、第七届广东省高等教育教学成果奖二等奖。在《外语电化教学》《外语界》《四川外语学院学报》等期刊发表《SSK 视角下的学术语篇修辞研究》《广告语篇互文性研究》《英语写作教学：过程体裁教学法》等论文十余篇；在外语教学与研究出版社、华南理工大学出版社出版专著、译著《学术论文中的作者身份构建与自我宣传》《一个好教师必备的教学工具》等，在电子工业出版社出版教材《大学英语综合教程》。

韩景泉（1965—   ），湖南凤凰县人。广东外语外贸大学教授，博士生导师。主要研究方向为理论语言学、生成句法学、语义学。1986 年毕业于吉首大学外语系，1996 年获外国语言学及应用语言学硕士学位（广东外语外贸大学），2007 年获语言学博士学位（香港城市大学）。1986—1998 年在吉首大学外语系任教，1993 年晋升讲师，1997 年晋升副教授。1998 年 9 月调入中南大学（原长沙铁道学院）外国语学院任教，2003 年晋升教授，2006 年被聘为中南大学外国语学院博士生导师，同年曾到中央党校和中国浦东干部学院进行短期学习。2013 年调入广东外语外贸大学英语语言文化学院

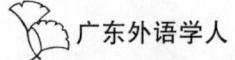

工作,被聘为教授、博士生导师、云山杰出学者。讲授了多门本科生、硕士生与博士生课程,培养硕士、博士研究生以及访问学者100余人。所指导的研究生中有8人获湖南省优秀硕士学位论文奖。2006—2013年担任中南大学外国语学院副院长,主管学科学位建设与专业研究生教育工作。曾任湖南省翻译协会副会长,中国英语教学研究会常务理事,吉首大学特聘教授,香港城市大学研究员。现任《中南大学学报》与《外语与翻译》编委,《当代语言学》《外语教学与研究》《外国语》《现代外语》《语言科学》以及 Journal of East Asian Linguistics(美国)等著名学术期刊审稿人。为教育部人文社会科学研究项目评审专家以及国家社科基金项目通讯评审专家。曾荣获湖南省优秀教师(记二等功)、省级教学成果奖三等奖、湖南省外国语言与翻译优秀成果奖一等奖。先后在《当代语言学》《现代外语》《外语教学与研究》《外国语》《语言研究》《中国语文》《语言教学与研究》《外语与外语教学》《解放军外国语学院学报》等学术刊物发表研究论文60多篇,成果内容常被转载和引用,其中有关Chomsky形式语言学的论述被中国知网列为影响学术发展潮流的高频被引用文章。有关语言理论批评与建设的论述引起了北京大学"北大中文论坛"的重点关注。《论元结构与及物性交替》荣获杰出博士学位论文奖。主持的国家社科基金项目"英语非宾格动词现象研究"获优秀结项,已经主持并完成了多个省部级研究项目,曾在境外开展过5项合作研究。

Haslam,Thomas J. (Ph. D, University of Delaware) is a Professor of English and Digital Literacies. Prior to Shantou University, he served as Academic Director and Visiting Associate Professor for Suffolk University, Boston, MA, USA, at the Dakar campus in Senegal, West Africa. His other international appointments have included Sharjah College, Sharjah, UAE; and Faculty of Policy Studies, Chuo University, Hachioji-shi, Japan. Outside of academia, he has been employed in web development and technical communication. In terms of scholarship, he has published on topics in American Literature, the Digital Humanities, Technology Enhanced Learning in Higher Education, and Colonial/Postcolonial Studies in various MLA-, SCOPUS-, or EI-indexed peer-reviewed journals. Since joining the STU faculty, he has published at least one scholarly article per year. His current research projects involve using data science tools for the humanities.

何安平（1950—   ），广东广州人。现任华南师范大学英语教授、博士生导师、广东外语外贸大学"云山讲座教授"。研究方向为语料库语言学、英语课程与教学。1968年毕业于广州外国语学校后"上山下乡"海南至1978年。1982年在华南师范大学外文系毕业留校，历任讲师（1986）、副教授（1991）、教授（1998）。其间在广东外语外贸大学攻读英语应用语言学获硕士学位（1986），在新西兰惠灵顿维多利亚大学攻读语料库语言学获博士学位（1997）。2001—2008年兼任广东外语外贸大学国家重点文科基地语料库语言学方向博士生导师。2003年起任华南师范大学课程与教学方向博士生导师、2009年起任中国语料库语言学学会副会长、2010年起任教育部"国培计划"项目首席专家至今。在SSCI期刊如 *International Journal of Corpus Linguistics*、*British Journal of Social Psychology*、*Journal of Language and Social Psychology* 等发表 *Successful turn-bidding in English conversation*（1999）、*Code-switching in tri-generational family conversations among Chinese immigrants in New Zealand*（2004）、*Tri-generational family conversations: Communication accommodation and brokering*（2004）等共6篇；在CSSCI期刊如《外国语》《现代外语》《外语教学与研究》等发表《语料库研究的层面与方法述评》（1999）、《基于语料库的英语教师话语分析》（2003）、《英语系列教材词汇知识发展研究：动态系统论视角》（2015）等共44篇。2000年主持编纂国内首个《中学英语教育语料库光盘》（广东音像教材出版社，2000）及跨国项目《国际英语学习者口语语料库LINDSEI——中国子语料库》（比利时Louvain大学，2010）。独著或主编《语料库语言学与外语教学》（外语教学与研究出版社，2004）、《语料库辅助英语教学入门》（外语教学与研究出版社，2010；2016年再版为国家级规划教材）、《语料库的短语理念及其教学加工》（广东高等教育出版社，2013）等共13部，其中3部获全国教师教育课程资源"优秀资源"奖（2004—2006）。主持完成国家社科基金项目"语料库的短语概念及其教学加工"（2009）、广东高校人文社科规划项目"英语教学的话语行为研究"（2000）、广东哲社科"十一五"规划项目"学术话语中的立场标记语研究"（2006）、广东教科"十五"规划项目"英语课程标准与中学英语教学改革"（2003）、广东中小学教学研究"十二五"规划项目"中小学外语课程教材改革与发展研究"（2013）等10余项。先后在英国、美国、比利时、瑞典、葡萄牙、捷克、澳大利亚、新西兰等国及中国的国际或全国性学术会议上宣读论文60余次；应邀赴惠灵顿维多利亚大学、香港大学、香港中文大学、香港教育学院、北京外国语大学、上海外国语大学、南京大学、广东外语贸易大学等20多所高校作学术讲座70余场；主持或授课于全国大、中、小学英语骨干教师国家级或省级培训百余次。曾获广东省"南粤教书育人优秀教师"个人奖（2001）和广东高校教学成果二等奖（2001）。

何高大（1957—　　），湖南汝城人。教授，曾任华南农业大学外国语学院院长，华南农业大学教学名师。研究方向为外语教学与现代技术、翻译和跨文化交际。2007年1月—2015年3月期间曾任华南农业大学外国语学院院长。2006—2007年获国家公派留学曼切斯特大学，师从著名翻译家Mona Baker教授。曾在美国马里兰大学、夏威夷大学、澳大利亚凤凰学院进行短期访学。东南大学、西北民族大学、武汉工程大学兼职教授、硕士生导师；兼任核心期刊、CSSCI期刊《外语电化教学》、国际学术期刊 PacCALL 等多家期刊编委。中国教育技术协会学术委员会委员、外语专业委员会常务理事，教育部全国高等学校计算机课件评比评测专家、中国计算机辅助语言教学指导委员会委员、广东省翻译协会副会长、广东省大学英语教学指导委员会副主任、广东省法律翻译协会副主任。曾获得国家留学基金在英国、美国、澳大利亚等著名高校作访问学者或学习交流。在《外语教学与研究》《外语电化教学》《中国电化教育》《现代教育技术》《高教探索》《黑龙江高教研究》已发表论文120多篇，其中发表在核心期刊、CSSCI期刊50多篇，被ISTP、EI收录各5篇，主持完成重大国家级、省级科研、教改项目28项。获得省级教学成果奖4项，出版专著、译著、教材教辅70部，获得国家计算机软件著作权1项。专著有《现代教育技术与现代外语教学》（广西教育出版社，2002）。

何广铿（1945—　　），广东佛山人。华南师范大学教授，硕士生导师；广东教育学会外语教学专业委员会理事长。主要研究方向为应用语言学、应用英语语音学。1968年毕业于华南师范大学（原华南师范学院）英语语言文学专业，1982年研究生毕业于华南师范大学英语语言文学专业并获硕士学位。1991年由讲师晋升为副教授，1997年晋升为教授。1997年起担任华南师范大学外语系系主任、外国语言文化学院院长至2005年。1999年主持高等学校外语教学指导委员会批准的"高等学校外语专业面向21世纪教学内容和课程体系改革课题"："英语教学法研究：理论、成果和方法"，2006年主持教育部"普通高等教育'十一五'国家级规划教材"编写课题。在各种期刊发表论文10余篇，主要有《教学科研型英语教师培养模式新探》《中学英语教师业务素质评估标准研究》等。出版教材多部：《英语教学研究方法》（广东高等教育出版社，2009），《英语教学法教程：理论与实践》（暨南大学出版社，

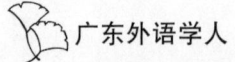

2011),《英语教学法基础》(暨南大学出版社,2001)等。两次获广东省教学成果二等奖,获奖成果分别为"英语教学法课双向式的教学模式"和"师范英语专业基础阶段教学模式改革实践"。

何海伦(1944—),广东顺德人。退休教授。1967年毕业于中山大学外国语言文学系。1979—1982年在暨南大学就读研究生,师从翁显良、曾昭科等老师研读美国文学,主修美国现代戏剧。1982年获文学硕士学位。1982—2004年在华南师范大学外国语言文化学院任教。1989年1—9月在美国纽约州立大学Brocport分校做访问学者,作过《今日中国妇女》和《中国人名字的艺术与涵义》的学术演讲。自1989年9月起,直至退休,一直从事本科生与研究生的美国文学教学,涵盖短篇小说,诗歌,自编教材《西方戏剧简史》本科选修课。对美国文学中的诗歌、戏剧、短篇小说有过专门研究,熟悉诸如象征主义、意识流、冰山风格,以及女权主义等西方现代主义的文学理论,熟悉尤金·奥尼尔、田纳西·威廉斯、阿瑟·密勒等剧作家的作品,艾米莉·狄金森、罗伯特·佛洛斯特、霍桑、福克纳、海明威等诗人及作家的作品并有个人的独特见解。1987年破格晋升副教授,1997年晋升教授。著作有《20世纪美国短篇小说面面观》(花城出版社,1997),《美国现代诗》(合著,花城出版社,1988),论文有《美国现代诗欣赏浅谈》(《外国文学研究》,1987年第2期),发表在《华南师范大学学报》的有《祥林嫂的异国姐妹》《小说白鲸里人物名字的圣经渊源与涵义》等。发表在广东教育出版社《外国文学名著选讲》的有《狄更斯——伟大的批判现实主义作家》(1986),译作有《华氏451度》(合译,载《翻译文学选刊》1985年第6期,陕西人民出版社),短篇小说《海鸥之死》(《译海》,1985第3期)、《大力士之死》(《译海》,1984年第3期)、《墓地官司》(《译海》,1983年第1期)。主编中英对照丛书之《奇妙的动物世界》和《奇妙的植物世界》(广东教育出版社,1996)。参编有《当代世界文学名著词典》（辽宁人民出版社，1991）。2001—2009 年兼任华南师范大学学报译审。

何恒幸（1964—　　　），广东兴宁人。华南师范大学外国语言文化学院英语教授、博士，硕士生导师。主要研究方向为系统功能语言学、语法学、语用学和翻译研究。1989 年、1992 年和 2004 年分别毕业于华南师范大学外国语言文化学院（原英语系）本科（教育）、硕士（语法，指导教师为贾镇副教授）和中山大学外国语学院英语系博士（功能语言学，毕业论文《另一视角下的假分裂句：英语变域句》，指导教师为黄国文教授）。1992 年 7 月留校任教至今，1998 年破格晋升为副教授，2004 年晋升为教授，1993 年 1 月—1996 年 1 月、1997 年 9 月—1998 年 10 月和 1995 年 10 月—2001 年 7 月分别担任华南师范大学外国语言文化学院（原大学英语部）教学科研秘书、信息员、教研室主任，2006—2016 年任华南师范大学外国语言文化学院理论语言学研究室主任、理论语言学学科带头人，2005 年、2006 年分别被中山大学外国语学院、功能语言学研究所聘为兼职硕士生导师、兼职教授，2009 年起任《功能语言学年度评论》编委，曾任广东省高评委，GLOSS 杂志编委，《现代外语》等期刊审稿人，国家社科基金项目和教育部基金项目结题评审人。1996 年被评为九三至九六年度华南师范大学优秀共产党员，广东省 1996 年"南粤教坛新秀"，"大学英语计算机辅助教学的研究与实践"（排名第 3）获广东省 1996 年教学成果奖二等奖，2015 年被评为 2014—2015 年度现代远程教育优秀论文指导教师，华南师范大学第二批"千百十工程"校级培养对象。在《外国语》《现代外语》《外语学刊》等发表论文数 40 多篇，主编、参编教材（教参）8 部（套），其中包括曾任整个系部 30 多位老师参与的 2 部教辅教材的主编。主持中国外语教育基金项目 1 项"网络环境下的英语教学：教师角色研究（师范类）"。

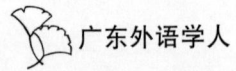 广东外语学人

何家宁(1965—),广西崇左人。教授、博士。广东外语外贸大学国际商务英语学院英语教授(曾任副院长),教育部人文社科重点研究基地外国语言学及应用语言学研究中心与广东省普通高校人文社科重点研究基地翻译学研究中心研究员,俄罗斯乌拉尔联邦大学孔子学院候任中方院长,广东省高等学校"千百十工程"第三批校级培养对象;广东外语外贸大学文学博士(外国语言学及应用语言学专业词典学方向,获广东"南粤优秀研究生"二等奖),埃克塞特大学词典研究中心(教学词典学)国家留学基金委资助访问学者、华威大学英语教师教育中心(语料库词典学)国家留学基金委资助博士后研究人员、得克萨斯大学奥斯汀分校语言学研究中心(计算词典学、商务词典学)中美富布赖特项目资助研究学者;学科领域为语言学,研究方向为词典学。词典学(词语翻译)专著3部(《大学汉英学习词典模式构建》(科学出版社,2008)、《汉英词语互译研究》(第一作者,武汉大学出版社,2009)、《英语学习型词典研究》(第三作者,外语教学与研究出版社,2012);词典2部:《英语词语典故词典》(修订本)(第二编者,中国地质大学出版社,2000)、《新牛津汉英双解大词典》(译者之一,上海外语教育出版社,2007);词典学论文16篇,唯一作者及第一作者11篇,其中,《词典使用研究的必要性、领域和方法》入选《<辞书研究>三十年论文精选》(上海辞书出版社,2009)。词典学科研项目2项:"基于实证研究的英语学习型词典模式的构建"(项目编号:06JJD740007)(第一参与者,教育部人文社科重点研究基地重大项目)、"商务英语学习词典研编"(项目编号:11BYY055)(主持人,国家社科基金一般项目)。

何玲梅(1963—),湖南益阳人。教育学博士,外国语言文学专业教授,现担任岭南师范学院教育研究院比较教育研究所副所长。主要研究方向为英语学科教育、理论语言学、比较教育学。1979—1982年就读于湖南城市学院;1988—1990年就读于湖南教育学院,

获文学学士学位；1996—1999 年就读于上海师范大学，获教育学硕士学位；2009—2014 年就读于华东师范大学，获教育学博士学位。1982—1989 年担任高中英语教学工作；1989—2000 年任教于湖南城市学院，任大学英语教研室主任以及益阳市人大常委会委员。曾获湖南省教学成果三等奖以及湖南省社科联外国语言与翻译优秀成果二等奖。2001—2005 年任教于中南林业科技大学，获外国语言文学专业教授职称；2005—2010 年任教于长沙学院，任外国语系副主任职务分管外语专业教学与改革工作；2010 年至今任教于岭南师范学院，担任比较教育研究所副所长职务。给本科学生和研究生系统讲授过英语语言学、西方文化、学术论文写作和英语口译等十多门课程。在完成教学任务的同时，主持完成省部级科研项目 5 项，参与完成国家级、省级课题 4 项；目前主持省级高等教育教学改革 1 项，省级在建精品课程 1 项；参与省级重点学科建设和省级特色专业建设 2 项。先后在《语言与翻译》《外语与外语教学》《教育科学》等全国外语类和教育类核心期刊以及省级刊物上发表论文 40 余篇，撰写专著和主编教材 5 部。

何明珠（1959—   ），湖南攸县人。广州航海学院教授，外语学院院长；广东省外国语言学会理事，广州市外语协会副会长。曾任国家基础教育实验中心外语教育研究中心学术委员会副主任；湖南省翻译协会理事，湖南省大学外语专业指导委员会委员；江苏省南京晓庄学院学术委员会委员。主要研究方向为英汉对比与翻译研究、英语写作教学研究。1982 年湘潭师范专科学校外语系专科毕业；1987 年湖南教育学院外语系本科毕业，获学士学位；1992 年湖南师范大学外国语学院硕士学位课程班结业；2003 年获中南大学外国语言学及应用语言学硕士学位。2000 年晋升为副教授，2005 年晋升为教授。2006 年获批为湖南工业大学硕士生导师。1996 年起任株洲教育学院外语系副主任；1999 年起任株洲师范高等专科学校外语系主任；2007 年起任南京晓庄学院外语学院副院长；

2012年起任广州航海学院外语学院院长。2002年获"株洲市优秀教师"称号；2011年获江苏省社科联优秀学术成果二等奖。自1989年从事高校英语教学工作以来，先后主讲过的课程主要有综合英语、英语写作、英汉翻译、英语语法、英语阅读、语言测试等十多门课程。主持完成教育部科研课题1项、省级科研课题4项；主持完成省级精品课程2门。出版专著与译著4部；主编教材8部，其中代表性著作有《英语词句与教学研究》（延边人民出版社，2003）、《教师素质与教学技能论稿》（上海交通大学出版社，2009）、《英语写作基础》（湖南教育出版社，2013）。在《外语教学》《外语与外语教学》《外国语文》《上海翻译》《四川外语学院学报》《中国英语教学》《西安外国语大学学报》《当代外语研究》《中南大学学报》《湖南工业大学学报》《语言教育》《高师英语教学与研究》等学术期刊上发表论文30余篇，其中代表作有《英语无灵主语句的理解与翻译》《英语无灵主语句的生成机制与表现形式再探》《英语无灵主语句的隐喻性与生命性认知探源》等。

何自然（1937—   ），广东中山人。广东外语外贸大学教授、博士生导师。主要研究方向为语用学、外语教学、语用翻译、公共话语研究。1959年毕业于西安外国语学院俄语系，1963年晋升为讲师，1964年转教英语，并派赴上海外国语学院随外籍专家进修，1973年起在广州外国语学院英语系任讲师、副教授（1983）、教授（1988）。开设有英语、英语语法、语言学、翻译、语言与文化、英语写作及语用学等本科及研究生课程。1983年留学加拿大，回国后参加中国加拿大研究会，1986—1993年任副会长兼广州外国语学院加拿大研究中心主任，研究加拿大语言政策和双语教育。1994年及1998年先后在英国杜伦大学（University of Durham）及香港理工大学从事认知语用学及社会语用学的研究。1989年参与语言学与应用语言学学科建设与教学获高校优秀教学成果国家级优秀奖及广东省优秀教学成果一等奖。1992年起享受国务院政府特殊津贴。1993年由国务院学位委员会遴选为外国语言学及应用语言学博士研究生导师，指导硕士、博士研究生及博士后人员从事语用学、语用翻译及语言模因论等方面的研究。1991年起先后被国内的十多所高校（清华大学、浙江大学、南京师范大学等）聘为客座或兼职教授。1997—2003年受聘为国务院学位委员会第四届学科评议组成员。曾任广东省社会科学学会联合会第二届委员兼广东外语学会副秘书长，广东省高等学校教师高级职务评审委员会英语学科评议组组长，广东省翻译人员高级职务资格评审委员会副主任委员，广州外国语学院教务处副处长、处长、涉外秘书系主任，国际学术刊物 Journal of Pragmatics、Intercultural Pragmatics、Pragmatics 编委及特约审稿人，现为 East Asian Pragmatics、Internet Pragmatics 编委。自20世纪80年代始担任国内多个学术刊物的编委，曾任《现代外语》编委副主任，现为该刊顾问委员会成员。1989年发起召开两年一次的全国语用学大会，2003年任中国语用学研究会创会会长，现为该会的名誉会长。1978年以来在国内外发表论文逾200篇，出版了国内第一部语用学著作《语用学概论》及其他语用学、语用语法等专著和译著10余部。在国际知名刊物 Studies in Language 及日本 Studies in Pragmatics 中发表过有关礼貌及语言模因论的论文。主持完成国家社会科学基金项目"话语标记语的认知语用研究"（2000）、全国高校人文社会科学重点研究基地重大科研项目"认知语用学——言语交际的认知研究"（2000）及广东省高教厅人文社会科学研究规划项目"广东社会语用建设"（1997）。2012年组建广东高校校际语言模因论研究小组，带领小组成员发表、出版了一系列专题成果，其中《语言模因理论与应用》（2014）一书出版后获第四届中国大学出版社图书奖学术著作一等奖。2008年及2011年连续两届在《中国杰出人文社会科学家研究报告》中入列中国杰出人文社会科学家名单；又在《中国期刊高被引指数》（科学技术文献出版社，2009）一书中被作为第一名入列"2008年语言文字学科高被引作者"（见该书197

页);专著《语用学与英语学习》及《语用学概论》入列"2008年全国外语学科高被引指数图书"(同上书239页);发表在《语言科学》2005年第6期的论文"语言中的模因"入列"2008年全国高被引文章前100名"(同上书259页);作者本人则入列"2008年全国高被引作者前100名"(同上书262页)。

贺显斌(1965—   ),湖南耒阳人。广东技术师范学院教授兼外国语学院院长、硕士研究生导师,中国英汉语比较研究会理事、广东省翻译协会副会长,*International Journal of Translation* 杂志编委,广东省高等学校"千百十工程"培养对象。2004年毕业于厦门大学,获英语语言文学专业博士学位。受国家留学基金资助,2005—2006年在英国曼切斯特大学做访问学者,2015年到美国爱达荷大学做访问学者。在 *Language and Intercultural Communication*、*Journal of Language and Politics*、*Forum*、*International Journal of Translation*、*Translation Today*、*Translating Today magazine*、*Translation Journal*,以及《外国语》《现代外语》《外语教学》《外语与外语教学》《解放军外国语学院学报》《四川外语学院学报》《西安外国语学院学报》《广东外语外贸大学学报》《天津外国语学院学报》《中国科技翻译》《上海翻译》《外语与翻译》《当代外语研究》等30多种刊物上发表过学术论文40多篇,一篇英文论文被翻译成波兰语转载。英文专著 *Translation as Maniuplated by Power Relations*(厦门大学出版社,2005),英国的 *Journal of Language and Politics* 杂志在2008年第1期刊登了对该书的述评。参编的《译学辞典》和《中国译学大辞典》分别于2004年和2011年由上海外语教育出版社出版。主持过广东省普通高校人文社科项目、广州市社科规划项目、广东省社科规划项目和教育部留学回国人员科研项目各1项。

洪　明(1957—   ),湖南衡阳人。英语教授。中国民主促进会会员、中国翻译协会会员;曾任湖南省科技翻译协会理事、湖南省长沙市岳麓区政协常委、广东技术师范学院大学英语教研室主任、商务英语教研室主任,现任应用型大学英语教学研究所所长。主要从事商务英语翻译研究、商务英语教学与大学英语教学研究。在《外语学刊》《外语与外语教学》《上海翻译》等全国中、英文核心期刊及省级以上学报发表科研与教研论文 30 余篇。《从营销心理学角度谈商业广告翻译的情感传递》《契约英语的文体研究与经济合同的翻译技巧》等 5 篇论文分别在全国第二届应用翻译论文竞赛及省级英语学术年会获奖。组织与指导学生参加全国第二届大都市青年英语艺术表演赛获团体金奖;指导学生参加全国大学生英语竞赛获一等奖。主持湖南省哲学社会科学规划项目、湖南省社科联立项课题,主持广东省教育厅广东省普通高校特色创新项目等省级课题 4 项。主编及参编大学英语教材 5 部,撰写并出版学术专著 1 部:《商业广告翻译技巧》。该专著涉猎企业产品品牌与国际商务广告领域的翻译实务,英译汉与汉译英兼顾,把翻译理论研究与翻译实践相结合。

洪振国(1936—   ),湖南澧县人。1961 年于华中师范学院(现华中师范大学)外语系毕业后,即留系任教。1962—1964 年在中山大学外语系进修。1976 年 6 月调离华师到湖南湘潭大学任教,负责外语系的筹建工作,担任过系副主任,1986 年被评为副教授。担任过英语硕士研究生的英诗课程教学。1980—1981 年在北京大学美国文学学习班学习。1987—1988 年赴美国耶鲁大学,当访问学者。1989 年 7 月调来广东五邑大学外语系任教,并担任系党总支书记。1993 年 1 月晋升为教授,1999 年退休。2000—2005 年被邀参加中山大学外国语学院区𫭼教授英诗方向 8 名博士研究生论文的审阅与答辩。除基础英语教学外,主要从事英美文学,包括小说、诗歌课程的教学。发表《美国现代诗人研究》系列论文十多篇,如《浅谈庞德的表意法》《论西尔维亚·普拉斯的抗争精神及其诗歌艺术》等均为人民大学书报资料中心的"外国文学研究"全文

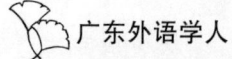

复印转载;其他多篇发表在《外国文学研究》等核心刊物上。校注《亨利四世》(湖北教育出版社,2002);编注《朱湘泽诗集》(湖南人民出版社,1986);翻译的论文有《浅论朱湘译诗的观点与特色》《谈周流溪先生的译诗及其观点》;译著有《森尼布鲁克农场的丽贝卡》(长江文艺出版社,2008)、《南希与里根传奇》(世界图书出版公司,2016,与李燕珍、谭外元合译)、《神枪手宝山寻父》(湖南文艺出版社,1987,与李燕珍合译);其他译著与零散发表的译作有近百万字。期间获奖情况:获1991年广东省高教系统教书育人先进个人奖;获1992年广东省高教系统教书育人先进个人特等奖;2012年被评为广东省教育系统关心下一代工作先进工作者;1998年论文《"草叶集"中的人体美和性描写》获广东省人文社会科学研究成果三等奖。

侯德富(1931—   ),辽宁彰武人。华南师范大学外语系教授。1950—1953年哈尔滨外语学院攻读俄语本科。1956—1958年在哈尔滨外语学院读研究生。1953年起在华南师范学院(现华南师范大学)任教,从事俄语、日语的教学工作,先后出版了《日本语假名·发音》《日本语基础》《日本语视听入门》《日本各大学历年入学考试数理化试题选》等书。1990年被评为教授。1991年在华南师范大学退休,享受国务院津贴。1990年创办私立华联学院,任校长至今。1985年、1988年获广东省高教战线先进工作者,1989年获"全国优秀教师"称号并获得奖章,1998年获中国民办教育委员会民办高校"创业奖",2002年获中国老教授协会颁发"科教工作优秀奖",2005年获"中国民办教育创新与发展贡献奖",2008年获"中国关心成长卓越贡献人物",2008年获"第八届中国改革十大创新人物",2015年获日本天皇颁发的旭日绶章。

胡春雨(1974—   ),河南西平人。广东外语外贸大学教授、硕士生导师,校级重点文科基地"商务语言研究中心"主任,中国英汉语比较研究会语料库语言学专业委员会理事,中国英汉语比较研究会功能语言学专业委员会理事。2000年攻读硕士研究生,2003年攻读博士研究生,在桂诗春先生的指导下,从事认知科学、第二语言习得、学习者语料库研究。2009年12月获"外国语言学及应用语言学"博士学位。2010年1月起在广东外语外贸大学国际商务英语学院任助教,2010年12月、2011年12月、2015年12月分别获讲师、副教授、教授资格;2013年7月任系主任,2014年3月任副院长。主要从事语料库语义学、语料库语用学、语料库文体学、语料库翻译学、学习者语料库、认知语料库语言学研究。2012年和2015年两次赴英国兰卡斯特大学访学。2011年6月在科学出版社出版英文专著 *Constructing the Interlanguage Modal System: L2 Acquisition of Modality by Chinese EFL Learners*。自2010年起,先后在《现代外语》《外语教学与研究》《解放军外国语学院学报》《外语教学》《外语学刊》等国内外学术期刊发表论文近30篇。自2013年起,先后主持广东省哲学社会科学"十二五"规划学科共建项目"中国大学生商务英语词汇能力发展研究"(项目编号:GD12XWW04)、广东省高等教育教学改革项目"语料库辅助的商务英语短语教学研究"(项目编号:2015256)、教育部人文社会科学研究规划基金项目"基于语料库的汉英经济隐喻对比研究"(项目编号:17YJA740014),并参与6项国家级省部级项目。主要讲授经济学原理(本科生)、当代商业概论(本科生)、语料库语言学(硕士生)、商务话语研究(博士生)等课程。目前正在从事经济学历时语料库、经济学教材语料库、经济学期刊论文语料库、经济学经典翻译语料库、商务媒体话语语料库、上市公司年报语料库等语料库的建设工作,以更好地开展基于语料库的经济隐喻、商务话语、商务翻译研究;并结合认知语言学的概念隐喻理论、系统功能语言学的语法隐喻理论,探索把语料库技术应用到经济学、管理学、营销学、会计学、组织行为学、人力资源管理等学科英语教学的有效途径。

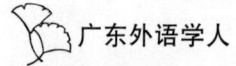

华维芬(1964—   ),江苏无锡人。教授。1982年毕业于中国人民解放军南京外国语学院英语语言文学专业,获学士学位。1989年毕业于中国人民解放军国际关系学院英语语言文学专业获硕士学位。2005年5月—2006年5月英国爱丁堡大学访问学者。2007年9月—2010年6月在上海外国语大学英语系学习,获博士学位。1989年9月—1998年8月在解放军国际关系学院英语教研室任教。1998年9月至今在深圳大学任教,先后任深圳大学文学院党委委员、深圳大学外国语学院纪委委员、英语系教工支部书记等,现任深圳大学外国语学院英语系主任。主持广东高校教育科学"十二五"规划2014年度项目"高校英语专业学生自主学习能力研究"1项。出版专著1部:《英语专业教材建设:理论与实践》(广东高等教育出版社,2012)。在《外语教学与研究》《外语界》《外语教学》《外语研究》等刊物上发表论文20余篇。

黄成夫(1964—   ),广西贵港人。现任广东女子职业技术学院应用外语系主任、教授。研究方向为语用学、应用语言学和外语教学理论。研究成果涉及的主要内容有应用语言学、高职教育、女性外语教学研究等。毕业于云南师范大学外国语学院英语语言与教学专业,曾到广西师范大学、北京师范大学进行访学,2004年到加拿大温哥华学习英语语言和教学理论。2008年12月晋升为英语教授。中国语用学学会会员,广东省高职教育外语教学指导委员会委员。共主持课题研究8项:广东省教育科学"十二五"规划2012年度项目、广州市哲学社会科学发展"十一五"规划2008年度课题、全国高职高专英语类专业教学改革课题、广东省高职教指委外语类课题、广东女子职业技术学院课题,等等。公开发表文章28篇(其中有2篇被中国人民大学资料复印中心全文转载和收录,有5篇论文是外语核心和中文核心刊物)。出版专著有《语言交际与语言顺应研究》。代表作有《从顺应理论看英汉文化的含糊语言》《语言顺应过程的意识突显程度特性及语用研究》等。主持省级商务英语重点专业、商务日语重点、师资队伍、实训基地、校企合作、国际交流合作等多项相关的专业和课程建设。多次受省外语教指委委托到高职院校进行专业评估、撰写广东省高职公共英语教学改革指导性意见、参加评审中职英语教师的说课比赛和微课比赛评委、专业群建设立项评审、课题立项的评审工作、人才培养方案论证等多项工作。

黄国文（1956—　　），广东饶平人。教育部"长江学者"特聘教授，国务院政府特殊津贴专家，现任华南农业大学外国语学院院长、教授、博士生导师，华南农业大学生态语言学研究所所长；北京外国语大学"外研"讲席教授；先后被北京师范大学、西安交通大学等多所高校聘为兼职教授。1974—1977年在广州外国语学院英语系学习，1983—1986年在广州外国语学院学习语言学与应用语言学，并获得硕士学位。1988—1996年在英国留学、工作。1992年获得英国爱丁堡大学博士学位（应用语言学），1996年获得威尔士（卡迪夫）大学博士学位（功能语言学）；1992—1994年在英国纽卡斯尔大学做Research Associate；2004—2005年在美国斯坦福大学做"富布莱特学者"。1995—2016年任中山大学外国语学院教授，1996—2016年任中山大学博士生导师。2016年起任华南农业大学教授、博士生导师。2000—2017年担任第二届、第三届、第四届、第五届教育部高等学校外语专业教学指导委员会委员。2011—2014年任国际系统功能语言学学会（International Systemic Functional Linguistics Association）执行委员会主席；2014年起任中国英汉语比较研究会（民政部注册一级学会）副会长，2007年起任中国英汉语比较研究会英汉语篇分析专业委员会会长，2015年起任广东外国语言学学会会长，2010年起任CSSCI来源期刊《中国外语》主编，2014年起任国际期刊 Functional Linguistics（德国Springer）联合主编、2014年起任国际期刊 Journal of World Languages（英国

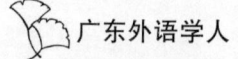

Routledge）联合主编，2014 年起任 *M. A. K. Halliday Library Functional Linguistics Series*《语言学丛书》（德国 Springer）联合主编；先后担任国内外 20 多家期刊的编委或顾问，包括：*Linguistics and the Human Sciences*（Equinox）、*Researching and Teaching Chinese as a Foreign Language*（Equinox）、*Social Semiotics*（Carfax）、*Journal of Applied Linguistics*（Equinox）及《外语教学与研究》《当代语言学》《现代外语》《中国外语》《外语与外语教学》《外语学刊》《外语研究》《中国外语教育》《山东外语教学》。在国内外学术刊物发表论文 200 多篇，编撰出版了《语篇分析概要》（湖南教育出版社，1988）、《英语语言问题研究》（中山大学出版社，1999）、《语篇分析的理论与实践》（上海外语教育出版社，2001）等专著和教材以及论文集共 40 多部，主编国家级规划教材（"十一五""十二五"）3 部；先后主持国家社科、省部级科研项目 10 多项。研究兴趣有功能语言学、生态语言学、应用语言学、语篇分析、翻译研究。

黄家祐（1941—　　），广东珠海人。教授，曾任中山大学外国语学院英语系主任。在《中国翻译》《中山大学学报论丛》等期刊发表论文，代表作有《英语专业四级、八级测试（TEM4，TEM8）为教学带来的反馈信息》《查找英语"难词"实例》《试论编写研究生英语教材》等。

黄建华（1936—　　），广东南海人。广东外语外贸大学退休教授、博士生导师。曾在联合国教科文组织任译审。学术上的主攻方向是词典学，多年从事词典编纂、词典研究和词典学教学工作。20 世纪 70 年代末即主持编订《新简明法汉词典》（商务印书馆，1983），80 年代主编《圣经人物辞典》（花城出版社，1991），前者曾获得广东优秀社科科研成果三等奖。发表有关词典学的学术论文多篇，出版多种词典学专著，其中《词典论》（上海辞书出版社，1987）

于 1989 年获广东优秀社科科研成果二等奖，主编并参与撰写的《英俄德法西日语文词典研究》（商务印书馆，1992）于 1994 年获广东优秀社科科研成果二等奖。"七五"期间与陈楚祥合作，共同承担了国家教委的科研项目"双语词典学研究"。《双语词典学导论》（商务印书馆，1997）一书于 1999 年获广东优秀社科科研成果二等奖。2001 年此书的修订本被教育部研究生办公室推荐为研究生教材。《词典论》经修订再版（上海辞书出版社，2001）并在台湾出繁体字版本（正展出版社，2003）；该书还于 2014 年被译成韩文，在韩国出版发行。还主编过几种关于词典学的专题文集或个人文集。2006 年被中国辞书学会授予"辞书事业终身成就奖"。其主编的《汉法大词典》（外语教学与研究出版社，2014）属国家重点辞书编纂出版规划项目，也是教育部的人文社科专项项目。此外，还兼攻翻译，曾主译由商务印书馆规划并出版的"世界学术名著"几种：《自然法典》《公有法典》《论实证精神》等；出版有多种社科译著，其中包括多种文学名著：《蒙田随笔》（与梁宗岱合作）、《夜之卡斯帕尔》（散文诗集）、《克莱芙王妃》（与余秀梅合作）、《碧莉蒂斯之歌》（与余秀梅合作）、《罗马爱经》等。2006 年获中国翻译协会授予"资深翻译家荣誉证书"。其多种译著至今还不断在不同的出版社重版。还从事外国文学研究和业余写作，专著《理性与非理性——法国文学主流》（法文版，与徐真华合作，外语教学与研究出版社，2000）获 2005 年"广东省哲学与社会科学优秀成果"三等奖。曾主编五卷本《宗岱的世界》丛书（广东人民出版社，2003），并撰写《梁宗岱传》（与赵守仁合作，广东人民出版社，2013），出版 2 部诗集，2 部散文集。于 1994 年获法国政府授予的"军官级棕榈叶勋章"（二级勋章）。

黄　均（1933—　　），上海人。教授。1950 年考入燕京大学西方语言文学系；1954 年毕业于北京大学西语系；1964 年起在暨南大学从事专业英语教学；1971—1978 年在广州外国语学院英语系任讲师；

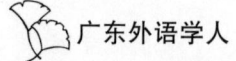

1978年调回暨南大学；1981年任副教授；1986年起任教授；1995年退休。曾兼任广东省外语学会副会长、电脑辅助英语教学会CALLNET会长、全国电脑辅助外语教学会CALLAC副会长。研究方向主要为英语教学法、文体学和汉英（口、笔）翻译。1986年受香港中文大学邀请为访问学者，讲学3个月；1987年曾应英国文化协会The British Council邀请，赴英国访问，与London、Essex、Birmingham、Lancaster、Leeds等5所大学进行学术交流；1984年经自学编写出大学英语教学电脑软件和练习；1985年在国内率先使用录像与电脑软件对大学一年级9个班进行英语教学（当时电脑尚未有多媒体功能）；1995年退休后，开发了英语听写Dictation人机对话教学软件，在英语教育网Eclass上运行；1997—1998年曾应国家教委高教司邀请，任两届大学教学软件评审专家组英语组长；2000年受高等教育出版社邀请为全国英语教学网络软件评定顾问。主要著作包括：1998年受外文出版社委托，将著名翻译家杨宪益、戴乃迭合作的《唐宋传奇》英译本补译14篇完成，并在国外发行；2015年在北京大学出版社出版 English for MBA 课本及《"人机对话" DIY Exercises》练习光盘。1978年在《现代外语》等期刊上发表论文多篇。1984年10月在首届"中国英语教学国际研讨会ISTEC"（由国家教委召开）上宣读的专题英语论文，被认为是对大学英语教学的一项重大改革，被编入外语教学与研究出版社《中国英语教学》论文集第一集（1987），并且刊登在英国牛津大学的《英语教学ELT》（1987）上。论文《综合使用录像、语言实验室及电脑辅助英语教学》，获国家教委颁发的"1989年全国普通高校优秀教学成果奖"，于1991年荣获国务院颁发的特殊政府津贴。

黄丽燕（1969—   ），广东广州人。2014年12月至今任职华南师范大学外国语言文化学院硕士生导师、教育硕士（学科英语）导师组组长、校级科研平台"华南师范大学基础英语教育测评研究中心"主任。主要研究方向为应用语言学、语言测试、第二语言习得、课程教学、教师教育和外语教育政策。1991年于广州大学外国语学院本科毕业;2003年于英国牛津大学教育系获应用语言学及第二语言习得方向硕士学位;2009年于英国兰卡斯特大学语言学系获应用语言学语言测试方向博士学位;2012年于中山大学外国语学院完成博士后研究工作。2013年取得教育学研究员技术职称。曾任职广东省教育研究院和广州市教育研究院,历任广州市教育局教学研究室主任助理、广州市中学英语教学研究会副会长等职,曾是广东省"百千万"人才培养工程省级教育专家培养对象及主管广东省和广州市基础教育英语教研的学科带头人。现任社会兼职:教育部普通高中课程修订英语学科测试组成员、英国剑桥大学外语考试部学术顾问和官方培训官、国家基础教育实验中心外语教育研究中心委员会常务委员、中国教育学会外语专业委员会理事、广东省教育学会外语专业委员会常务理事、北京外国语大学举办的杂志《英语学习(教师版)》编委会成员、广东省教育评估协会理事、广东省社会组织评估专家组成员等。2015年在SSCI期刊 *Annals of Dyslexia*(五年影响因子为2.113)发表 *Chinese EFL teachers' knowledge of basic language constructs and their self-perceived teaching abilities*;2014年在英国剑桥大学外语考试部 Research Notes 发表 *The impact of TKT on Chinese teachers' teaching beliefs, knowledge and practice*;2016年在国内语言学权威期刊《外语教学与研究》发表《英语教师的基本语言知识结构要素及其预测能力研究》,还在《课程·教材·教法》《中国考试》等其他期刊上发表论文40多篇,3篇被中国人民大学复印报刊资料全文转载。出版英文学术专著1部(*Washback on Teachers' Beliefs and Behaviour: Investigating the Process*,外语教学与研究出版社,2011)、中文专著4部(如《英语教育质量监测政策研究》,上海教育出版社,2016)。主持2015年度国家哲学社会科学基金一般项目"语言测试反拨效应理论视角下的高考英语改革研究"、全国教育科学"十二五"规划教育部规划课题、英国剑桥大学外语考试部2013国际合作课题等15

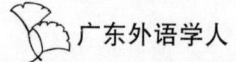

项。2014年获国家级教学成果奖二等奖、2013年获第八届广东省普通教育教学成果二等奖、2011年获全国"十一五"教育科研优秀成果评选一等奖；此外，两项参与成果2010年分别获广东省第七届普通教育教学成果奖一等奖和二等奖。

黄若妤（1963—　　），湖南郴州人。暨南大学英语语言文学教授、研究生导师，暨南大学语言学研究中心成员。主要研究方向为翻译理论与实践、第二语言习得与认知、国际英语测试和语料库语言学研究。1993年6月毕业于湖南大学外国语言文学系，获英语语言文学硕士学位，暨南大学在读博士。2003年晋升副教授；2009年晋升教授；2007—2008年赴英国Reading University和Wales Swansea University访学研究。主要论文见于《外语教学与研究》《外语界》《外语与外语教学》《外语电化教学》等CSSCI核心刊物。代表性论文有《语料库走向课堂：语言使用与语言教学》《形式聚焦教学FFI与计划性词汇教学PLI》《语料库指引的外语词汇教学CIVI建构》等。在外语教学与研究出版社、高等教育出版社、培生教育出版集团等出版机构出版专著、译著和本科以上教材21部。代表性译作有《克里夫顿纪事》（第1—4卷册，Jeffery Archer著：《时间会证明一切》《父之罪》《不可说的秘密》等），《剑桥雅思听力精讲》（*Up Close to Cambridge IELTS*：*Listening*）（外语教学研究出版社，剑桥大学出版社，2007）、《剑桥雅思口语精讲》（*Up Close to Cambridge IELTS*：*Speaking for University Students*）（外语教学研究出版社，剑桥大学出版社，2007）等。先后主持教育部、侨务办及广东省纵向省部级课题6项，主要有教育部大学英语扩展项目（2005）、广东省大学英语教改项目（2006，获优秀结项）、广东省哲学社科基金项目（2014）、广东省本科高校教学质量与教学改革工程"精品教材"建设项目（2014）等。发表研究论文、译著和本科以上教材43篇（部）。荣获剑桥大学出版社授权剑桥雅思教材著作者。

黄晞耘(1962—   ),四川成都人。现任暨南大学外国语学院教授、博士生导师。上海外国语学院法语专业学士,法国巴黎第七大学文学硕士、文学博士。现为教育部高校教指委法语分委会委员(2013—2017)。主要研究方向为法国现当代文学,主要研究领域包括罗兰·巴尔特研究、普鲁斯特研究、阿尔贝·加缪研究、叙事学研究等。先后在四川大学中文系世界文学教研室、华南师范大学文学院外国文学教研室、首都师范大学外国语学院法语系、暨南大学外国语学院法语系从教30余年,历任助教、讲师、副教授、教授、博士生导师。1997—2003年担任华南师范大学文学院外国文学教研室主任;2004—2015年担任首都师范大学外国语学院法语系系主任。为本科生开设欧美文学史、法国文学史、法国史等课程;为硕士生开设学术研究方法论、学术经典阅读、法国文学专题研究、法国文化史等课程,为博士生开设文学符号学、文体学、文学语义与历史语境课程。2005年起担任首都师范大学外国语言文学一级学科文学方向学科带头人;2005年参与申报并成功获批一级学科硕士点;2010年参与申报并成功获批一级学科博士点及博士后流动站;2007—2015年担任首都师范大学外国文学研究中心主任;2011—2015年担任首都师范大学外国语学院科研副院长;2010—2015年担任首都师范大学校学术委员会委员。代表性成果包括:《罗兰·巴尔特在"人生的中途"》《被颠覆的倒错:罗兰·巴特后期思想中的一个关键概念》《罗兰·巴特:业余主义的三个内涵》《罗兰·巴特思想的转捩点》《百年之后重识加缪》;专著《重读加缪》(商务印书馆,2011),译著《加缪传》(合译,商务印书馆,2010)、《反抗的未来》(广西师范大学出版社,2007);《加缪叙事的另一种阅读》《普鲁斯特的小说创作与第一次世界大战》《普鲁斯特式写作或浮出海面的冰山》《"另一个世界"在佩特拉峡谷的变奏》《一个形象的神话》《小说人称的叙述功能》《小说的叙述层次及其涵义功能》《判断"内心独白"的两个根本问题》。目前研究的课题为国家社科基金项目："罗兰·巴尔特'法兰西学院课程'研究"。

黄锡祥（1938—   ），广东顺德人。现任澳门科技大学兼职教授。长期从事英语语言和文学本科及专业硕士研究生的教学工作。1965年10月在暨南大学外语系任教，历任讲师、副教授、教授和硕士研究生导师；1984—1998年任高级职称专家小组评审委员、副组长。参与或主持本科生的社会调查、社会实践，指导本科和硕士生的论文撰写，并曾任中南地区一些院校英语专业青年助教、讲师进修班的主讲教师；1987—1988年曾任广州师范学院助教，并担任进修班英国文学讲座主讲教授；1993—1994年在美国威斯康星州做访问学者，开设课程为中国文化与文明。曾兼任中国翻译工作者协会副会长、暨南大学第二届咨询委员会委员、广州花城出版社特约编辑。主要著述有《拿破仑一世传》（［英］约翰·霍兰·罗斯著，合译，商务印书馆，1977）；《劳伦斯诗选》（花城出版社，1990）；《蝇王》（［英］威廉·戈尔丁著，英译汉，载《翻译文学选刊》，1984年创刊号）；*Study of the Ci Since* 1949（《建国以来词学研究述评》，《中国社会科学》英文版，1984年第4期）；《当代美国短篇小说选读》（英汉对照，中国对外翻译出版公司，1984）；论文有《评<美国文学精要>》；澳门徐悲鸿画展专栏英译。曾获1983年广东社会科学联合会优秀科研成果奖和1986年暨南大学文学奖。

黄　星（1923—   ），出生于香港。1940—1941年就读于香港大学艺术学院，主修英语文学；1942年就读于中山大学艺术学院，1945年毕业并荣获文学学士学位。1945年在广州实验电子中学担任英语教师；1947—1949年回到香港，在《中国文摘》杂志社担任编辑工作；1949—1950年在广州外事局工作；1950—1959年在北京外事局信息部工作；1959—1963年在外交部职业学校担任英语教师；1963—1976年在外交事务研究所担任英语教师；1976—1978年晋升为广州外国语学院副教授。1978—1988年，在暨南大学主讲研究生英语诗歌课程，主讲本科生英语文学课程。1988年退休。

黄以亭（1963—   ），广东广州人。博士，广东外语外贸大学教授，硕士生导师。1988年7月毕业于广州外国语学院越南语专业，留校任教至今。1994年10月被聘为讲师，2001年4月被聘为副教授，2015年12月获得教授资格。1995年9月—2003年9月相继出任广东外语外贸大学东方语言文化学院东南亚语系越南语教研室主任、东南亚语系主任。现任中国非通用语教学研究会理事。曾于1989年7月—1991年6月借调美国驻广州总领事馆，担任越南语翻译；1997年9月—1998年7月赴越南河内外语大学（现越南河内大学）中文系任教；2005年9月—2006年7月在越南河内国家大学社科人文大学访学；2003年底开始在越南河内国家大学社科人文大学语言学系攻读博士学位，2012年9月获该校语言学博士学位。所承担的主要课程：基础越南语、越南现代文学作品选读、越南语阅读、越南语语法等本科主干课程及越南文学发展史、越南古典文学鉴赏、越南女性文学研究、越汉—汉越翻译研究等研究生课程教学。在《东南亚研究》《广西民族大学学报》《译林》以及越南的《语言与生活》《越南河内国家大学学报》等刊物上发表学术论文20多篇。相继出版《从ABC到越南语会话》（世界图书出版公司，2009），《标准越南语基础教程》（世界图书出版公司，2009），《标准越南语高级教程》（世界图书出版公司，2010），《1975年后越南短篇小说叙述语言研究》（越南文版，越南国家大学出版社，2015）等专著、教材。国家社科基金项目《革新时期的越南女性文学》（2013）。

黄中习（1966—   ），广西百色人。1987年参加工作，现任广东金融学院外国语言与文化学院副院长。长期从事英语教学与科研工作，

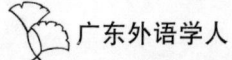

主要研究领域是英语文学及典籍翻译的教学与研究。1987年英语专业学士毕业于广西大学；1995年英语专业硕士毕业于暨南大学，师从戴伟华教授；2006年上半年在广东外语外贸大学外国语言学及应用语言学研究基地做高级访问学者，师从钱冠连教授；2009年英语专业博士毕业于苏州大学，师从汪榕培教授。2010年在广东金融学院晋升为英语教授，多次被评为校级"优秀教师"。学术兼职包括中国英汉语对比研究会典籍翻译专业委员会委员和广东翻译学会财经翻译委员会副主任。多年来担任广州大学、广西民族大学等高校翻译硕士或英语教育硕士论文校外评审工作。主持国家哲学社会科学基金年度项目1项（民族志翻译视角下的壮族创世史诗《布洛陀》英译研究）、省级项目2项、厅级项目1项；发表论文和艺术作品40多篇，其中核心刊物8篇；出版专著2部：《中华对联研究与英译初探》《典籍英译标准的整体论研究——以＜庄子＞英译为例》，合著国家出版基金项目"中华民族典籍翻译研究"系列之《西南诸民族典籍翻译研究》（大连海事大学出版社，2016），译作1部：《黑之灵》（汉英对照，现代出版社，2012），参译《布洛陀史诗》（壮汉英对照，为2008年国家社科基金西部项目的结项成果）；博士论文《典籍英译标准的整体论研究——以＜庄子＞英译为例》得到广东金融学院学术文库基金项目资助出版（华东师范大学出版社，2010），2012年获得中国大学出版社图书奖"第二届优秀学术著作一等奖"；2013年参译作品《布洛陀史诗》分别获得广西百色市"第四次哲学社会科学优秀成果（著作类）一等奖"和第十一届"中国民间文艺山花·民间文学作品"（排名第五，英译第二译者）。

黄忠廉（1965—   ），湖北兴山人。博士，广东外语外贸大学二级教授，翻译学博士生导师，博士后协作导师。1987年、1990年、2005年分别获得华中师范大学、武汉大学、华中师范大学文学学士、硕士和博士学位，1996年破格晋升为副教授，1999—2000年公派赴白俄罗斯国立语言大学翻译系访问，2002 年晋升为教授，2005 年进入黑龙江大学外国语言文学博士后流动站。2005 年聘为教育部人文社科项目评委，2005 年聘为国家社科基金通讯评委，2008 年和 2011 年两度被评为黑龙江省"龙江学者"特聘教授，2009 年聘为国家社科基金评议组成员；2013 年入选陕西省"百人计划"，被聘为《中国社会科学》杂志社语言学学科专家委员会委员，入选黑龙江"文化名家"；2014 年入选国务院学科评议组成员，入选广东省"珠江学者"特聘教授；2016 年国务院政府特殊津贴专家，中国英汉语比较研究会翻译学科委员会副主任。曾任华中师范大学外语学院副院长、教育部人文社科重点研究基地黑龙江大学俄语语言文学研究中心主任；2010—2015 年任黑龙江大学翻译科学研究院院长；2015 年调入广东外语外贸大学翻译学研究中心。专攻翻译学、汉译语言和汉外对比。在国内外正式发表学术论文 260 余篇，其中《Вестник МГУ. Серия 22. Теория перевода》、*Lingusistica Antverpicensia*、*International Journal of Translation* 及《外语教学与研究》《当代语言学》《外国语》《现代外语》《中国翻译》《读书》等 40 余家学术期刊和《光明日报》《中国社会科学报》等大报刊文 180 余篇，如《译学本体建设的术语厘定问题》《达旨：严复翻译思想体系的灵魂》《语篇翻译语域三步转化观》等。出版著译作 26 部，代表作有《变译理论》（中国对外翻译出版公司，2002）、《科学翻译学》（中国对外翻译出版公司，2004）、《翻译方法论》（中国社会科学出版社，2009）、《应用翻译学》（国防工业出版社，2013）等。主编学术文库 4 套，主编翻译系列教程 3 套。主持国家社科基金项目 4 项，部级 6 项，如"变译理论研究"（国家社科，1998）、"基于语料库的严复变译思想研究"（国家社科，2008）、"文学汉译生命气息研究"（教育部规划，2015）等。曾入选教育部新世纪优秀人才支持计划，获第六届教育部高校人文社科成果奖。

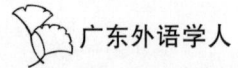
广东外语学人

霍永寿（1962—　　　），云南弥勒人。广东外语外贸大学教授，硕士生导师。主要研究方向为语言哲学、语用学。1987年毕业于云南师范大学英语语言文学专业，获学士学位；1989年毕业于云南师范大学英美文学专业研究生班；2003年毕业于广东外语外贸大学外国语言学及应用语言学专业，获博士学位。1991年1—8月受联合国教科文组织资助到澳大利亚昆士兰州格里菲斯大学语言与应用语言学研究中心进修；1997年9月—1998年8月受英国文化委员会资助到英国威尔士大学班戈校区语言学系作学术访问。1989年7月—2006年4月在云南师范大学外语学院任教；2006年5月至今在广东外语外贸大学英语语言文化学院任教，曾任学院语言学与信息英语系系主任。1992年晋升为讲师，1997年晋升为副教授，2004年晋升为教授。中国中西语言哲学研究会副会长、常务理事、理事，中国语用学研究会常务理事、理事。曾任《现代外语》编辑部编辑，目前兼任《浙江外国语学院学报》特约编委，以及《外国语》《四川大学学报》《山东外语教学》《广东外语外贸大学学报》等学术期刊审稿人。长期从事语言哲学、语用学研究，参加过多项国家社科基金、教育部以及省、市、厅级科研项目，现主持教育部人文社会科学研究规划基金项目1项、广东省哲学社会科学规划项目1项、广东省教育厅项目1项。曾在《外国语》《现代外语》《外语学刊》《外国语文》《山东外语教学》《西安外国语大学学报》《云南师范大学学报》《浙江外国语学院学报》《云南教育》等国内学术期刊以及国际著名期刊 *Pragmatics* 发表论文近30篇，出版语用学专著1部，编选语言哲学阅读文选1部（上、下卷），参与主编语用学教材1部，参编语言哲学教材1部，译著2部，参编词典1部（第一副主编）。为博士生、硕士生讲授过"西方语言哲学""翻译哲学""语用学"等课程，目前为硕士生讲授"语言哲学"课程，为本科生讲授"语用学基础""高级英语""英语散文赏析"等课程。参与培养博士研究生70余人，独立培养语言哲学、语用学方向硕士研究生40人。

J

纪瑛琳（1973—　　　），辽宁铁岭人。深圳大学特聘教授、语言与认知研究中心主任。主要研究领域为认知语言学、应用语言学和心理语言学。包括空间语言类型学、儿童一语习得、成人第二语言习得、认知普遍性与语言特异性及语言与思维的关系。先后取得北京大学英语语言学硕士（2003）、英国剑桥大学英语及应用语言学副博士、博士（2009）及英国学术院（British Academy）认知语言学博士后学位。剑桥盖茨学者（Gates Cambridge Scholar），伦敦大学国王学院（King's College London）研究员，深圳大学海外特聘教授（2013年起）；深圳市政府引进海外高层次人才"孔雀计划"外国语言文学学科专家。在 Lingua、Linguistics、Language and Cognition 等国际高水平语言学期刊上发表论文20余篇；近年来出版的代表性英文著作包括 The Expression of Motion Events: Typological and Developmental Perspectives（中国社会科学出版社，2014）；Representing Motion in Language and Cognition（主编，中国社会科学出版社，2015）及 Cognitive Representations of Motion Events（中国社会科学出版社，2016）。独立主持英国学术院科研项目（项目编号：PF100022）及国家哲学社会科学基金项目（项目编号：15BYY063）各1项。

季明雨（1954—　　　），浙江人。1978年7月毕业于阜阳师范学院英语系，并留校任教；1987年1月调入广东工学院（后合并为广东工业大学）工作，曾任外语系副主任，大学外语部主任，外国语学院院长，2005年12月评为教授，2014年退休。主要研究方向为外语教学。

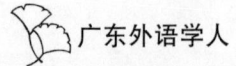

姜　琳（1980—　　），吉林人。广东外语外贸大学教授，硕士生导师。主要研究方向为外语写作教学、第二语言习得研究。2005年获得英国艾塞克斯大学应用语言学博士学位，2006—2008年在广东外语外贸大学外国语言学及应用语言学研究中心从事博士后研究工作。2010年晋升为副教授；2014年晋升为教授。2015年起担任广东外语外贸大学英语语言文化学院副院长。任第八届广东外语外贸大学校学术委员会委员，中国英汉语比较研究会二语习得研究专业委员会常任理事。曾获广东省哲学社会科学优秀成果（论文类）三等奖（*A referential/quantified asymmetry in the second language acquisition of English reflexives by Chinese-speaking learners*, 2009）。在 *Second Language Research*、*TESOL Quarterly*、*System*、*Canadian Modern Language Review*、《现代外语》等国内外期刊发表论文30余篇；在北京大学出版社、外语教学与研究出版社、高等教育出版社等单位出版学术专著2部、编著1部、教材1部。主持的项目包括：国家社科基金青年项目、教育部人文社科重点研究基地重大项目、广东省哲学社科"十二五"规划项目、广东省高等学校高层次人才项目、广东省高等教育教学改革重点项目（2项）、英语写作省级教学团队项目、广东高校优秀青年创新人才培养计划项目等近20项，此外还参与了国家社科基金重大项目、一般项目等20余项研究。承担国家级教学成果奖培育项目"创立（续理论），高效学外"和国家级精品资源共享课"中级英语写作"的实施工作。入选第一批广东特支计划"青年文化英才"、广东省第七批"千百十工程"省级培养对象、"粤木棉"杯广东省女教职工2014年度风采人物。

蒋澄生（1964—　　），湖南耒阳人。博士，教授，硕士研究生导师，广东工业大学外国语学院院长。1985年7月毕业于河南师范大学外语系英语专业，1990年7月硕士毕业于河南大学外语学院，2012年6月博士毕业于华南师范大学外国语言文化学院；曾在河南商丘师专工作，1994年调入广东机械学院（后合并为广东工业大学）。自1997年起，历任外语系副主任、大学外语部副主任、外国语学院副院长、院长，为广东省高等学校"千百十工程"培养对象，获1996年度"南粤教坛新秀"称号；1996年12月被评为副教授，2007年12月被评为教授；获国家留基委资助，于2015年3月—2016年3月在美国爱荷华大学做访问学者；在《外语界》《外语教学》《外语学刊》《外语与外语教学》等外语类核心期刊及其他学术刊物上发表论文近30篇，出版编著4部，主持《汉、英成语语义表征研究》等省部级科研教研项目4个，校级项目多个；主要从事理论语言学（认知语言学、语用学）研究；现为广东省翻译协会副会长，广东省高校外语类专业教指委委员，广东省外国语言学会常务理事。

蒋道超（1963—   ），安徽明光人。深圳大学教授，深圳坪山区人民代表大会常务委员会副主任。主要研究领域为美国现当代小说。1998年获南京大学文学博士学位，先后在美国印第安那波利斯大学，香港大学和香港中文大学访学、进修。曾兼任教育部外语教学指导委员会英语分委员会委员，广东省外国文学学会、外语学会副会长。在《美国研究》、《外国文学评论》、《国外文学》、（美国）*Drelser Studies*、《外国文学》、《外语研究》等国内外权威刊物上发表论文近40篇，代表性论文：《构建自己的宇宙——也谈约翰·巴思〈漂浮的歌剧〉的主题》《消费文化、身份建构、现代化——美国二十世纪消费文化的流变》等。著作：《德莱塞研究》（上海外语教育出版社），编著：《中国语境下的英语文学研究》（南京大学出版社），译著：《行话：与名作家论文艺》（译林出版社）。课题"二战后华裔小说研究"曾获深圳大学科研基金资助；参加撰写了由南京大学刘海平、王守仁主持的国家"十五"重大课题《新编美国文学史》华裔文学部分，参与了社科院陆建德主持的"现代化进程中的外国文学研究"，并撰写"德莱塞部分"。

广东外语学人

蒋清凤（1961—   ），湖南衡阳人。广东省外语艺术职业学院教授。毕业于中南大学外国语学院，获英语文学硕士。曾任教于湖南财经工业职业技术学院、湖南衡阳师范学院、广东省外语艺术职业学院。2002年获国家留学基金委资助赴加拿大哥伦比亚大学（UBC）访学。2007年晋升教授。2010年赴美国ETBU教学。现任广东省外语艺术职业学院国际经贸学院党总支书记、旅游英语专业带头人、全国职业核心能力礼仪培训师、广东省导游考官、酒店管理培训师等。主要研究方向为英语语言文学、旅游英语、妇女研究。曾在《外语与外语教学》《外语研究》《广东外语外贸大学学报》《西安外国语大学学报》《山东外语教学》《修辞学》等杂志发表文章20多篇。主编国家"十二五"规划教材：《国际商务礼仪》（人民大学出版社、广东高教出版社），《致用英语第二册》（清华大学出版社），参编书籍10余部。主持省级以上项目3项，包括湖南省教育厅项目，教育部高职旅游教指委项目，广东省教育厅项目。主持《旅游英语》省级重点专业、《礼仪训练》省级精品资源共享课程等多项。2016年获广东省大中专自愿者暑期文化科技卫生"三下乡"社会实践活动先进个人奖。

金英姬（1972—   ），吉林和龙人。广东外语外贸大学教授，硕士生导师。1994年6月毕业于延边大学朝鲜语言文学系，获学士学位；1994年7月—2001年9月在延边大学师范分院朝鲜语言文学系任教；2001年9月—2004年6月在延边大学比较文学与世界文学专业学习，获硕士学位；2004年9月至今在广东外语外贸大学东语学院朝鲜（韩国）语系任教。2006年9月—2010年6月在延边大学亚非语言文学专业学习，获博士学位；2007年12月晋升为副教授，2014年12月晋升为教授。现兼任中国—朝鲜韩国文学研究会常务理事。长期从事朝鲜（韩国）文学、中韩比较文学、韩国语教育等研究工作。先后参与完成国家社会科学基金项目、广东省哲

学社会科学规划项目、广东省高等教育教学研究和改革项目、广东教育教学成果奖（高等教育）培育项目，并在国内外学术期刊上发表30多篇论文，出版2部专著，并参与《初级韩国语教程》《中级韩国语教程》《教师口语》《中国现代文学史》等教材编写工作。从事初级韩国语、中级韩国国语、高级韩国语、韩国语阅读、朝鲜（韩国）文学史、公共演讲、论文写作等本科生和研究生的课程教学。

K

康　澄（1967—　　　），江苏南京人。华南师范大学教授，博士生导师，兼任全国巴赫金研究会常务理事、天津外国语大学语言符号应用传播研究中心兼职研究员、江苏省外国文学学会理事、江苏省翻译协会理事。主要研究方向为俄罗斯文学和文化符号学。1989年毕业于南京师范大学外语系俄语专业，获文学学士学位；2002年毕业于南京师范大学外国语学院比较文学与世界文学专业，获文学硕士学位；2005年毕业于南京师范大学文学院比较文学与世界文学专业，获文学博士学位。2004年赴俄罗斯科学院高尔基世界文学研究所做高级访问学者。1989年9月—1999年2月东南大学外语系任教；1999年3月—2016年10月南京师范大学外国语学院任教；2016年11月至今华南师范大学外国语言文化学院任教。2002年晋升副教授，同年获得硕士生导师资格；2007年晋升为教授；2008年获得博士生导师资格。1999年9月—2015年6月担任南京师范大学外国语学院俄语系主任。2011年遴选为江苏省"333"高层次人才培养工程第三层次培养对象。代表性著作有《文化及其生存与发展的空间——洛特曼文化符号学理论研究》（独撰，河海大学出版社，2006）、《结构文艺符号学》（合著，第二作者，外语教学与研究出版社，2004）；在国内权威期刊《外国文学评论》、

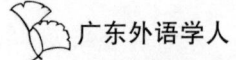

《外国文学研究》(其中刊于2000年的《对二十世纪前半叶俄国文学中基督形象的解析》一文被《中华读书报》摘要转载)、《外国文学》(其中刊于2008年的《象征与文化记忆》一文被人大复印资料《文化研究》全文转载)、《当代外国文学》、《解放军外国语学院学报》、《俄罗斯文艺》、《中国图书评论》上发表论文10多篇。2015年主持国家社科基金项目"象征与文化记忆机制研究";2001年担任国家社会科学基金项目"洛特曼及其艺术符号学研究"的第二负责人;2006年主持江苏省社会科学基金项目"洛特曼的文化符号学理论研究";2000年主持南京师范大学青年社科基金项目"阿赫玛托娃的抒情诗研究"。2007年获得南京师范大学"优秀教师奖";2007年学术专著《文化及其生存与发展的空间——洛特曼文化符号学理论研究》获得江苏省哲学社会科学优秀成果三等奖,2009年该专著获得江苏省外国语言文学与翻译研究优秀成果荣誉奖;2006年学术专著《结构文艺符号学》获得江苏省第五届哲学社会科学研究优秀成果二等奖;2009年学术论文《文化符号学的空间阐释——尤里·洛特曼的符号圈理论研究》获得第一届全国高校专业俄语优秀学术论文文学组一等奖;2015年所指导的博士生余红兵的博士论文《西比奥克建模系统理论研究》获得江苏省优秀博士学位论文。

康燕彬(1979—),湖南新化人。香港中文大学博士,暨南大学外国语学院教授。主要研究方向为英美文学与跨文化研究。主持国家社科项目2项:"狄金森在中国的接受与重读研究"(2010—2016)、"道禅视野下的爱默生研究"(2017)。出版译著2部,发表论文20余篇[7篇刊于《外国文学评论》《外国文学》《中国比较文学》等CSSCI(中文社会科学引文检索),8篇刊于 The Emily Dickinson Journal 等国外 A&HCI(艺术与人文科学引文索引)]。获省级社科优秀成果奖三等奖3项(2012、2014、2016);全国高校第五届外国文学教学科研优秀成果奖1项(2015)。

L

蓝红军（1971— ），湖南酃县人。广东外语外贸大学教授，翻译学博士，博士生导师。现任广东外语外贸大学高级翻译学院副院长、MTI（翻译硕士专业学位）教育中心主任。兼任中国翻译协会理事、中国比较文学学会翻译研究会理事、广东省翻译协会副秘书长、广州科技翻译协会会长、广东省重点文科基地广东外语外贸大学翻译学研究中心研究员、暨南大学跨文化与翻译研究所研究员。广东省高等学校"千百十工程"第五批校级培养对象，主持国家社科基金项目"钱锺书翻译思想研究"。担任《广州翻译》联合主编，国际期刊 International Journal of Translation, Interpretation and Applied Linguistics 编委，《中国外语》《外国语言与文化》等期刊匿名审稿专家。主要研究方向为翻译学理论和翻译批评。1994年毕业于湖南师范大学外国语学院获学士学位，2004年获湖南师范大学英语语言文学硕士学位，2012年获得广东外语外贸大学翻译学博士学位。1994—2001年在湖南益阳教育学院外语系任教；2001—2007年在江苏科技大学外国语学院任教；2007—2014年在广东省外语艺术职业学院外语系任教；2014—2015年在暨南大学外国语学院任教；2015年至今在广东外语外贸大学高级翻译学院任教。2006年被评为副教授，2010年被评为教授，2018年被评为博士生导师。任中国翻译协会理事，中国比较文学学会翻译研究会理事，广东省翻译协会副秘书长，广州科技翻译协会会长，广东省重点文科基地广东外语外贸大学翻译学研究中心研究员，暨南大学跨文化与翻译研究所研究员。广东省高等学校"千百十工程"第五批校级培养对象，主持国家社科基金项目"钱锺书翻译思想研究"。在《中国翻译》《翻译季刊》《上海翻译》《中国科技翻译》《中国比较文学》《中国外语》《外语教学》《外语研究》《外语与外语教学》等刊物上发表论文50多篇，代表性论文有《从学科自觉到理论建构：中国翻译理论研究（1987—2017）》《面向问题的翻译理论研究》《谎言与欺骗：翻译的另一面》《译者之为：构建翻译的精神世界》《"后理论时代"翻译学的知识生产》《"理论之后"翻译学的理论建构》《整体史与碎片化之间：论翻译史书写的会通视角》《何为翻译：定义翻译的第三维思考》，出版专著《译学方法论研究》（外语教学与研究出版社，2018），参与《翻译研究方法概论》（外语教学与研究出版社，2009）、《中国翻译研究1949—2009》（上海外语教育出版社，2009）等多部学术著作和《中国翻译年鉴》的编写，是第三版《中国大百科全书·翻译学》编纂负责人之一及词条主要撰写者。

雷 霄（1973— ），河南平顶山人。华南理工大学外国语学院教授，硕士生导师。主要研究方向为第二语言写作、英语教学。1995年毕业于华南理工大学外语系科技英语专业，获学士学位；1995年8月—2005年8月在华南理工大学外语学院任教，先后任助教、讲师；其间在职学习，于2000年3月获得外国语言学及应用语言学硕士学位；2005年9月—2009年8月在香港大学应用英语中心学习，获博士学位。之后一直在华南理工大学外国语学院任教，2010年晋升副教授，2016年晋升教授。迄今已在 Journal of Second Language Writing（Exploring a sociocultural approach to writing strategy research：Mediated actions in writing activities）、System（Understanding writing strategy use from a sociocultural perspective：The case of skilled and less skilled writers）、Chinese Journal of Applied Linguistics，《高教探索》、《外语界》、《当代外语研究》等国内外期刊上独立发表中、英文论文10余篇；已出版专著1部，2010年获得中国英语教学研究会颁发的第三届中国英语教学优秀论文一等奖。主持教育部2016年人文社会科学研究规划基金项目1项（"基于社会文化理论的二语写作认知研究"），广东省哲学社会科学"十二五"学科共建项目 1 项，广州哲学社会科学发展"十三五"规划课题一般项目 1 项。

黎　导（1935—　　），广东兴宁人。广东外语外贸大学教授，担任英国文学教学工作。1959 年毕业于中山大学外语系英国语言文学专业。毕业后留校任教。1964—1966 年由国家派往英国留学，就读于伦敦大学教育学院。1970 年 9 月中山大学外语系撤销，与广州外国语学院合并，因而转入广州外国语学院任教。1984—1995 年任广州外国语学院副院长，主管教学工作。1991 年晋升教授。1992 获享受国务院政府特殊津贴。2001 年退休。曾担任的主要社会兼职：中国翻译协会第四、第五届副会长，中国外国文学学会常务理事，中国高等教育学会理事，广东省翻译协会会长，广东省外国文学学会副会长，广东高等教育学会常务理事。主要出版物：翻译作品《四星将军》（合译，花城出版社，1985）、《成功的团队工作》［商务印书馆（香港），1996］、《精益求精——如何评估工作》［商务印书馆（香港），1997］，工具书《汉英分类插图词典》（参编，广东人民出版社，1981），教材《广州市初中英语教材》（共六册，任中方主编，广东教育出版社，1998—2001）。

黎秀石（1914—2007），广东南海人。1935 年毕业于燕京大学新闻系，先后在《广州英文日报》、香港《士蔑西报》、英国合众社香港分社、桂林《大公报》、重庆《大公报》工作，报道了各地的抗日情况。新中国成立前，黎秀石曾在《大公报》等报刊和通讯社任编辑、记者、译员、驻国外办事处特派员。第二次世界大战期间，他担任过《大公报》战地记者，见证和采访了日本投降的全过程。黎秀石的整个青年时代，在日寇的侵华战争中度过。颇有爱国情操的他，先在香港加入了美国合众社做记者，日本入侵香港后返回内地，进入著名的《大公报》桂林版做编辑工作。1944 年 8 月，广西沦陷，桂林版停刊。次年 1 月，著名报人、《大公报》主事人胡政之通知他："你想不想去缅甸，到盟军做战地记者？"他没有同妻子商量就答应了，妻子也没有拖他后腿，而那时他们有一个三个月大的孩子。在缅甸的几个月里，黎秀石共向国内发回了一百多篇文章，《解放瓦城之路》《斯威堡的华侨》《仰光解放》《血泪斑斑话缅甸》等，其中很多是在密林或山洞中完成的。1945年9月2日，黎秀石亲眼见证了历史性的一刻：作为同盟国军队的一名军事记者，他和三名中国同行一起，受邀登上美军"密苏里"号，参加报道由美军麦克阿瑟上将主持的日本投降签字仪式。1950年10月，黎秀石从英国回到祖国参加革命工作，先后在广州市培正中学、中央广播事业局工作。1961年起在北京广播学院外语系任教。1978年调进中山大学外语系任教，曾任英语专业教研室主任。1986年2月退休。2005年8月，出版专著《见证日本投降》。

黎志敏（1971—   ），湖北天门人。现任广州大学英语教授，硕士生导师，广州大学外国语学院外国文学方向学术带头人，广州大学外语教育训练基地主任，现代诗学中心主任。主要研究方向为现代诗歌与现代文化。于2002年6月在中山大学获得英语文学博士学位，2005年6月在中山大学中文系完成博士后研究并获得证书，2009年12月获得英语教授职称。目前兼任全国英语诗歌研究会副会长兼秘书长，广东省外国文学学会副秘书长，中山大学外国语学院英文杂志EPSIANS杂志执行主编，中山大学外国语学院英语诗歌研究所兼职研究员，中山大学外国语学院兼职硕导，教育部留学回国人员科研启动基金评审专家等职。在 The Cambridge Quarterly 及《哲学与文化》《外国文学研究》《伦理学研究》《文史哲》《北京师范大学学报》《现代哲学》《科学学研究》《社会科学》《天府新论》《诗刊》《世界文学》《首都师范大学学报》《外语与外语教学》《暨南学报》《汕头大学学报》《学术界》等发表论文50余篇。出版《诗学构建：形式与意象》（人民出版社，2008）、《知识的"善"与"真"》（人民出版社，2011）、《现代文化经纬》（人民出版社，2015）等中英文专著共 6 部，出版《莎士比亚作品赏析》（武汉大学出版社，2007）、《走进剑桥：二十世纪英美诗歌精选》（广东省语言音像出版社，2003）等编译著 4 部。主持国家社科项目"'自由'的法则——英美现代诗歌形式研究"（2014）、广东省社科项目"现代英语诗歌'自由形式'的基础理论问题研究"（2013）等各级科研项目共计 9 项。

李成团（1978—　　），山东临沂人。广东外语外贸大学教授，硕士生导师。广东省"千百十工程"校级重点培养对象。主要研究方向为语用学、跨文化语用学、会话分析和学术英语教学。2006 年毕业于广东外语外贸大学英文学院；2011 年晋升为副教授；2016 年晋升为教授；2010 年被评为广东省优秀博士研究生。2016 年在美国纽约州立大学完成博士后研究。在 Journal of Pragmatics、Intercultural Pragmatics、Discourse & Society、Discourse Studies 及《现代外语》《外国语》《中国外语》《外语教学》《外语教学理论与实践》等核心期刊发表论文 20 余篇。主持省部级人文社科基金项目 4 项，主要聚焦为"人际语用视角下视点站身份构建与人际礼貌研究"；广东省高等教育教学改革项目 1 项，题为"基于 PBL 的本科学术英语教学模式研究与实践"；广东省创新强校质量工程项目 1 项，校级重点研究项目 1 项。其博士论文：*Self-professional identity construction via other-identity deconstruction in Chinese televised debating discourse*，发表在 Journal of Pragmatics ［2016（9）］，提出了身份构建的 Interrelationality Principle，发展了人际语用身份理论。结合教学实践提出了"外语生态身份教学法"，注重英语教学中学生第二语言身份的需求与构建。

李春植（1961—　　），吉林延吉人。教授。1991 年 3 月毕业于日本国立冈山大学文学部日本文学专业，获硕士学位。毕业后曾就职于日本内山工业株式会社、吉备国际大学等。从事过中日贸易、外国留

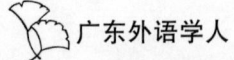

学生日语教学等。在日本学习与工作长达 14 年，精通日语和韩语。在日留学期间，1990 年 9 月参加日本文部省赞助、日本东京"国际交流研究所"主办的"外国留学生第一届日本语作文竞赛"，获得"最优秀奖"及"文部大臣奖"，并受到日本文部大臣石桥一弥的接见。2000 年 10 月回国，任教于云南大学外国语学院，2001 年破格晋升为副教授，并担任东语系系主任。2006 年 4 月应聘到广东财经大学外国语学院工作，同年晋升为教授，曾担任日语系主任，学科负责人等职务。主要研究方向为日本文学和中日文化比较等。2003 年 10 月出版日本文学专著《近松的义理与人情世界》（花城出版社，2003），曾获得云南大学人文社会科学研究项目成果一等奖。先后在国内外学术刊物上发表《"一期一会"与日本文学》《从"徒然草"及"禅语"看无常观的世界》《试论日语句末文体的使用方法》等 20 多篇学术论文。开设微博"haru 李春植"，用汉语、日语、韩语三种语言撰写随笔及杂文 50 多篇。

李根洲（1930—   ），广东人。中山大学教授。毕业于中山大学，曾任中山大学外语系主任、外国语学院院长。研究方向为英美文学、英语语法等。

李国庆（1952—   ），山东泰安人。暨南大学外国语学院教授，外国语言文学研究所所长，研究生导师。1988 年毕业于西北师范大学外文系，获硕士学位，研究方向为当代美国文学；2001 年毕业于中山大学外国语学院，获博士学位，研究方向为功能语言学。兼任中山大学外国语学院研究生导师、中山大学功能语言研究所教授、兰州大学外国语学院研究生导师、兰州大学外国语学院教授。科研成果：在《外国语》《外语教学》《外语学刊》《当代语言学》《四川外语学院学报》《外语与外语教学》等外语核心期刊和《暨南学报》等中文核心期刊上发表论文 30 余篇，代表性论文有《试论象征手法在表现主义和现实主义文学作品中的区别》《大海般的韵律和内涵——〈老人与海〉的语篇结构与意义》《主位推进模式与语篇体裁:〈老人与海〉分析》等。发表专著、译著共13本,其中包括《文化语境与语篇体裁》(陕西人民教育出版社,2006)、《5000年纺织史》(汕头大学出版社,2011)、《俄罗斯史》(南方日报出版社,2012)、《美国史》(南方日报出版社,2012)。先后主持了2008年广东省哲学社会科学"十一五"规划项目"翻译策略选择与体裁目的对等的功能语言学研究";2013年度教育部人文社会科学研究项目"从三大元功能的角度看中国文言文翻译策略选择"和2016年广东省哲学社会科学"十一五"规划项目"《闲情偶记》英译的文化语境与主体性视角研究",并参与多项国家级和省部级项目。

李　践(1962—　　），教授,博士。《国际汉语诗坛》艺术顾问,《发现》杂志社高级编审,曾经受国家留学基金委资助在英国剑桥大学作高级访问学者。曾经获得"最受学生欢迎的老师""优秀青年教师""跨世纪中青年学科带头人"等荣誉称号。在国内以及国际核心期刊上发表论文几十篇,其中包括:《外国文学研究》、《外国文学》、《当代外国文学》、《外国文艺》、The Explicator、The Environmental Practice、Radiation Effects and Defects in Solids 等。翻译作品2部,如《别的声音,别的房间》等。

李　杰(1963—　　），四川三台人。英语教授(三级),北京大学英语语言文学博士,英语语言文学专业硕士生导师。1981年9月—1988年6月在西南师范大学外语系英语语言文学专业读本科和研究生,先后取得学士和硕士学位;1988年7月—1992年12月在西南师范大学外语系从事教学工作;1991年10月晋升为讲师;1993年1月至今在汕头大学外语系从事教学工作;其间:1999年8月—2000年8月受国家留学基金委资助在加拿大约克大学作访问学者;2003年9月—2009年6月在北京大学外国语学院英语系攻读

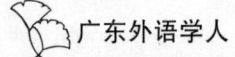

博士学位;1997年12月获副教授专业技术资格;2005年12月获英语教授专业技术资格。现任汕头大学文学院副院长、英语语言文化研究所所长、语言与翻译基地主任、对外汉语中心主任、十二届汕头市政协委员等职务。主要学术研究兴趣:系统功能语言学、认知语言学、语篇分析、外语教学。主要学术兼职:中国功能语言学会理事、全国语篇分析研究会理事、中国语言教育研究会理事、广东省外国语言学会常务理事、广东省翻译协会副会长、广东省高校外语专业教学指导委员会成员等。参与和主持多项国家和省部级项目,目前主持教育部人文社科项目"英语教学中学习者的隐喻能力的培养问题研究"(项目编号:12YJA740036)。已在《外语教学与研究》《当代语言学》《中国外语》《外语学刊》《外语教学》等学术刊物发表论文30多篇,出版著作(包括主编、编著、译著、专著)11部。曾获广东省"南粤教坛新秀"(1996)等荣誉。

李　晶(1958—　　),内蒙古呼和浩特人。广东海洋大学教授、博士。研究方向为日本社会、文化、日本语。1983年内蒙古大学日语专业本科毕业;1986年4月—1989年3月日本国立冈山大学文学部国语学科硕士研究生;2011年获中山大学人类学博士学位。曾为国家公派日本东京大学综合文化学部访问学者;日本国际交流基金日本研究特别研究员(日本东北大学)。曾任内蒙古农牧学院基础部外语教研室副主任、主任。1998年晋升副教授,2005晋升教授。2006年4月作为特需人才引入广东海洋大学,任外国语学院教授、日语系主任、学科带头人。曾任日本国留学生教育学会理事;内蒙古自治区日语教学研究会会长;日本东北大学东北亚研究中心客座教授;北京外国语大学日本研究中心客座教授;广东省普通高等院校外语学科高评委。主要论文有『現代の蒙古と日本に見られる原始宗教の残影—「オボ」と「神社」の対比研究への覚書』『日本語と中国語の韓国語に与える影響—二字「漢語」を中心に』《政府荫庇下的日本农协——仙台秋保町的人类学调查》《当代日本农村社会中的"长子"与"家"继承——宫城县仙台秋保町马场村的田野调查》《日本社会中的"自肃"与国民的公民意识之探析——基于日本3·11大地震后的灾区实地调查》《"正月仪式"与村落延续——基于日本宫城县仙台秋保町马场村的田野调查》《日本"村民"生活中的神道——基于宫城县仙台秋保町马场村的人类学调查》《日本"村落共同体"中的社会组织——基于宫城县仙台秋保町马场村的人类学调查》。编著有《日语接续词例解词典》（外语教学与研究出版社，2004）、《日语助词例解词典》（外语教学与研究出版社，2005）、《日语副词例解词典》（外语教学与研究出版社，2011）。专著有《稻作传统与社会延续——日本宫城县仙台秋保町马场村的民族志》（三联书店，2017）。承担的科研项目有"现代日本における農家と社会——秋保町馬場村の調査を中心に"［日本国国际交流基金日本问题研究项目（2011）］、"社会转型期南海区域渔民社会的比较研究"［国家社科基金项目（2015）］、"日语与蒙古语的比较研究"［中国高等教育学会"十五"重点项目（2003）］。

李桔元（1965—   ），湖南新化县人。广州大学外国语学院教授，硕士生导师，兼任外国语学院"一带一路"语言服务与研究中心主任。曾先后就读于娄底高等师范专科学校、湖南师范大学、上海师范大学、上海外国语大学，分别获得文学学士、硕士和博士学位。在University of Queensland、Swansea University和University of East Anglia做访问学者。1992年9月—2008年12月在湖南科技大学工作，2009年1月—2016年4月在杭州师范大学工作。曾兼任杭州市社科成果评审专家、杭州师范大学外国语学院英语系主任、当代语言学研究所所长以及学院学术委员会和学位委员会委员等职。主要研究方向为系统功能语言学、批评话语分析以及英语教学。在《外国语》《外语学刊》《外语与外语教学》《中国外语》《外语教学》《四川外语学院学报》等重要学术期刊发表学术论文30余篇。

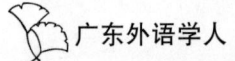

代表作有《批评话语分析研究最新进展及相关问题再思考》《情态及其在广告语篇中的意识形态意义》《互文性的批评话语分析——以广告语篇为例》。出版专著《广告语篇中的意识形态——批评话语分析》（上海交通大学出版社，2009），参编本科教材2部，参编词典1部。主持完成教育部人文社科项目"批评话语分析的新模式及批评性阅读教学研究"、浙江省哲学社会科学项目"批评话语分析的评价视角与英语专业本科批判性阅读教学"，以及省教育厅项目等其他各类纵向项目7项，作为第一主讲教师参与省级精品课程"综合英语"建设。"批评话语分析及其在广告语篇中的应用"获2010年浙江省高校科研成果三等奖，"构建'综合英语'新型教学模式，提高学生英语综合运用能力"获2008年湖南省高等教育省级教学成果三等奖，"情态及其在广告语篇中的意识形态意义"获2010年杭州市第五届社科联优秀成果二等奖。另外6项成果分别获得国家和省级学会、校级奖励。长期从事英语专业本科与研究生的教学工作。2004年起任硕士研究生导师，指导全日制以及在职硕士共50多名。曾获"湖南科技大学教学优良榜""杭州师范大学优秀班主任""优秀实习带队教师"等荣誉称号。

李　明（1964—　　），湖北浠水人。广东外语外贸大学教授，博士，硕士生导师，广东外语外贸大学外国语言学及应用语言学研究中心研究员、广东外语外贸大学翻译学研究中心研究员、广东外语外贸大学外国文学文化研究中心研究员。广东省本科高校外语类专业教学指导委员会翻译专业分委员会委员；曾任广州翻译协会会长。研究方向：翻译学研究、商务翻译研究、功能语言学、社会语言学、篇章语言学、社会符号学。1986年本科毕业即开始英汉、汉英笔译工作并逐渐从事英汉、汉英翻译教学与研究。承担2006年多哈亚运会广州十分钟陈述的字幕翻译，担任2010年广州亚运会开幕式、闭幕式英译主译审，独立承担2010年广州亚残运会开幕式、闭幕式全部翻译，承接多项泛珠三角地区大型汉英翻译及高难度汉英翻译工作，主译《广东省非物质文化遗产名录图典》，独立翻译《中国三亚2017年第22届世界兰花大会申办报告》《马里兰大学战略发展规划》《广州番禺区招商引资指南》《广东外语外贸大学留学生教育学院学籍管理手册》等。在《外国语》《外语教学与研究》《中国翻译》《上海翻译》《外语研究》《外国语文研究》《当代外语研究》《翻译季刊》及 Teaching English in China 等核心刊物上发表论文50余篇。代表性著作有《语言与翻译》、《翻译研究的社会符号学视角》、《商务英汉翻译教程》（主编）、《翻译工作坊（汉译英）》、《汉英互动翻译教程》、《商务英语翻译（汉译英）》、《英语习语大词典》（参编）、《汉英翻译基础》（参编）。译著有《百万英镑》《圣诞颂歌》《天衢丹阙：老北京风物图卷》《在不确定性中引领》《华夏大地上的千里神迹》《＜岭南钩沉＞——2014中国印花税票》等。讲授多门本科生课程和数十门研究生课程，培养硕士近百名。获2016年国家社科基金中华学术外译（梁漱溟《中国文化要义》英译，项目编号：16WSH008）。

李清华（1965—   ），山东人。南方医科大学教授。1991年7月毕业于曲阜师范大学英语语言文学专业，获学士学位；1998年9月—2000年7月在上海师范大学学习，获英语语言文学专业硕士学位；2004年8月—2007年10月在广东外语外贸大学学习，获外国语言学与应用语言学哲学博士学位。2008年3月—2010年7月在上海外国语大学博士后流动站从事研究工作。2013年3月—2014年2月在美国教育测试研究中心（ETS）做高级访问学者。曾在山东水利职业学院、绍兴文理学院任教，先后任助教、讲师、副教授。2009年9月起在南方医科大学任教，先后任副教授、教授，曾任英语系主任，现任外国语学院副院长。担任中国英语教学研究会语言测试专业研究会理事，国际语言测试学会会员，是《现代外语》、《解放军外国语学院学报》、Chinese Journal of Applied Linguistics、International Journal of Testing 等国内外学术期刊的匿名

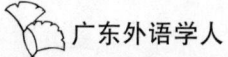

审稿人,广东外语外贸大学、上海外国语大学博士论文校外评审专家,广东省外语教学指导委员会委员,广东省商务英语教学指导委员会委员,广东省英语专业教学指导委员会委员。研究领域包括语言测试与评估、第二语言习得等,在《现代外语》《外语界》《外语教学》《外语教学理论与实践》《外语与外语教学》《外语电化教学》等期刊发表论文45篇(其中CSSCI或中文核心期刊论文30篇),出版学术著作4部,代表性著作有《外语写作形成性评估的后效研究》(四川大学出版社,2008)、《形成性评估研究》(科学出版社,2014)、《高校英语专业学生四级测试写作评分标准的设计与效度研究》(科学出版社,2014)。主持省部级课题3项,主研6项。

李韧之(1956—   ),陕西白水人。博士,教授。1983年毕业于西安交通大学外语系,文学学士;1986年毕业于英国Essex大学,获得语言学与应用语言学硕士;2003年毕业于比利时Antwerp大学研究院,获得语言学与文学博士。1983年起在西安交通大学外语系任教,1993年调入汕头大学外文系。先后担任过西安交通大学外语系副主任(主持全面工作),西安翻译工作者协会理论教学翻译专业委员会秘书长,汕头大学文学院副院长兼外文系系主任,汕头大学教学委员会副主席,广东省外国语言学会常务理事。研究涉及英语教学、计算机在语言学科的应用、机器翻译的理论与实践、类型比较语言学等。讲授过英语发展史、社会语言学、比较语言研究、语义学和语用学、英语文体学、语言学导论、英语国家概况、语言专业程序设计、PROLOG和自然语言理解等10多门课程,指导硕士研究生12名。先后在学术刊物及会议上发表论文30余篇,翻译文字几十万,出版编译著十多部。其中专著 *Modality in English and Chinese: A Typological Perspective*(2003)、论文 *A contrastive study of the semantic functions and pragmatic uses of modal verbs in English and Chinese*(2010)和 *Modality, subjectivity, and logic*(2004)在国外出版和发表。1999年在欧洲发现"一二八"淞沪抗战首战旅长翁照垣阵中日记,受《北京日报》《新民晚报》《羊城晚报》和《作家文摘报》等主流媒体广泛报道,并发表系列文史多篇。1989年筹办国家教委批准的西北地区首次国际会议"中国西安篇及语言研究国际学术研讨会",1988年参加与新华社合作的"英汉图书题录自动翻译专家系统的研究"获西安交通大学科技进步一等奖,1991年获国家科委颁发的国家科技成果完成者证书;1991年参加"科技英语专业的教学与建设"获陕西省优秀教学成果二等奖和西安交通大学优秀教学成果一等奖;1990年参加国家863课题"声音自然语言机器翻译系统"的《英汉机器翻译系统》。1990年获国家教委霍英东教育基金会高校青年教师奖,1992年领取国家政府特殊津贴。

李瑞林(1964—   ),陕西合阳人。广东外语外贸大学教授、博士生导师、高级翻译学院院长。曾任中国政协陕西省委委员、西安外国语大学高级翻译学院院长(2005—2014)、外语研究与语言服务协同创新中心常务副主任。现任教育部本科翻译专业教学指导协作组成员、中国比较文学与跨文化研究会副会长、中国翻译协会理事、《中国翻译》《英语世界》编委,《译界》学术委员会委员。研究方向为翻译认识论、翻译教育、语言服务。主持并完成国家级应用型翻译人才培养模式创新实验区、翻译特色专业建设点、数字媒体新闻编译实践教育基地等教育教学改革项目3项;主持或参与"基于翻译能力模型的误译生成与对策研究""汉语动词聚类与英译研究""中外翻译理论比较研究"等国家或省级人文社科研究课题6项;在 *Hong Kong Journal of Applied Linguistics* 及《中国翻译》《外语教学》《中国图书评论》等学术刊物发表 *Topicalization*:*A psycholinguistic perspective* 及《〈文心雕龙〉与早期文本中的文学观》《翻译的社会维度》《新历史主义视阈下的阅读隐喻》《从翻译能力到译者素养:翻译教学的目标转向》《学习科学视角下的项目翻译学习模式研究》《整合型翻译课程设计假设模型研究》《关于翻译终极解释的知识论探索》《语言服务概念框架的再反思：存在依据、本质内涵及实践逻辑》等代表性论（译）文 20 余篇，其中 *Topicalization: A psycholinguistic perspective* 被英国剑桥大学 *English Learning* 杂志、美国教育信息资源中心（ERIC）等国际学术载体文摘检索，获中国第一届英语优秀教学论文二等奖，"从翻译能力到译者素养：翻译教学的目标转向"获省级高等学校哲学社会科学优秀研究成果一等奖。在中国旅游教育出版社、商务印书馆、广西师范大学出版社先后出版《西安导游》、《金银岛》、《阅读的历史》、《朗文英汉大词典》（文化部分）及《活着的女神》等文学或学术译著 8 部，其中《阅读的历史》被评为全国第六届"文津图书奖"推荐图书，获省第十次哲学社会科学优秀成果二等奖。2009 年迄今，获省级高校优秀教学成果特等奖 1 项、二等奖 2 项。

李田心（1946—   ），湖南衡阳人。主要研究方向为翻译理论与实践、语法。重点研究领域是奈达翻译理论，研究成果得到奈达理论创始人尤金·奈达的肯定。曾在《中国翻译》《外语学刊》《外语研究》《外国文学》《上海翻译》《上海科技翻译》《外语与外语教学》《外国语言文学》《外语与翻译》中国外语类权威刊物和《韩山师院学报》等刊物上发表论文 80 余篇，大学教龄 30 年，国外任首席翻译 3 年；有专著《奈达翻译理论新解——真假奈达翻译理论评析》于 2013 年出版，专著《重大误译辨正》于 2014 年出版；有译著 6 部出版，译著代表作是《现代艺术的美学奥蕴》；译文代表作《瓦尔特·米蒂的梦》（《外国文学》，1988 年第 3 期）。

李小均（1973—   ），四川广安人。深圳大学外国语学院教授，美国德克萨斯大学奥斯丁分校访问学者。主要研究方向为英语文学、比较文学、翻译研究及中西思想史。2005 年获复旦大学比较文学博士，同年入深圳大学任教。2011 年晋升教授。著有《自由与反讽》

（百花文艺出版社，2007）、《信仰之海》（广西师范大学出版社，2012），译有《亚里士多德〈政治学〉中的教诲》（华夏出版社，2017）、《苏格拉底与阿里斯托芬》（华夏出版社，2014）、《语言与沉默》（上海人民出版社，2012）等20余部。另有50余篇论（译）文发表于《读书》《中国图书评论》《中国比较文学》等刊。

李晓凡（1956—　　　），重庆云阳县人。英语硕士，广东药科大学外国语学院英语教授。研究方向为应用语言学及计算机辅助英语教学。1980年毕业于西南师范学院外语系英美语言文学专业。1980—1986年在四川万县教育学院任教英语专业；1987年考入上海理工大学科技外语系应用语言学研究生。1989—1995年在西安理工大学外语部任教大学英语；任外语部副主任；1993年晋升为副教授。1995—2016年在广东药科大学开设大学英语、研究生英语以及高级英语等课程；2004年晋升为教授。在西安理工大学工作期间，曾是陕西省翻译协会会员，并被选派赴中原油田担任科技英语辅导班主讲教师。1993年获陕西省政府优秀教学成果二等奖（集体奖前三名成员）。在广东药学院工作期间，是Asia TEFL亚洲英语教学研究会会员；2004年获由清华大学和中国教育技术协会联合举办的全国大学英语暨网络环境下外语教学学术研讨会二等奖。在国内外发表学术论文近30篇：*Computer-assisted English test item analysis*〔*CALL*（国际著名计算机辅助语言学习杂志），No.1，Feb.2000）〕；*On the guidance of data analysis by computer to classroom teaching*（《中国英语教学》，2003）；*The prominence of transfer in translation*（*English Teaching Forum*，Vol.34 No.1，1996）。主编教材有《科技英语常用固定搭配短语集粹》（陕西科学技术出版社，1996）、《新创意大学应用英语综合教程I》（副总主编，中央广播电视大学出版社，2010）、《新创意大学应用英语综合教程IV》（副总主编，中央广播电视大学出版社，2011）。

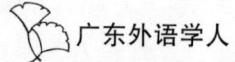 广东外语学人

李筱菊（1929—2018），广西苍梧人。教授、博士生导师。1953年毕业于北京大学西方语言文学系英语专业，获学士学位。毕业后至1970年在中山大学外语系任教，1970—2003年在广东外语外贸大学工作，任教授、博士生导师，曾兼任英文系副主任、校务委员、校学术委员、语言测试研究和发展中心主任、《现代外语》编委等职务。校外兼职包括国家教委高等学校外语专业教材编审委员会第一、二届委员、广东省外国语言学会顾问、广东省老教授协会常务理事、国际学术刊物 Journal of Multilingual and Multicultural Development 编委、广东省政协常委等。主要研究方向为语言教学和语言测试。在语言教学领域，研究并引进了交际语言教学理论体系，曾任中英合作项目 Communicative English for Chinese Learners（简称 CECL）负责人，先后在国内外发表十余篇相关论文。其中 In defence of the communicative approach 一文于1984年发表于国际期刊 ELT Journal，一度成为英国文化委员会培训海外英语教师的必读文章。1990年该文作为80年代外语教学改革代表性著作之一收入牛津大学出版社出版的论文集 Currents of Change in English Language Teaching。还将该方向的研究成果应用于中国教学大纲设计及教材建设，主编了高校英语教材《交际英语教程》（CECL），该教材成为全国高校教材编审委员会推荐教材，1992年获原国家教委全国优秀教材奖。在语言测试领域，于1979年开始参与"英语水平测试（EPT）"的工作，1987年起主持了全国高等学校英语专业水平考试（TEM4和TEM8）的开发和研制工作，1989年该项目获广东省高校优秀科研成果一等奖。1985—1989年为全国高考英语考试标准化改革三人领导小组成员，该项改革于1989年通过国家鉴定推广至全国，并获国家科研成果一等奖。经过大量的语言测试研究和实践，发表了数十篇语言测试学术论文，其中一篇 How powerful can a language test be? —— the MET in China 于1990年在国际学术期刊 Journal of Multilingual and Multicultural Development 上发表。撰写教材《语言测试科学与艺术》（湖南教育出版社，1997），该书

获国家教育部人文社科研究成果二等奖，并成为我国许多高校语言测试课程的主要教材。

李雁南（1971—　　），辽宁新民人。1999年于北京大学东方学系硕士毕业后到华南师范大学外国语言文化学院从事日语专业教学与研究工作。2005年于暨南大学中文系文艺学专业取得博士学位。2012年被评为教授。先后发表学术论文近20篇，出版学术专著1部，编著3部，承担并完成广东省哲学社会科学规划项目1项。研究方向为日本近现代文学和中日比较文学。1999—2002年期间，主要从事芥川龙之介研究，也对《源氏物语》有所涉猎，先后发表学术论文2篇，出版编著2部。2002年开始攻读博士学位后，师从文艺学大师饶芃子先生，研究主题开始明确为"日本近代文学中的中国形象"，在社会学理论和形象学理论的观照下解读"中国"这个日本近代文学中的他者形象，以典型文本为依据，以时间为线索，勾勒中国形象在日本近代文学中的衍变史。该研究的对象为甲午战争之后到1945年日本战败之前的日本文学典型文本。2005年完成博士论文并取得博士学位。在此期间发表学术论文5篇，出版编著1部。2005—2012年之间，将博士期间的研究纵向拓展到1945年日本战败后，研究主题为"日本现代文学中的中国形象"，其间发表学术论文9篇，出版学术专著1部，完成省级社科规划项目1项。是"日本近现代文学中的中国形象"研究起步最早的学者之一，并于2013年由北京大学出版社出版学术专著《在文本和现实之间——日本近现代作家笔下的中国》。现任中国日本文学研究会、中国外国文学研究会、广东省翻译协会会员，粤港澳大学日语教师联合会副会长，日本神户女子大学特聘教授，多次在国内外大型学术会议上做主题演讲。

李　毅（1961—　　），广州大学教授。现任校长助理。研究方向为高等教育研究以及应用语言学。兼职中山大学教育国际化研究中心副主任。2005年以来，主持国家及省部级课题8项，代表成果如下：主持"2014年广东省教育教改项目"课题（广东省教育厅，2014）、主持"广东高校国际化推进机制与策略研究"（广东省哲学社会科学规划教育学研究项目，项目编号：08SJY029）课题、广东省教育科学规划办课题（2009）、主持"地方院校办学特色的国际比较研究"（国家社科基金项目子课题，项目编号：BIA060041）课题研究（全国教育科学规划办，2006）。代表性著作有《关于大学国际化研究——以广东省大学国际化评价为例》（北京大学出版社，2011）。发表论文有《汉语国际推广与我国国际教育的发展》《国际视野下中外合作办学的治理》《高校国际学术会议平台及其效应分析》《语境可操作因素浅析》等。主编书目有《地方大学办学特色研究》（暨南大学出版社，2008）。

李英垣（1959—   ），福建武平县人。华南理工大学教授，硕士生导师。华南理工大学外国语学院MTI教育中心主任、院长助理、研究生公共英语教学团队负责人、广东省翻译协会常务理事、广东省外国语言学会理事、广东省第六届学位委员会专业学位（翻译硕士）研究生教育指导委员会委员。主要研究方向为翻译学、英汉对比研究。1984年毕业于福建师范大学外语系英语语言文学专业；1984—1988年任福建省武平县第一中学高中英语教员。1988年9月—1990年2月在哈尔滨工业大学外语系研究生班英语应用语言学专业学习；1990年研究生班毕业并留任哈尔滨工业大学外语系英语专业任教，同年晋升为讲师；1995年调入华南理工大学外国语学院工作至今，在华南理工大学工作二十余年，一直担任大学本科公共英语、研究生公共英语、本科专业英语的教学工作，担任文学翻译学术硕士研究生、翻译专业硕士研究生指导教师。分别在《中国翻译》、《外国语言文学》、《华南理工大学学报》（社科版）、《东北大学学报》（社科版）、《当代外语研究》、《上海科技翻译》、《华侨大学学报》（社科版）、《浙江外国语学院学报》、《广东外语外贸大学学报》等杂志或学报上发表过论文；著有《多元语境视阈下文学翻译的篇章连贯重构》（外语教学与研究出版社）；为《汉英翻译技巧》、《英汉翻译技巧》（对外经济贸易大学出版社）和《当代学生英语用法指南》副主编；《博识小学英语语法100例》（上海外语教育出版社）主编；参加编写了《英语常见问题解答大词典》（黑龙江人民出版社、世界图书出版公司）。为《口译研究概论》（外语教学与研究出版社）参译者；是《大中华文库——儒林外史》（Introduction，湖南人民出版社/外文出版社）的译者；是加拿大作家玛格丽特·伍德的《面纱》（*Surface*）（中国文联出版公司）的合译者。

李 元（1975—　　），重庆人。广东外语外贸大学英语语言文化学院教授，硕士生导师。1997年毕业于四川外国语大学英语语言文学专业，获学士学位；2000年获该校英语硕士学位，并留校任教；2000年9月—2003年7月在北京师范大学攻读中西比较文学博士学位，2003年7月获博士学位；2004年6月—2006年6月在北京外国语大学英语学院任讲师、2006年6月—2015年3月在该校任副教授；2015年3月起就职于广东外语外贸大学英文学院，于2016年12月被评为教授。是国际爱尔兰文学研究协会（IASIL）中国地区目录委员会会员。主要研究方向为英国、爱尔兰现当代戏剧、文化翻译。参与国家社科重点项目"当代外国文学纪事"（2006）、主持国家社科青年项目"20世纪爱尔兰戏剧史"（2010）。2010年获爱尔兰文学交流基金资助，翻译爱尔兰当代著名剧作家玛丽娜卡尔的剧本《猫原边……》。在《外国文学研究》《外国文学》《当代外国文学》《外国语文》等刊物发表论文十余篇。在外语教学与研究出版社、商务印书馆出版著作3部，其中个人独著1部、译著1部。代表性著作和论文有《唯美主义的浪荡子——奥斯卡·王尔德研究》《猫原边……》《重访爱尔兰戏剧运

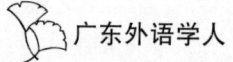

动：在艺术与政治之间（1897—1915）》《民族身份的重述：凯尔特之虎时期的爱尔兰戏剧》《〈猫原边……〉中的她者与阈限》等。

李 昀（1972—　　），湖北钟祥人。华南理工大学外国语学院教授，硕士生导师。研究方向为英语语言文学，主攻当代文学文化批评。1995年毕业于湖北师范大学外国语学院，获学士学位；1995年进入湖北工程学院外国语学院工作；2004年毕业于广东外语外贸大学英语语言文化学院，获硕士学位；2007年毕业于中山大学外国语学院，获博士学位，后进入中山大学哲学系从事博士后研究，2010年博士后出站进入华南理工大学外国语学院工作；2010年晋升为副教授；2013年出任英语系主任；2015年9月晋升为教授；2015—2016年期间受聘为美国加州大学伯克利分校周凯旋住校学者；现为 Cultural and Religious Studies 的编委成员，The International Journal of Civic, Political, and Community Studies 的邀约审稿人；在《文艺研究》《国外文学》《当代外国文学》《现代哲学》等期刊上发表论文20多篇，代表性作品有《历史与女性特质的纠缠：三十年来荧幕妓女形象分析》《未来缺席："理论之后"的伦理政治学及其僵局》等；出版专著1部、译著2部，包括《"否定性辩证法"视域中的"女性"主体性重构》《普罗米修斯的束缚——马克思科学思想的神话结构》；现主持国家社科基金项目1项："历史主义视角下的新文学伦理学批评研究"。

李占喜（1967—　　），河南尉氏县人。博士，华南农业大学外国语学院教授、副院长；广东外语外贸大学高级翻译学院硕士生导师（兼职）、博士（硕士）论文评审专家及答辩委员会主席；英国剑桥大学理论及应用语言学系国家公派访问学者；中国语用学会常务理事；广东省翻译协会理事；广东省高等院校"千百十工程"培养对象；国家社科基金项目、教育部人文社科项目、广东省社科规划项目评审专家。主持：国家人文社科基金项目"翻译课堂教学的语用学研究"、教育部人文社会科学研究青年基金项目"语用翻译学原理"、国家留学基金委访问学者项目"语用翻译研究"等3项,主要参加教育部人文社会科学重点研究基地重大项目"基于实证研究的英语学习型词典模式的构建"1项,主持及参加校级科研项目6项。出版学术专著2部:《关联与顺应:翻译过程研究》(科学出版社,2007)、《语用翻译探索》(暨南大学出版社,2014)。在《外语教学与研究》《中国科技翻译》《外语与外语教学》《外语教学》《语言与翻译》等学术期刊发表论文45篇,代表作《译文读者为中心的认知和谐原则》《翻译课堂教学的关联——顺应研究路向》《从"关联域"视角分析文化意象翻译中的文化亏损》等。

梁栋华(1944—2013),上海人。专业研究方向为英语口、笔译翻译实践和英语教学。多年来一直担任本科生、研究生的口译以及英语精读、口语、高级视听说、实用英语、外贸英语、进出口实务等多种课程的教学。1961年高中毕业,同年考入北京外国语学院英语本科,1966年毕业;1968年7月分配至暨南大学外贸系;1970年暨南大学停办,到广州外国语学院工作;1975年调到广州对外贸易学院;1978年暨南大学恢复招生,考上该校外语系第一届英语语言文学硕士研究生,师从曾昭科、翁显良等教授,获硕士学位。此后,一直在暨南大学工作。其间,1991年8月—1992年6月作为访问学者到美国威斯康星大学讲授中国文化与文明课程。历任教研室主任、系副主任、系主任、外国语学院院长,兼任广东省政协常委、民盟广东省委常委、民盟暨大总支主委、广东外国语言学会常务副会长、广东外国文学学会理事、中国跨文化交际学会理事、外语教学与研究出版社读书俱乐部顾问等。1987年被评为副教授,1994年晋升为教授。在担任广东外国语言学会秘书长、常务副会长期间,曾奔走于湛江、汕头、韶关、深圳、梅州、惠州、潮州、佛山、江门等地的院校之间,组织了数次全省最高层次的外国语言

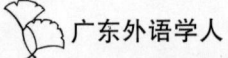

和教学研讨会。曾出版《英语一日一形容词》《英语形容词搭配手册》等书籍,并出版《大成拳》等译著以及译文、编译文章数十篇。

梁锦祥(1947—),广东梅州人。华南师范大学教授,博士研究生导师。1979—1982年在华南师范学院学习,获硕士学位。1982年起,在华南师范大学工作,所教授的本科及研究生的主要科目有普通语言学、理论语言学、句法学、语义学及翻译理论与实践。研究中注意在吸取生成语法、结构语法等国外语言学理论研究成果的基础上,从句法和语义的接合层面探讨具体的语言现象。已在国家级、省级外语学术刊物及综合性学术刊物上发表论文多篇,完成专著2部。1995年获评教授。1998年9月—1999年9月赴美国芝加哥大学语言学系作访问学者。2003年起任华南师范大学博士生导师。2005年1月—2009年7月任华南师范大学外国语言文化学院院长。曾任广东外国语言学会副会长,政协广东省第九届委员会常委。

梁瑞清(1970—),湖南耒阳人。暨南大学教授,硕士生导师。暨南大学外国语学院商务英语系系主任。主要研究方向为语言哲学、语用学、语义学和翻译。1991年毕业于湖南师范大学英语语言文学专业,获文学学士学位;1996年毕业于暨南大学外语系,获文学硕士学位;2007年毕业于广东外语外贸大学,获文学博士学位。1996年6月—2008年10月在暨南大学外国语学院先后任助教、讲师;2008年起任暨南大学副教授、硕士生导师;2009年2月—2010年2月获国家留学基金委员会资助,以访问学者身份赴斯坦福大学语言与信息研究中心(CSLI)从事博士后研究工作;2014年晋升为教授。曾任暨南大学外国语学院外国语言学及应用语言学研究所副所长,2013年荣获"暨南大学科研先进工作者"。兼任中西语言哲学研究会常务理事,《现代外语》和《当代外语研究》匿

名评审专家。在 Language Sciences、International Journal of English Linguistics、《外国语》、《现代外语》、《外语与外语教学》和《外语学刊》等国内外核心期刊上发表学术论文20余篇，其中《语言地图说》一文（《外语学刊》，2008）被《高等学校文科学术文摘》全文收录，Digitality，Granularity and Ineffability 一文（Language Sciences，2011）获 Science Letter 评价"深化了对语言和交际的理解"。著有学术专著1部：《咖啡的芳香：语言、经验与意义》（世界图书出版公司，2012）；参与或单独出版译著8部：《自作聪明的杀手》（花城出版社，2015）等；参与编撰教材和词典3部。先后主持2009年教育部人文社会科学研究青年基金项目"'言不尽意'的哲学解读及其语义分析"、2011年教育部留学回国人员科研启动基金项目"语言交流与言不尽意之关系研究"、2012年国家社会科学基金一般项目"分析哲学视域下感觉词汇的认知语义研究"、2015年暨南大学"宁静致远"工程远航计划"多模态视角下英语词汇深度语义知识网络的构建"等科研项目，参与省部级社科项目6项。

梁 悦（1963—   ），广西百色人。教授、教学名师、专业带头人、优秀教师。华南师范大学硕士课程研究生（在职）；广州外国语学院（广东外语外贸大学）英语系学生（全日制）本科毕业后获学士学位。曾担任美国华盛顿州半岛学院名师访学，参加过香港中文大学、澳门大学语言翻译学术培训，新加坡职业教育培训，德国F+U职业教育培训。研究方向为高等职业教育、应用语言学。曾任广东农工商职业技术学院外语系主任和党总支书记，学校学术委员会委员；现任世界翻译教育联盟（witta）教师发展国际中心副主任、广东省高职大学英语教学指导委员会副主任委员，担任国家教指委级、广东省省级精品资源共享课程负责人，广东省特色专业、省级重点专业、省级双一流品牌专业负责人，广东省大学生校外实习实训基地负责人、省级优秀教学团队负责人，广东省第七届

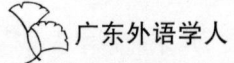

高等教育教学成果二等奖负责人,广东省外经贸系统先进教育工作者,教育部高等职业教育教指委首届教学课件大赛第二名负责人。曾获中国职业教育学会论文一等奖。主持过国家级、省级课题6项,主要参与15项。主编校企合作、工学结合特色教材8部,参编15部,其中《涉外秘书英语实训教程》《旅游服务礼仪》2部获国家"十二五"规划优秀教材,在国内外杂志发表学术教改论文30多篇。2008年7月受邀参加教育部高职英语教指委在杭州举办的全国英语教师实训能力培训班,并在大会做了题为"高职高专旅游英语专业实践体系创新研究"的专题报告;2010年负责组织外语系1200多名学生参加第16届广州亚运会涉外餐饮接待服务工作;受广东省教育厅、广东省旅游局等委托,2011年、2013年、2014年,先后组织承办广东省高职高专职业英语口语大赛2次、广东省首届涉外酒店职业英语口语大赛1次;2013年、2014年、2015年作为广东大中专科技学术节系列活动——广东省大学生翻译大赛的主要评委及大会点评嘉宾,参与评审工作;近十年带领骨干教师及学生参加全国、全省各项职业技能大赛荣获国家级、省级一、二、三等奖奖项10多次;2015年11月—2016年4月作为德国莱茵公司广州总部专家组副组长,参与组建亚洲银行支助广西百色学院学科教改项目的申报工作。

廖开洪(1965—),湖南长沙人。暨南大学外国语学院教授,硕士研究生导师。研究方向为语用学、认知语言学、外语教学。主要从事语用语言、语用含意推导、语用翻译、英汉语篇语用对比、语用教学等视角进行实证研究。1986年7月毕业于湖南湘潭大学外语系英语语言文学专业,获学士学位;1998年3月毕业于北京航空航天大学外语系外国语言学及应用语言学专业,获语言学硕士学位;2007年毕业于广东外语外贸大学外国语言学及应用语言学研究中心,获语言学博士学位;英国兰卡斯特大学语言学系访问学者。1986年7月—1990年5月在湘潭大学外语系任教,任助教、教研室主任；1990年6月—1999年7月在广东五邑大学外语系任教，先后担任讲师、系副主任；1999年7月至今于暨南大学外国语学院任教，先后担任副教授、教授、副院长。中国语用学学会理事。发表20余篇论文于《中国翻译》《中国外语》《外语学刊》《外语教学》《外语与外语教学》《语言与翻译》《山东外语教学》和《暨南学报》等外国语类核心期刊和社会科学类核心期刊。主要论文有《英汉说明文段落划分差异研究》《试析英汉说明文段落划分的相同性》《汉英语篇主题与段落结构模式的比较研究》《刻意含混与语用行为》等。主持和参加省部级以上哲学社会科学研究项目与教学改革项目7项。

林　红（1963—　　），湖南邵阳人。广东省外语艺术职业学院英语教授，副校长，《外语艺术教育研究》副主编。全国教师教育学会小学教师教育委员会常务理事、教育部职业院校外语类专业教学指导委员会英语教育分会委员、广东省高职教育教师教育专业指导委员会主任委员、广东省教育评估学会常务理事、华南师范大学学科教学（英语）兼职教育硕士导师。长期从事教师教育研究，先后公派美国佛罗里达州Winter Park职业学院语言中心、英国利兹大学教育学院、香港教育学院、澳门理工大学贝尔语言中心研修英语教学与教师培训课程。2007年晋升英语教授。主要研究方向为教师教育、小学英语教学法。近年来，发表《互联网＋背景下高职院校课程资源建设的创新探索——以英语教育教学法课程为例》等教学论文10余篇，先后主编出版《小学英语教学技能培训教程》《英语歌曲与表演》《当代视野下的高等职业教育探析》等著作。2005年主讲课程"小学英语教学与研究"被评为国家精品课程；2009年获"广东省南粤优秀教师"称号；2010年主持研究"新课程理念下的小学英语教师培养和培训模式的探讨与研究"获广东省高等教育教学成果一等奖；2014年主讲课程"外语应该这样教——儿童英语教与学"被评为广东省精品视频公开课；讲课视频"你

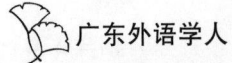

会说唱英语儿歌吗?"2014年获广东省高职院校信息化教学大赛一等奖、2015年获第二届全国高校微课教学比赛一等奖;2016年主持研究"互联网背景下英语教育专业学生职业能力培养探索与实践"获教育部外语类专业教指委首届外语类教学成果一等奖;2016年"小学英语教学设计课程线上线下混合教学的实践"获全国高等职业技术教育研究会典型案例;2016年主讲课程"小学英语教学设计"被评为教师教育国家级精品资源共享课。

林连书(1941—),中山大学外国语学院教授。1965年毕业于中山大学,1979年在美国任中国卫星导航代表团翻译。1982年11月—1984年1月在美国洛杉矶加州大学攻读应用语言学研究生课程,获美国英语教学文凭。1992—1993年在美国圣地亚哥州立大学做附属教授(adjunct professor),现为中山大学外国语学院挂广州英语培训中心教授,英语应用语言学硕士生导师。长期在高校任教,并从事边缘学科和交叉学科研究。研究方向为实验研究方法、统计学、测试学、心理语言学。主要著作有《英语实验研究方法》、《电话英语》、《美语会话》(合编)、研究生教材 *Reseach Designand Statisitics* 和论文16篇。编著有《语言研究中的统计学》(外语教学与研究出版社,2000)、《应用语言学实验研究方法》(中山大学出版社,2001)。在《中山大学学报》《中山大学学报论丛》等期刊发表论文,代表作有《应用语言学实验性研究的特点和过程》《数理统计在英语教学研究中的作用》等。

林明华(1954—),海南文昌人。广东外语外贸大学越南语教授,硕士生导师,中国著名越南问题专家。1970年12月—1973年10月就读于广州外国语学院越南语专业,1973年11月—1976年6月赴越南河内综合大学留学,1976年6月学成回国任教至今。先后担任广州外国语学院东语系越南语教研室主任,东方语言文化系副主任、主任,广东外语外贸大学科研处处长,教育部非通用语种本科人才基地主任等职务。曾于1997年5月—2001年6月借调外交部,被派往中国驻越南大使馆担任一等秘书。2010年开始担任硕士研究生导师。2002年至今连续三届受聘为教育部高等学校外语教学指导委员会委员,2007年至今连续两届受聘为非通用语种类专业教学指导分委会副主任委员。此外,还曾受聘为教育部普通高校非通用语种本科人才培养基地建设协作组成员、中国非通用语教学研究会常务理事以及广东外语外贸大学学术委员会委员。主要研究方向为越南语言文学与国情研究。从教逾40年来,分别在中国的《现代外语》《当代亚太》《国际问题研究》《东南亚研究》《东南亚纵横》和越南的 *Ngôn ngê*（语言）、*Văn nghê*（文艺报）、*Tia sáng*（光明）、*Nghiên cúu Trung Quoc*（中国研究）等国内外学术期刊上发表有关越南语言、文字、中越比较文化、越语教学研究和越南国情研究等论文80多篇,论文代表作为《汉语与越南语言文化》《中国文学在越南》《新时期越南外交》《越美关系发展的制约因素》《越南革新的渐进历程》和《汉越词杂谈》（越文）、《花、禅与禅诗》（越文）、《越语主题句与主题标志》（越文）等。先后出版著作、教材约10种,包括独编的《越南语言文化散步》（香港开益出版社,2002）、《实用越南语》（世图音像电子出版社,2008）、《现代越语语法教程》（世界图书出版公司,2016）;合编的《标准越南语基础教程》（1—3册,第二编者,世界图书出版公司,2009）、《标准越南语高级教程》（1—2册,第一编者,世界图书出版公司,2010）;执笔的《越南华侨史》（广东高等教育出版社,2010）;主编的《越南社会文化与投资环境》（世界图书出版公司,2012）;审校的《社会主义在中国1919—1965》（于幼军著,越南同耐出版社,2015年越文版）等。其中,《现代越语语法教程》获中国外语非通用语优秀教材类一等奖。2014年,荣获中国非通用语教学研究会颁发中国外语非通用语"终身成就奖"。2016年7月开始被聘为广东外语外贸大学"云山资深教授"。

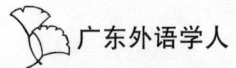

林少华(1952—),吉林长春人。中国海洋大学外国语学院教授。主要研究方向为翻译学。1975年毕业后,在交通部设计研究院任日文翻译;1979年考入吉林大学研究生院日语专业攻读硕士学位;1982年获硕士学位后,到暨南大学外语系日语专业任教。历任助教、讲师、副教授、教授;1987—1988年在日本大阪市立大学进修日本古典文学,后仍回暨南大学外语系;1993—1996年在日本长崎县立大学做访问学者;1996年回暨南大学工作;1999年调往中国海洋大学;2002年赴东京大学任特别研究员。译有《挪威的森林》《海滨的卡夫卡》等21卷日本著名作家村上春树的文集及夏目漱石、芥川龙之介、川端康成、井上靖、东山魁夷等名家作品总计30余种。其中《唐昭提寺之路》获第五届全国外国文学优秀图书奖一等奖(2001年),《挪威的森林》获2002年上海优秀图书二等奖。

林裕音(1948—),广东潮安人。1969年毕业于中山大学外语系英语专业,现任中山大学外国语学院广州英语培训中心教授;1981—1982年赴美国加州大学洛杉矶校(UCLA)攻读并获应用语言学硕士学位,1985—1987年在美国加州大学洛杉矶分校(UCLA)作富布莱特高级访问学者并获美国教育总署颁发的高级访问学者"Senior Fulbright Scholars"证书。留美期间,应邀在 Nebraska Wesleyan University, Louisiana State University, Southern University of Louisiana 三所大学做跨文化交际研究和讲学。2002年在英国 Portsmouth 和 Brighton 大学任客座教授。1991年起任硕士生导师,1996年晋升为教授。曾任外国语学院研究生工作部主任,广东省外国语言学会副秘书长。现任翻译学院教学总监。2002—2003年任英国朴茨茅斯大学客座教授。开设课程有现代语言与学习策略、综合英语、应用语言学、第二语言习得和专用英语。主要从事英语应用语言学的理论与实践研究。科研成果有《英语语法详解》(安徽科技出版社,1991)、《实用英语写作教程》(北京大学出版社,

1999，2000)、《英语相似词语辨析》（中山大学出版社，1996)、《强化英语口语教程》（中山大学出版社，1998）。目前作为主要成员参加教育部"新世纪高等教育改革工程"项目（项目编号：126303112)。在国际期刊和国内核心期刊发表论文20多篇，出版学术专著、译著4部。代表论文有《特定目的英语的理论与短期英语强化培训的实践》、Teaching the Writing of Scientific Definition、《跨文化非言辞交际：外语教学中一个不可偏废的课题》和《语言学相关理论模式对英语写作教学的启示》等。

林泽铨（1946—   ），中山大学毕业，曾任中山大学研究生外语教学部主任、外国语学院副院长。著作有《研究生英语写作教程》（重庆大学出版社，2004）。在《中山大学学报论丛》《高教探索》等期刊发表论文，代表作有《非英语专业研究生英语教学改革的辩思》和《词语的不等值现象与误译》。

刘保安（1962—   ），河南西平人。广东省外语艺术职业学院教授。主要研究方向为英美诗歌、教师教育。2003年晋升教授。在《外国文学研究》《外语教学》《四川外语学院学报》《译林》《河南师范大学学报》《西安外国语学院学报》《天津外国语学院学报》《温州大学学报》等刊物上发表论文70多篇。出版专著8部，代表作有《弗罗斯特诗歌艺术新论》（四川大学出版社，2017）、《英美浪漫主义诗歌研究》（吉林人民出版社，2009）。主持完成2项省社科项目和4项教育厅项目；获得省社会科学优秀成果奖2项，教育厅人文社会科学研究成果奖1项；2次获得省级"优秀教师"称号。

刘涛波（1962—   ），四川汉源县人。教授，博士，硕士研究生导师。1985年毕业于西南师范大学外语系，获学士学位；1988年毕

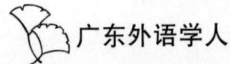

业于西南师范大学外语系,获硕士学位;1994毕业于英国泰晤士河谷大学,获硕士学位;2007年毕业于广东外语外贸大学,获博士学位。曾在西南师范大学外国语学院任教,先后被聘为助教、讲师、副教授和教授。2000年调入华南理工大学外国语学院,任教授至今,曾担任外语系系主任、外国语学院院长。从事英美文学研究,主要研究领域为福克纳研究。在《外国文学评论》《外语教学与研究》《外国文学研究》等学术刊物上发表《论〈喧哗与骚动〉的复调结构》等论文40余篇。主要著作有《南方失落的世界—福克纳小说研究》《英语学术论文写作》《文学导论》等。主持的省部级及以上项目:"九五"教育部青年基金资助项目"福克纳研究"、教育部"十五"国家级重点规划教材《学术论文写作》、教育部"十一五""十二五"国家级重点规划教材《文学导论》、广东省教育厅人文社会科学研究规划项目"福克纳小说文体定量分析研究"、广东省哲学社会科学"十二五"规划2015年度资助项目"《喧哗与骚动》文体研究"等。主要社会兼职:教育部大学英语教学指导委员会委员、中国英语教育研究会常务理事、广东省本科高校外语类专业教学指导委员会副主任委员、广东省学位委员会学科评议组成员等。主要获奖作品包括《蒙台梭利幼儿教育科学方法》(四川省人民政府三等奖)、《南方失落的世界——福克纳小说研究》(第九届全国教育图书优秀图书奖、第四届重庆优秀图书奖)、《大学英语论文写作手册》(全国普通高等学校优秀教材二等奖)。

刘胡敏(1974—   ),四川成都人。教授、硕士生导师。1995年7月毕业于华南师范大学英语专业,获学士学位;1995年8月—1997年7月在海南师范大学任教;1997年9月—2000年7月在华南师范大学外国语学院学习,获英美文学硕士学位;2000年7月—2006年7月在广东外语外贸大学任教;2006年9月—2007年9月在英国兰开斯特大学学习,获现当代文学硕士学位;2007—2011年9月在广东外语外贸大学任教,先后任教师、副教授;2008年9

月—2011年9月在广东外语外贸大学在职攻读博士学位；2011年9月—2012年1月获中美教育基金奖学金在美国明尼苏达州立大学做访问学者；2011年11月获得硕士生导师资格；2016年12月经广东外语外贸大学专业技术资格评审委员会评定英语专业教授资格。主要研究方向为英美小说、创伤文学、哥特小说和希腊罗马神话等。先后主持和参与教育部人文社会科学项目、广东省哲学社会科学项目、广东省质量工程项目、广东省高等学校教学质量与教学改革工程等科研和教研项目8项。在 Forum For World Literature Studies 及《外国文学研究》《湖南师范大学社会科学学报》《华南师范大学学报》《海南师范大学学报》《福建论坛》《文学教育》等期刊上发表研究论文20余篇（其中A&HCI收录论文1篇）。在外语教学与研究出版社出版参编教材《希腊罗马神话教程》1部。讲授多门本科生和研究生课程，培养硕士研究生15名。

刘季春（1960—   ），江西赣州人。广东外语外贸大学资深教授，硕士研究生导师、中国翻译协会专家会员。曾任广东外语外贸大学教学督导、高级翻译学院笔译系系主任。1983年毕业于江西师范学院外语系获文学学士学位，1988—1991年在广州外国语学院英语系攻读语言学与应用语言学，获文学硕士学位，1991年留校任教。1998—1999年作为高访学者在英国爱丁堡大学和雷丁大学进修。2001年起开始指导硕士研究生，2006年晋升为教授。研究方向为翻译学，主攻翻译教学与教材。代表作有《实用翻译教程》（中山大学出版社，1996年第一版，2007年修订版，2016年第三版）、《基础笔译》（外语教学与研究出版社，2015），其中前者是1949年后最早涉及实用文体翻译的几本翻译教材之一，2007年修订版被列为普通高等教育"十一五"国家级规划教材，后者为高等学校翻译专业本科教材系列之一。曾在《中国翻译》《中国科技翻译》《上海翻译》等专业期刊发表系列论文，在全国首倡"独立成篇"的翻译理念，提出了翻译教学的第三种模式，即"观念建构模式"（别于传统的"实践模式"和后起的"理论模式"），以期解决理论脱离实际的问题。除给研究生开设多门翻译课程外，长期致力于本科翻译教学，曾获广东外语外贸大学优秀教学一等奖（2007年，2011年，2016年）、特等奖（2014年）和第二届广东外语外贸大学教学名师奖（2008年）。

刘家磊（1955—   ），黑龙江哈尔滨人。教授、硕士生导师。1982年7月毕业于黑龙江大学日本语言文学专业，获学士学位；1982年8月—1991年2月任哈尔滨商业大学讲师；1991年3月—2003年11月任黑龙江省社会科学院东北亚研究所助理研究员（讲师）、副研究员（副教授）；1991年8月—1992年7月在北京大学现代日本研究班学习；1993年2月—1994年3月任黑龙江省人民政府外事办公室日本处日语翻译（兼任）；1994年4月—1995年3月在日本新潟学习；1995年8月—1998年7月任日本三菱重工业株式会社驻黑龙江省业务代表（兼任）；1999年10月—2000年9月任日本东京农工大学客座研究员；2002年9月—2003年8月任日本环日本海经济研究所客座研究员。2003年任浙江湖州师范学院商学院、外国语学院教授，湖州师范学院校学术委员会委员，求真学院经管系系主任。2016年8月任广东培正学院外国语学院教授。长期从事商务日语与中日经贸合作研究。先后主持中日合作研究课题、省哲学社会科学基金课题多项。在日本和国家一级刊物及核心期刊发表论文50余篇，出版专著2部。获省级社会科学成果奖多项。主要讲授课程为基础日语、高级日语、商务日语实务、商务日语函电、商务日语翻译、日本企业经营管理、日本经济以及国际贸易理论与实务、经济学、服务贸易等双语课程。

刘建达（1967—   ），江西吉安人。广东外语外贸大学教授，博士生导师。广东外语外贸大学副校长、教育部百所人文社科重点研究基地广东外语外贸大学大学外国语言学及应用语言学研究中心主任，曾任教育部考试中心副主任。主要研究方向为语言测试与评价、外语教育、语用习得。1987年毕业于江西师范大学外文系，获学士学位；1994年毕业于广州外国语学院，获硕士学位；2004年毕业于香港城市大学，获哲学博士学位。2006年晋升教授；2007年获批为外国语言文学博士生导师。现为教育部大学英语教学指导委员会委员、广东省大学英语课程教学指导委员会主任委员、全国高等学校教学研究会理事、广东省党外知识分子联谊会副会长、中国高等教育学会数字化课程资源研究分会副会长、教育部考试中心高考考试内容改革专家工作委员会委员、广东省高考综合改革专家咨询委员会委员。曾获广东省哲学社科优秀论文奖、广东省"千百十工程"省级培养对象先进个人、2014年和2017年两届广东省高等教育教学成果一等奖；入选教育部"新世纪优秀人才支持计划"。2015年作为首席专家，主持教育部哲学社会科学研究重大课题攻关项目"中国英语能力等级量表建设研究"。在 *Language Testing*、*Language Assessment Quarterly* 及《外语教学与研究》《现代外语》《外国语》《中国外语》《外语界》等国外及国内学术期刊发表论文50多篇。代表论著有 *Measuring Interlanguage Pragmatic Knowledge of EFL Learners*（Peter Lang）。讲授多门本科生、研究生和博士生课程，培养硕士和博士研究生60余名。

刘金举（1969—　　），河南尉氏县人。广东外语外贸大学东方语言文化学院日语系教授，硕士生导师。主要研究方向为日本近现代文学、中日比较文学研究。1992年6月毕业于广州外国语学院日本语专业；1992年7月—1996年6月就职于广东省中国青年旅行社；1996年7月调回广东外语外贸大学任教至今。2000年6月获广东外语外贸大学日语语言文学硕士学位，2003年7月获东北师范大学外国语学院博士学位。1999年12月晋升为讲师，2005年3月晋升为副教授，2009年3月晋升为教授。先后任日语系主任助理、学院研究生工作办公室主任，赴日期间任日本国神户女学院大学客座研究员、札幌大学特别研究员与札幌大学孔子学院中方院长。现任广东省省级社团法人、拥有百年历史的"广州留东同学会"的常务副会长。在国内《外国文学评论》发表《作为"国家认同"工具而被经典化的〈源氏物语〉与"物哀"》，《国外文学》发表《自卑对芥川文学的决定作用》，此外在《暨南学报》《深圳大学学报》《东南亚研究》《山东社会科学》《解放军外国语学院学报》，以及国外刊物《神户女学院大学论从》《札幌大学综合研究》《岛崎藤村》《日本近代文学会北海道支部会报》《室生犀星研究》等期刊发表论文 50 多篇，其中 4 篇为人大复印资料全文转载，1 篇为《高等学校文科学术文摘》《社会科学文摘》摘要介绍。出版专著：《自我实现与超越的室生犀星文学》（日本龙书房，2012）、《室生犀星对中国文化的介绍以及其"宗教感觉"》（日本龙书房，2016），日本石川县最大的报纸《北国新闻》曾 4 次介绍其研究情况，其中 2 次为专版。出版教材《旅游日语》（广东旅游出版社，2000）、《企业经营管理综合文例》（汕头大学出版社，2003）、《实用导游日语》（北京语言大学出版社，2007）和《外贸函电日语》（北京语言大学出版社，2007），其中《实用导游日语》和《外贸函电日语》为教育部普通高等教育"十一五"国家级规划教材（21 世纪实用日语系列教材）；译著 1 部：《西汉南越王墓博物馆珍品图鉴》（文物出版社，2007）。主持并完成教育部人文社会科学研究项目"思想与社会转型期文学嬗变考"。

刘丽芬（1967—　　），湖北监利县人。教授、博士、博士生导师。主要研究方向为对比语言学、应用语言学、翻译学。1990 年 7 月毕业于华中师范大学俄语语言文学专业，获学士学位；2002 年 7 月毕业于华中师范大学俄语语言文学专业，获硕士学位，2010 年 5 月毕业于华中师范大学语言所应用语言学专业，获博士学位。2005 年 9 月—2006 年 9 月在俄罗斯普希金俄语学院做访问学者，2012 年 9 月—2013 年 8 月访学于俄罗斯莫斯科大学。担任国家社科通

讯评委,教育部人文社会科学项目评审专家、黑龙江省哲学社会科学项目评审专家、黑龙江省教育厅人文社科项目评审专家、中国俄语教学研究会会员、《北京理工大学学报》审稿专家。1995 年 12 月晋升讲师,2001 年 5 月晋升副教授,2007 年 9 月晋升教授;2005 年担任硕士生导师,2014 担任博士生导师,先后任教于江汉石油学院、华中师范大学、黑龙江大学,现任教于广东外语外贸大学。在国内外学术期刊《当代语言学》《外语教学与研究》《现代外语》《外语学刊》《中国外语》《外语与外语教学》《外语教学》《外语研究》《解放军外国语学院学报》《中国俄语教学》《中国翻译》《中国科技翻译》《上海科技翻译》《语言与翻译》《北京理工大学学报》《中国科技术语》《中国社会科学文摘》《中国社会科学报》《中华读书报》《Русский язык за рубежом》《Филологические науки: вопросы теории и практики》《Высшее образование Сегодня》《Человек и образование》《Вестник Харьковского национального университета имени В. Н. Каразина》《Русская филология. Вестник Харьковского национального педагогического университета имени Г. С. Сковороды》等期刊和报纸上公开发表学术论文 90 余篇,公开发表石油专业译文 5 篇,获奖 15 次。出版学术著作 3 部,译著 1 部,参编词典计 4 部,如《俄汉标题对比研究》(商务印书馆,2013)等;主持国家社科基金项目 1 项、教育部人文社会科学重点研究基地重大项目 1 项、教育部"十一五"人文社科规划项目 1 项、全国科学术语名词审定委员会 2012 年重大研究项目 1 项,省级 5 项,校级 4 项,参与国家社科基金项目 3 项,部级 5 项、省级 3 项,校级 1 项。如 2016 年度国家社科基金项目"'一带一路'语言景观汉俄比译模式化研究"(项目编号:16BYY188)等。

刘沛富(1962—   ),现为广东金融学院外语系教授。长期从事应用语言学研究与英语教学与研究工作;2002 年 9 月被评为英语语言

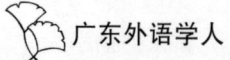

文学教授。1987年于呼兰师范专科学校（2002年并入哈尔滨师范大学）任教，2004年调入广东金融学院。吉林大学硕士研究生毕业，曾获吉林大学第17届研究生"精英杯"学术成果大奖赛二等奖；曾获哈尔滨师范大学呼兰学院青年教师大奖赛一等奖等奖项，多次获优秀教学成果奖及优秀教师等荣誉。主持黑龙江省高等教育科学规划研究"十五"规划重点课题及广东省社科规划课题等省部级课题7项；主持省级示范专业"商务英语"、省级精品课程"英美概况"等。主编《英语语法结构教程》等教材及教学辅导书13部，大型英语工具书3部，其中《新汉英医学词典》字数达920万字。公开发表学术论文共计12篇。

刘齐生（1963—　　），新疆乌鲁木齐人。博士生导师。1980年7月毕业于上海外国语大学德语专业（原上海外国语学院），获学士学位；1984年7月—1989年12月在武汉测绘科技大学任教；1990年1月—1995年5月在德国杜伊斯堡大学攻读日尔曼语言文学硕士学位，并在Epis公司工作；2005年9月—2009年6月在广东外语外贸大学外国语言学与应用语言学研究中心学习，获博士学位。1995年5月起在广东外语外贸大学工作，先后担任德语系副系主任、主任及西方语言文化学院副院长；2005年12月晋升教授，2014年起任博士生导师。现兼任教育部高等学校教学指导委员会德语分委员会委员、广东省高等学校教学指导委员会委员及欧洲分委员会副主任委员、广东省翻译协会理事。担任《德语人文研究》《文学之路》等多个专业学术期刊编委会成员、外语教学与研究出版社及上海外语教育出版社德语教材编写委员会委员，在多个大学担任客座教授。长期从事批评话语、篇章语法和区域国别研究工作。主持过广东省和教育部科研及教研项目近10项。在《现代外语》等核心杂志上发表《文化对语篇结构的影响——中德日常叙述比较研究》《叙述中的紧张要素——中德语篇的跨文化比较研究》等学术论文。参与制订2018年颁布的教育部普通高中德语课程标准。出版《语篇差异与政治语法》等学术专著 2 部,《德语语法教材形式与功能》《经贸德语》等教材 9 本。

刘森林（1963—　　），宁夏贺兰人。暨南大学深圳旅游学院英语系教授、暨南大学外语学科硕士研究生导师。暨南大学深圳旅游学院旅游语用与翻译研究中心主任。主要研究方向为语言哲学、语用学、文学、语言教学及其交叉界面。1981 年 7 月—1985 年 7 月在宁夏大学获学士学位；1992 年考入四川（联合）大学外国语学院，师从朱徽教授，于 1995 年获得美国文化/美国文学硕士学位；1999 年考入上海外国语大学，师从我国著名英语语言学家何兆熊教授，攻读英语语言学和语用学，2002 年 7 月毕业并获博士学位以及"优秀（博士）毕业生"称号。2003 年 10 月在暨南大学晋升为副教授，2015 年 10 月晋升为教授。兼任深圳市政府专家、深圳市南山区科技委员会专家、深圳国际招投标公司专家等。在《当代语言学》《外语学刊》《外语教学》《外语电化教学》《外语研究》等核心外语期刊上发表学术论文 30 余篇。其中，代表性论文有《语用策略与言语行为》《生态化大学英语课堂模式设计》等。截止 2016 年底，CNKI 所列论文均他引率 36 次。出版学术专著 2 部，其中代表作为《语用策略》（社会科学文献出版社，2007）。主持并已完成省部级科研项目 2 项、厅级教改项目 1 项、中央高校基本科研业务费专项资金项目 1 项、广东省政府培育基金项目 1 项等。代表项目主要有国家社科基金一般项目"哈贝马斯普遍语用学视域下的国家语用策略博弈研究"（2017）；广州市哲学社会科学发展"十五"规划课题"学龄前儿童语用发展状况实证研究"（2006）；教育部规划项目"内地高校港澳台学生与大陆师生交际过程中的跨文化问题研究"（2012）和广东省教育科学"十二五"规划项目"幼儿园任务型外语教学理论与实践"（2012）。

刘新粦（1926—　　），广东梅县人。现任广东省人民政府文史研究馆馆员，原暨南大学外语系教授。曾侨居毛里求斯，1945 年 9 月回

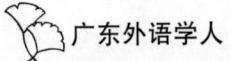

国;1946年秋至1949年5月在上海国立暨南大学外文系学习;1948年在暨南大学参加革命工作;1949年7月参加中国人民解放军,曾任北京、张家口、洛阳解放军外国语学院教员,英文教研室副主任、主任,法文教研室主任,曾立三等功并被评为学院先进工作者;1979年11月转业至暨南大学外语系,先后任英文教员、副教授、教授;1988年离休后曾任汕头大学和深圳蛇中培训中心客座教授。从20世纪80年代初起,曾长期担任暨南大学广州校友会常务理事、副理事长,广东省外国文学学会副会长,广州市翻译工作者协会副理事长,业余从事翻译和写作。曾负责修改商务印书馆1990年版《汉法词典》部分初稿;1992年4月曾以中国政府学者代表团成员出席在毛里求斯举行的首届世界华人研讨会,并在会上宣读论文;2002年9月以学者的身份应邀参加在毛里求斯举行的第二届世界华人研讨会并印发论文。代表性著作:秦兆阳的《农村散记》《中国民间故事选》(合译,外文出版社,20世纪50年代中期)。曾将法国 Nathalie Simondon 的 *En Allant à l'Ecole* 译为中文版《小学生上学指南》(人民教育出版社,1994);1999年出版译文选集《无知的乐趣》(同名译文于2001年被人民教育出版社收入《外国散文百年精华》)。散文、随笔选集《他山之石》(中国文联出版社,2000),文集《雪泥鸿爪》(中国戏剧出版社,2003)。《非洲华侨对抗日战争的贡献》于1996年获"华侨与近代史"征文二等奖。

刘 毅(1958—),河北武安人。深圳大学英语教授,中国语篇分析研究会理事,《功能语言学年度评论》编委。研究领域为功能语言学、课堂话语分析及外语教学大纲设计。1978年3月—1984年12月就读于辽宁大学,先后获学士和硕士学位,2013年7月获中山大学语言学博士学位。从事英语教学30年,先后主持完成1项全国基础教育外语教学研究资助金项目、1项广东省社科"十五"规划项目及1项深圳市语委项目。在《外语界》《高教探索》《深大学报》等刊物发表 15 篇论文，在亚太出版公司和 Canfonian 出版公司出版《三十六计》《中国通史》等汉译英著作 7 部。出版专著 1 部：《读写教学法高校实施的案例研究》（中山大学出版社，2017）。

龙海平（1975—　　），江苏淮安人。教授、博士生导师。研究方向为语法学、语言类型学。1997 年 6 月毕业于中国矿业大学英语语言文学专业，获学士学位；2000 年 6 月毕业于中国矿业大学英语语言文学专业，获硕士学位；2007 年 6 月毕业于华中师范大学语言学及应用语言学专业，获博士学位。2000 年 7 月—2013 年 9 月在深圳职业技术学院工作，历任外事处职员、应用外国语学院副教授；2013 年 9 月—2016 年 9 月在广东外语外贸大学工作，任英文学院副教授、教授；2013 年 9 月至今在中山大学外国语学院工作，任教授、博士生导师。曾以第一作者、通讯作者身份在国内外 SSCI、CSSCI 期刊发表论文近 20 篇，主持国家社科基金一般项目、后期资助项目、教育部社科基金青年资助项目各 1 项。

卢　植（1963—　　），宁夏中卫人。广东外语外贸大学外语研究与语言服务协同创新中心"云山杰出学者"，二级教授，博士生导师。研究方向为应用语言学、心理语言学、认知语言学和语料库语言学。兼任国际应用语言学学会会员、国际认知语言学学会通讯会员、中国认知语言学研究会、中国心理语言学研究会及中国认知神经语言学会等学会常务理事。教育部人文社科研究重点基地广东外语外贸大学外国语言学及应用语言学研究中心兼职研究员和广东省人文社科研究重点基地广东外语外贸大学翻译学研究中心特约研究员。1985 年陕西师范大学本科毕业获文学学士学位，1988 年陕西师范大学获教育学硕士学位，1993 年考入广东外语外贸大学语言学及应用语言学攻读博士，师从桂诗春教授攻读心理语言学，1996 年获博士学位。2000—2001 年英国雷丁大学做访问学者，2005 年

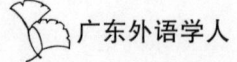

9—10月澳大利亚格里菲斯大学和悉尼大学做高级访问学者，2013年7—8月美国密歇根大学做高级研修学者。1996—2004年暨南大学讲师、副教授，2004年评聘为教授，2005—2011年任暨南大学外国语学院院长，2008年遴选为暨南大学汉语语言学语言应用方向博士生导师，2011年任宁波大学"包玉刚特聘讲座教授"及特聘一级教授、外国语学院院长。在国内外重要学术期刊发表论文60余篇，其中多篇论文被中国人民大学书报文献资料中心《语言文字学》和《高等学校人文社会科学学报》全文或摘要转载。出版学术专著及译著8部。代表作有《汉语和英语语义基元句法模式及其类连接语料库研究》（科学出版社，2016）、《汉语和英语语义基元语义韵语料库对比研究》（外语教学与研究出版社，2012）。承担1997年国家社会科学基金"十五"规划项目"中国英语学习者语料库"，主持教育部人文社科"十五"规划项目"二语词汇表征模式的研究"子项目"中国英语学生对英语词汇形态和语素的认知加工"，主持广东省2002年度哲学社会科学规划项目"英语词汇学习策略的跨文化研究"，主持国务院侨办2004年度人文社会科学规划项目"应用认知语言学研究"，主持2003年教育部留学回国人员基金项目"认知与语言——语言认知分析的综合研究"和广东省教育厅2003年度高校人文社科研究项目"基于语料库的英汉语言自然语义元语言对比研究"等，主持2006年度国家社科基金项目"基于语料库的英汉语言自然语义元语言对比研究"，2011年教育部人文社科项目"二语认知表征机制的FMRI研究"。曾为广东省特色专业"暨南大学英语专业"负责人。在研项目有2015年教育部哲学社会科学重大攻关项目"我国外语教育改革和发展研究"之子项目，2013年国家社科基金课题"应用认知语言学视域下的英语教与学实证研究"。是《外语教学与研究》《外国语》《现代外语》《解放军外国语学院学报》《中国外语教育》多家大学学报特邀审稿人。

陆道夫（1963—　　　），安徽六安人。广州大学教授，硕士生导师，广东省教育厅"千百十工程"校级学术骨干第一批、第二批培养对象，广东省哲学社科办论文评审专家；广东省教育厅职称论文评审专家；华南理工大学、广东外语外贸大学等高校硕士研究生论文校外评审专家；广东省翻译家协会会员，全国英国文学学会会员。先后在浙江工商大学、中国矿业大学、广东民族学院、南方医科大学等高校任教。广州大学卫斯理安学院美国文化中心常务副主任。1989年研究生毕业于南开大学文学院，获硕士学位；2008年博士研究生毕业于北京师范大学文艺学研究中心，获博士学位；1999年8月—2000年8月由教育部国家留学基金委员会选拔赴加拿大多伦多大学英语系做访问学者，师从北美著名学者Linda Hutcheon教授，从事后现代主义理论、比较文学和美国大众文化研究。曾担任南方医科大学外国语学院副院长（分管教学），外国语言文化研究所执行所长，美国《叙事》杂志（中国版）常务副主编。在《外国文学研究》《外国文学》《南京社会科学》《河南社会科学》《学术研究》《学术论坛》《世界电影》等国内核心刊物发表论文、译文30多篇，翻译出版教材、教辅和学术著作达15部。多篇论文被中国人民大学报刊复印资料中心的《外国文学研究》《文化研究》以及上海图书馆《全国高校文科学报文摘》全文收录或转载。翻译出版教材、教辅和学术著作达15部。主持或参与省级课题共6项；策划主编的书系、丛书主要有"21世纪多维英语规划教材"书系"（暨南大学出版社，共10本）、"英语锦囊新课标资源库"丛书（广东语言音像电子出版社，共6本）、"外语考试高分攻略"书系（广东省语言音像电子出版社，共5本）、《西方医学文化译丛》（暨南大学出版社，共6本）。《英语专业学士论文写作教程》获得中国大学出版协会中南地区大学出版社优秀教材一等奖。"英国伯明翰学派文化研究的学术传统"（课题编号：06K06）获得广东省哲学社会科学"十一五"规划课题结项优秀奖。

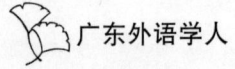

罗世平(1957—),北京人。1992年7月毕业于西南师范大学外语系,获英语语言文学硕士学位;2006年3月毕业于英国Staffordshire University,获文学文化研究博士学位。现系华南理工大学外国语学院教授,硕士生导师。主要研究方向为文化研究、后殖民理论、(后)殖民文学、英美文学。曾访学澳大利亚阿德莱德大学、南澳大学和昆士兰大学。主持完成的科研、教研项目有世行贷款师范教育发展项目改革课题"国家级英语教学核心研讨班成果推广试点项目"(第二负责人)、广东省教育厅人文社会科学研究项目"后殖民语言势差结构理论"。主要著作有《后殖民语言势差结构理论》(2007)、*Beijing, Okinawa, Bath and Stoke*:*Sport and Leisure Past and Present*(North Staffordshire Press, 2008)。在《外国文学评论》《外国文学研究》《外国文学》《国外文学》《当代外国文学》《解放军外国语学院学报》《四川外语学院学报》《外语界》《学术论坛》等CSSCI、核心期刊发表论文近30篇,代表性论文包括《〈麦田里的守望者〉中的反正统文化语言》、《战后英国小说:"后殖民实验主义"》(《外国文学研究》人大资料中心2005年第5期全文转载)、《殖民(主义)文学的主体性建构》(《文艺理论》人大资料中心2007年第11期全文转载),其中《〈麦田里的守望者〉中的反正统文化语言》被评选为"《外国文学评论》1987—2007年期间最具影响力的30篇论文"之一。作为国家社科基金项目通讯评审专家和成果鉴定专家,两次被全国社科规划办评为国家社科基金项目成果鉴定"认真负责的专家",荣登全国社科规划办"信誉榜"。此外,还任第一届广东公共外交协会会员。

麻贵宾(1929—2011),吉林辽源人。华南师范大学外语学院教授。1950年4月毕业于哈尔滨外国语学院(现黑龙江大学)并留校工作。先后任助教、讲师、教研室主任。1960年7月调入华南师范大学外语系，先后任教研室主任、系主任。1989年6月离休。研究方向为日本文学。曾任中国日本文学研究会理事。主要研究成果有《日本抒情诗》（花城出版社，1989）、《中日近代小说形成之比较》、《日本文学二题》（《华南师范大学学报》）、《短诗小议》，翻译有《日本的气象》、《久保荣戏剧集》（中国戏剧出版社，1992）等。

马俊波（1975— ），湖北广水人。深圳职业技术学院应用外国语学院教授、副院长。主要研究方向为计算机辅助外语教学、高职外语教育。学士、硕士、博士分别就读于湖北大学、华中科技大学、广东外语外贸大学。曾在武汉科技大学工作5年；2005年晋升副教授，2010年晋升教授，2008年起任深圳职业技术学院外语学院副院长；主要学术兼职包括中国ESP教学研究会常务理事、广东省高职教育外语教学指导委员会副主任。在《外语电化教学》《山东外语教学》《天津外国语学院学报》《中国职业技术教育》等学术期刊上发表论文23篇，在外语教学与研究出版社出版规划教材14本（主编）、光盘9张，完成和在研广东省哲学社会科学规划课题、广东省教育厅课题、深圳市教育规划课题等6项。

马丽伟（1968— ），吉林长春人。广东韶关学院教授（于2017年从长春工程学院作为引进人才调入韶关学院）。国家高等学校英语应用能力考试委员会命题组成员。主要研究方向为应用语言学、跨文化交际、商务英语。1990年毕业于吉林大学外语系英语语言文学专业，2007年毕业于东北师范大学外国语学院外国语言学及应用语言学专业，获硕士学位。1995年破格晋升讲师，2000年晋升副教授，2011年晋升教授。2010—2013年任长春工程学院与东北师范大学联合培养硕士研究生导师。2005年起任长春工程学院外语学院科研副院长兼大学英语体验中心主任，分学术委员会副主

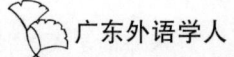

任、校级重点学科跨语言文化研究方向负责人。长期从事英语教学和跨文化交际研究，讲授多门本科生和研究生课程。在《中国高等教育》等刊物公开发表论文20余篇，《应用型本科英语自主学习网络系统的构建和应用研究》被CSSCI检索。主持和参加完成省部级和校级教科研项目20余项，包括2009—2014年主持完成的教育部人文社科项目"应用型本科英语自主学习网络系统的构建与应用研究"和2008—2010年主持完成的国家"十一五"规划课题"构建网络环境下大学英语自主学习平台"，"强化英语应用能力培养模式的研究与实践"各一项。参编教材《土建英语》（高等教育出版社，2000）；主编教辅书籍《高等学校英语应用能力考试专项技能训练丛书——听力理解》（东北大学出版社，2003）。主讲课程英语专业精读课于2005年起被评为省级优秀课。参加建设的《高等学校应与应用能力考试国家级试题库》获得2002年全国普通高等学校优秀教材一等奖。2010年和2012年两次获得吉林省优秀科研成果二等奖（第一名和第二名）；同年获吉林省高等教育技术成果二等奖和三等奖（均第一名）；2007年指导的毕业设计（论文）获校优秀毕业设计（论文）一等奖，2009年获校优秀教学成果一等奖；2012年获校教学质量二等奖，以及学校"巾帼十佳"等荣誉称号。

马蔚兰（1955—　　），河南人。现任广州商学院外国语学院院长，全国独立学院及转设高校外语教学研究会常务理事。1983年毕业于海军电子工程学院情报系英语专业，获学士学位。从1970年参加工作（参军）一直从事外语情报、翻译及教学工作。历任翻译、讲师、副教授，2002年晋升为教授。先后在海军南海舰队、海军舰艇学院、广州大学、广州商学院等单位从事情报、口笔译、教学和管理工作，历任翻译室主任、军校基础部主任、学院党委书记、外国语学院院长等职。主编国家"十二五"规划教材《大学实用英语（综合教程4）》（上海交通大学出版社）、海军统编专业教材

《舰艇长英语》(海潮出版社)、英语教材《新境界职业英语(听说教程)》(世界图书出版公司)等。主持教育科研项目"舰艇长英语口语等级训练及测试"获全军科技进步三等奖、海军优秀教学成果奖。主持广东省创新强校工程"大学专门用途英语团队建设"。在《海军院校教育》《舰艇学术》等期刊上发表专业论文16篇。在教学岗位上两次获三等功,曾被评为海军级优秀教员、广州市教育系统优秀党务工作者。

马志刚(1971—   ),甘肃通渭人。研究员、硕士生导师。从事外国语言学及应用语言学研究。2010年毕业于广东外语外贸大学,获博士学位;2012年获评副研究员,2015年获评研究员。先后主持广东省哲学社会科学项目(2012)、教育人文社科项目(2014)和国家社会科学项目(2015)各一项。在 BABEL 及《世界汉语教学》《语言教学与研究》《国际汉语教学》《语言科学》《汉语学习》《汉语学报》《南开语言学刊》《语言研究集刊》《语言学论丛》《华文教学与研究》《外语教学与研究》《外国语》《外语学刊》《当代语言学》《现代外语》《解放军外国语学院学报》《外语研究》《外语与外语教学》《外语教学理论与实践》《山东外语教学》《外国语言文学》《当代外语研究》以及国内外语类学报等刊物上发表过研究型论文。讲授多门本科生和研究生课程,培养硕士4名。论文曾获由"中国英语教学研究会"颁发的三等奖。

毛思慧(1962—   ),四川仁寿人。先后获广州外国语学院英语语言文学学士(1982)、英美文学硕士(1987)、英国兰开斯特大学英语系当代文学文化研究硕士(1990)、香港大学比较文学(电影文化)研究博士(1997)。先后担任广东外语外贸大学英语文学文化研究教授、英语语言与文化专业博士研究生导师、英文学院院长,国际译联(FIT)理事(2011—2014),中国翻译协会理事,香港大学比较文学荣誉教授,澳门理工学院理工—贝尔英语中心教授、中心主任。现任汕头大学英语及比较文化研究教授、英语语言中心主任,国际跨文化传播研究学会执行官,中国比较文学学会中美比较文化研究会副会长,澳门翻译联合会理事长,澳门国际文化教育交流协会会长,汕头外语翻译协会理事长。从 1982 年任教以来,先后在广州外国语学院、香港岭南大学和澳门理工学院主讲交际英语、英汉口译、英美现当代戏剧、当代西方文论、文化与翻译、大众文化翻译、传媒翻译、比较文化研究、电影文化等本/硕/博课程,并指导若干英语语言文学硕士及 6 位比较文化研究博士(其中 3 位已升任教授)。主要学术著作包括:英国电影文化专著《当代英国电影中男性主体的切割与重建》(外语教学与研究出版社,1999)、《新视角:当代文学文化研究》(华南理工大学出版社,2000)、《解析当代英国:文学与文化研究》(北京大学出版社,2003),主编《当代文化研究新论丛》(6 本,中山大学出版社,2007—2009),专著《文学、文化与后现代蜕变:从莎士比亚到 007 的八个案例研究》(中山大学出版社,2009),编著 *Critical Arts*, *Media Discourses and Cultural Globalisation*: *A Chinese Perspective*(Routledge & UNISA,2011),合作编著"国际传播英语系列教程"(由外语教学与研究出版社出版):*International Conference Communication*(2013)、*Paper Writing and International Publication*(2014)、*Literature Reading and Translation*(2015)。最近完成科研项目"当代世界电影中的澳门形象研究"。在英国朗文公司、香港大学出版社、Multilinguak Matters 等出版社,以及《今日英国学》《中国比较文学》《中西文化研究》《电影艺术》《外国文学研究》《翻译家》《澳门理工学院学报》《跨文化传播学》等学术期刊出版著作及发表中英学术论文几十篇。先后多次应邀前往英国、美国、加拿大、泰国、印度尼西亚、马来西亚、中国香港、南非等国家和地区,以及清华大学、中国社会科学院、华南师范大学、西南师范大学、四川大学、南京师范大学、海南大学、暨南大学、中山大学、新疆师范大学、湖南师范大学、湖南大学、西藏大学、广东外语外贸大学、上海外国语大学、北京语言大学、重庆大学等学校讲授英国学、比较文化、电影文化及翻译研究。多次担任全国英语演讲比赛分区赛/总决赛评委，电影节、戏剧比赛、口译比赛等评委。

蒙柱环（1964—　　），广西贵港人。广东食品药品职业学院英语教授。主要研究方向为欧美文学和大学英语教学。1988年毕业于广西师范学院外语系英语专业，获文学学士学位；2001年于广西师范大学英语教育论专业研究生毕业。1988年7月—2004年5月在玉林师范学院外语系担任大学英语教研室主任，2002年晋升副教授；2004年6月—2006年7月在桂林旅游学院大学外语部担任副主任；2006年8月至今，在广东食品药品职业学院担任公共英语教研室主任，2009年晋升教授；2003年曾兼任广西壮族自治区本科院校大学英语评估专家，现为广东省高职教育外语教学指导委员会委员，广东省高职院校公共英语课程教学指导委员会委员，广东省翻译协会理事，广东外国语言学会理事。在《四川外语学院学报》《山东外语教学》《兰州大学学报》《东北师大学报（哲学社会科学版）》《南昌大学学报》《宁夏大学学报》等刊物上公开发表论文共18篇。代表作有《美国后现代主义小说的现代性批判》《从现实与时间看纳博科夫的小说创作》《赵建秀的美国华裔历史建构及其困境》等。编著、主编多部著作、教材，包括《新编大学英语口语教程（上）、（下）》（上海交通大学出版社，2015）、《大学英语综合拓展教程（上）、（下）》（上海交通大学出版社，2016）、《食品英语》（上海交通大学出版社，2011）、《医疗器械专业英语》（上海交通大学出版社，2012）、《护理英语》（上海交通大学出版社，2012）。主持广东省教育厅课题2项，分别为"构建多元化的公共英语教学评估体系"（2008）、"医药行业职业英语数字化教学资源共建共享的研究与实践"（2014）、"现代教育技术在

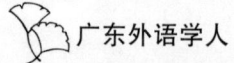

大学英语教学中的应用与研究"（2005，获得 2005 年广西壮族自治区教学成果奖三等奖）。

孟庆玲（1965—   ），吉林长春人。韶关学院外语学院教授，英语系主任，吉林省第六届教学名师。1989 年 7 月毕业于哈尔滨师范大学外语系，获学士学位；1996 年 6 月毕业于吉林大学外国语学院，获硕士学位。1989 年 7 月—2000 年 2 月任教于长春大学外国语学院；2003 年 3 月—2013 年 12 月任教于吉林华桥外国语学院，先后担任英语系系主任，英语教育学院院长，应用英语学院院长，双语学院院长等职务。2007 年赴澳大利亚研修英语教学法；2008 年赴美国教授汉语；2010 年参加全国高校研究生导师高级培训班学习。主要教授英语专业主干课程：基础英语、泛读、听力、英语写作、高级英语、英语笔译、英语词汇学、英语口译、英语教学法、英语语言学以及研究生课程：英语教法理论与实践等。1997 年获得"长春大学优秀共产党员"称号和"长春市优秀共产党员"称号。2004 年被评为吉林华桥外国语学院首位"优秀主讲教师"。2006 年获华桥外国语学院"教书育人先进个人"称号。2007 年获华桥外国语学院"青年教师导师奖"。2009 年获国家汉办"赴美汉语教师志愿者"荣誉。2010 年指导学生参加全国高师讲课大赛，获得一、二等奖的好成绩。2011 年获"吉林华桥外国语学院教学名师"称号。2011 年吉林省第六届"教学名师"称号。2011 年所领导学院获"吉林省优秀团队"称号。2013 年所领导学院获"华桥外国语学院教学改革创新先进单位"。2014 年 1 月人才引进调入韶关学院，2014—2016 年被聘韶关学院优秀团队带头人重点岗。工作期间完成的主要教科研成果：主持吉林省"十二五"特色专业建设项目 1 项（2011—2013），获省级优秀教学成果三等奖 1 项（2006），获校级优秀教学成果奖二等奖 1 项（2013），主持省级精品课程 1 门（基础英语）（2010）、校级优秀课 1 门（英语教学法）（2011）。主持完成省级以上项目 4 项，在研 1 项。在《中国教育》

等刊物上发表论文 10 余篇。作为副主编完成字典 1 部,第二主编完成国家"十二五"规划教材《职通英语》单元跟踪测试 2 册(2015—2016)。指导过 6 名教师获得校级讲课大赛一等奖,20 余名学生获省级英语专业竞赛一、二、三等奖。

莫爱屏(1963—   ),湖南衡阳人。广东外语外贸大学翻译学研究中心主任、高级翻译学院教授。主要研究方向为翻译学、语用学、话语分析等。先后求学于衡阳师范学院(1978—1981)、中南大学(1993—1996 硕士)、新加坡南洋理工大学(1997—1998 英语教育硕士)、广东外语外贸大学(2000—2003 博士)、(英国)剑桥大学(2010—2011)等。任中国翻译协会专家会员,中国逻辑学会常务理事、中国逻辑学会语用学专业委员会常务理事、秘书长,广东外国语言学会常务理事、副秘书长等。主持或参与国家级、省部级等项目多项,其中包括 2011 年度教育部人文社会科学研究规划基金项目"外语教师话语行为的语用研究"(项目编号:11YJA740064)、2011 年度广东省哲学社会科学"十二五"规划一般项目"外语教学言语行为的语用研究"(项目编号:GD11CWW08)、2014 年广东省教育厅省级重大项目(人文社科类)"岭南文化精品外译的语用策略研究"[粤教科函(2015)3 号]等;在国内主要外语类核心期刊《外语教学与研究》《现代外语》《中国翻译》《外语教学》《外语研究》《外语与外语教学》《中国外语》《外语学刊》《解放军外国语学院学报》《中国科技翻译》《山东外语教学》《语言与翻译》《外语与翻译》《翻译季刊(香港)》等期刊上发表论文 50 余篇,出版代表作有《商务翻译硕士研究生培养模式探究》《翻译学博士研究生跨学科研究能力的培养》《口译硕士研究生培养的社会建构视角》等;专著有《推理照应的语用研究》(湖南人民出版社,2005)等;教材有《语用与翻译》(教育部"十一五"规划国家级规划重点教材,高等教育出版社,2010)等;译著有"经典中国国际出版工程"神农架系列小说译丛（主编、主译），其中包括《八里荒轶事》(*Anecdotes in Balihuang*，九州出版社/KF Publishing Company Group, USA/World Chinese Weekly Publishing Company，2016）、《吼秋》(*The Crying Crickets*，九州出版社/KF Publishing Company Group, USA/World Chinese Weekly Publishing Company，2016）、《到天边收割》(*Harvest over the Horizon*，九州出版社/KF Publishing Company Group, USA/World Chinese Weekly Publishing Company，2016）等15部。主办学术会议："岭南翻译与教学学术研讨会"（四届），"语用与翻译国际学术研讨会"（一届）等；担任专家评审：《现代外语》《解放军外国语学院学报》《广东外语外贸大学学报》《浙江外国语学院学报》《华南理工大学学报》等学术刊物匿名评审人，国家社科基金项目成果通讯鉴定专家。

莫海文（1974—   ），广西宾阳人。岭南师范学院教授，硕士生导师。广东省本科院校外语专业教指委英语专业委员，主要研究方向为外语教学与研究、语言教育政策、教师教育研究。1998年毕业于广西师范学院外语系，获学士学位；2006年毕业于广西师范大学外国语学院，获硕士学位；2012年毕业于中央民族大学语言学系，获文学博士学位，并被北京市教育委员会评为北京市优秀博士毕业生。2003年获英语讲师职称；2008年获英语副教授职称；2012年晋升为外国语言文学教授。2010年起担任广西师范学院外国语学院英语语言文学专业硕士生导师，学科教学（英语）教育硕士导师，已经有十多位硕士生毕业，其中一位硕士生考上浙江大学语言学博士。现担任岭南师范学院东南亚文化研究所所长，岭南师范学院外国语学院副院长。曾获省级教学成果三等奖，在 *International Journal of English Linguistics*、《方言》、《山东外语教学》、《中小学外语教学》等国内外学术期刊独立发表学术论文30多篇，在《广西民族大学学报》等学术刊物发表译文4篇，论文多篇文章被中国人民大学复印资料全文转载或索引。在中国社会科学出版社、中南大学出版社等单位出版专著多部，代表性著作有 *Reference Grammar of Rongtun Buyang*（独著，中国社会科学出版社，2016）、《东盟国家语言教育政策研究》（独著，中南大学出版社，2017）；参编《广西通志（社会卷）》（方志出版社，2016）。主持完成省教改项目有"新课改背景下英语教师职前职后一体化培养模式的研究与实践"（2012JGA163；2012—2016），主持完成多项厅级课题，目前主持国家语委项目1项，广东省教育厅项目1项。

穆 雷（1957—　　），广东外语外贸大学教授，博士生导师。1982年毕业于西安电子科技大学大学外语系，获文学学士学位；1989年毕业于西北大学外语学院，获文学硕士学位；2004年毕业于香港浸会大学翻译系，获翻译学哲学博士学位。1990年12月晋升为讲师，1992年6月晋升为副教授；2000年晋升为教授。自1988年起历任陕西省译协常务理事/副秘书长、海南省译协常务理事/副秘书长、中国翻译协会第二至第七届全国代表大会代表/理事、广东外语外贸大学高级翻译学院院长/翻译学研究中心主任等职；曾获"海南省有突出贡献的优秀专家"（1996）、"中国翻译协会优秀社团工作者"（2012）和"广东省翻译协会先进工作者"（2012）等奖励，曾任民盟海南省委常委、海南省政协委员、广州市白云区人大代表等职。现任中国翻译协会理事、翻译理论与教学委员会副主任，全国翻译专业学位研究生教育指导委员会学术委员会秘书长，全国翻译资格（水平）证书考试专家委员会委员，中国比较文学学会理事、翻译研究会副会长，中国英汉语比较研究会常务理事，广东省翻译协会副会长，广州翻译协会会长，广东省专业学位教指委翻译硕士召集人，《中国翻译》《东方翻译》《英语世界》等期刊编委，民盟广东省委教育委员会副主任，广外民盟总支副主委。主要研究方向为翻译理论、翻译教育、翻译政策、语言服务。在META、*Interpreting*、*Translation Quarterly*、《外语教学与研究》、《中国翻译》、《外国语》、《外语界》、《中国比较文学》、《中国外语》等国内外语言与翻译类学术期刊发表论文200余篇，其中境外学术期刊论文9篇，人大复印资料《语言文字学》《文化研究》全文转载4篇。主持国家社会科学基金项目3项["汉英翻译能力等级量表的构建及其应用"（2016）、"翻译政策对国家文化战略的作用与影响研究"（2012）、"中国翻译教学研究"（1996）]、省部级项目8项、市厅级项目10项、校级项目18项、横向项目11项。出版专著2部、编著8部、译著18部。代表性著作有《翻译研究方法概论》（外语教学与研究出版社，2011）、《翻译学概论》（译林出版社，2009）、《中国翻译研究（1949—2009）》（上海外语教育出版社，2009）、《翻译研究中的性别视角》（武汉大学出版社，2008）、《中国翻译教学研究》（上海外语教育出版社，1999）、《当代中国中青年翻译家研究》（开明出版社，1997）等。其中《翻译学概论》获得教育部第六届高等学校科学研究优秀成果奖（人文社会科学）著作类二等奖。

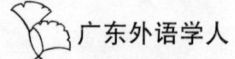

宁春岩（1942—　　），黑龙江哈尔滨人。现任广东外语外贸大学云山讲座教授。主要研究方向为句法学、生物语言学、儿童语言习得、语言障碍。1964年于黑龙江大学获学士学位，1987年于美国康奈尔大学获语言学硕士学位，1993年于美国加州大学尔湾分校获语言学博士学位。1993年就职于广东外语外贸大学，任教授、博导，语言研究所所长，《现代外语》执行主编，享受国务院特殊津贴；2000年任湖南大学教授、博士生导师，外国语学院院长，认知科学研究所所长，2010年任天津师范大学教授，语言研究所所长。2016年出任广东外语外贸大学云山讲座教授。1983—1984年在美国麻省理工学院语言/哲学系做富布莱特访问学者，1985—1986年在澳大利亚国立大学亚洲中心做讲座研究员，1995—1996年在香港城市理工大学语言学/翻译系做讲座研究员，2013年在香港中文大学语言学系任讲座教授。2013年迄今任 Journal of Linguistics、《现代外语》、《语言科学》等期刊编委，2014—2016年任形式语言学专业委员会会长，2011—2016年任大学四—六级英语考试委员会委员，1996—1999年任广东省政协常委。先后在国内外期刊发表论文80余篇，其中包括 Acquisition of Semantics, Anaphora, Quantifier Scope, Negative Polarity（Encyclopedia of Chinese Linguistics, Leiden Boston Brill, 2016）, The Acquisition of Exhaustive Pairing in Multiple Wh-Questions in Mandarin（与美国 Jill de Villiers 及 Lucy Liu 合著，Journal of Psycholinguistic Research，2018），《生成语法中的 LF 缺失》（《当代语言学》），《MP 句法中的集合合并与序偶合并》（《现代外语》）。论著6部，其中包括《什么是生成语法》（上海外语教育出版社，2011；韩语版，韩国出版社，2015）、《语言学方法论》（与桂诗春合作，北京外语教学与研究出版社，1997）、《学龄前儿童语言能力测试》（天津大学出版社，2015）、《计算机不能做什么?》（译著，商务印书馆，1986）。先后主持及合作省部级以上科研项目7项，其中包括国家"七五"自然科学基金项目"HT 英汉机器翻译系统"（合作）、教育部"八五"社科规划项目"语言学方法论"（与桂诗春合作）、教育部"九五"社科重点项目"计算机远程英语学习系统"（主持）、国家"十五"社科基金项目"形式语言学研究"（主持）、国家"十一五"社科基金重点项目"儿童语言（普通话）能力检测量表"（主持）、国家"十二五"社科基金项目"生物语言学概论：理论、方法与课题"（主持）；横向研发项目2项，包括北京市"十二五"社科基金重点项目"0—3岁儿童语言能力检测网络系统（家长版）"、"汉语儿童理解产出能力评估系统 DREAM"（与美国 Jill de Villers、Lucy Liu 及 Bethel 中心合作研发）。2001年获"湖南省优秀教师"称号，1984年获"美国富布莱特学者"称号，1987年获美国康奈尔大学"Melon"奖学金，1996年获教育部科研成果二等奖。

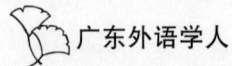

牛瑞英（1971—   ），山东武城人。应用语言学教授、硕士生导师。1989年7月毕业于山东师范大学英语专业，获学士学位；1993年9月—1996年6月在广东外语外贸大学攻读语言学与应用语言学专业研究生，毕业后获硕士学位；1996年7月—2004年8月在广东外语外贸大学英文学院任教，先后任助教、讲师；2004年9月—2008年8月在香港大学教育学院学习，毕业后获博士学位；2008年9月起回到广东外语外贸大学英文学院任教至今，先后任副教授、教授，其间2011年1月—2011年12月在多伦多大学访学。自1998年一直从事"写长法"教学，曾于2005年获得教育部颁发的国家级教学成果奖二等奖，成果名称为"以'写长法'突破制约外语能力发展的瓶颈"。研究方向为第二语言习得、第二语言写作教学与反馈、合作学习和社会文化理论。在国内外发表论文20余篇，国外SSCI论文代表作为2009年发表在 *Language awareness* 期刊题为 *Effect of task-inherent production modes on EFL learners' focus on form* 的论文和2014年发表在 *Language Teaching Research* 期刊题为 *Interaction, modality, and word engagement as factors in lexical learning in a Chinese context* 的论文，其中，2009年的论文获得2011年度广东省哲学社会科学优秀成果奖论文奖三等奖；国内核心期刊的代表作为2009年发表在《现代外语》上题为《合作输出相对于阅读输入对二语词汇习得作用的一项试验研究》的论文，并被中国人民大学复印报刊资料《语言文字学》全文转载。2012年在上海外语教育出版社出版名为《中国英语学习者合作输出中的词汇习得》的专著1部。

区　鉷（1946—   ），广东南海人。博士，教授，博士生导师。主要研究兴趣包括英美文学，英诗与诗论。现任中山大学外国语学院英美语言文学研究室主任，民进广东省委会副主委，广东省政协常委。1967年大学毕业后任河南省焦作矿务局王封矿子弟学校教师、知青带队干部、河南省外事办公室翻译，1979年考入中山大学外语系，1982年获硕士学位后留校任教至今，历任讲师、副教授、教授，1988年获博士学位，同年到英国剑桥大学做博士后研究，1990年回国，1993年任博士生导师，1995年赴美国杜克大学任研究教授。主要研究英美诗歌及诗论，首先提出外国文学研究中的"本土意识"理论，主持完成国家级和省级人文、社科研究规划项目多项，获"做出突出贡献的中国博士学位获得者"荣誉称号。享受国务院特殊津贴。

欧阳护华（1961—   ），江西南昌人。现任广州外国语协会会长、广东外语外贸大学英文学院教授、博士生导师、外国语言学及应用语言学文科基地研究员、中国英汉语比较研究会外语教师教育和发展研究分会副主任、写作教学与研究专业委员会副主任、中国教育学分会教育人类学专业委员会副理事长、人类学民族学研究会教育人类学专业委员会常务理事、广东省高等教育教师发展示范中心副主任。曾任香港中文大学博士后研究员、英国剑桥大学特聘校外博士生导师、南粤优秀教师、SSCI期刊《语言学与教育》副主编（2000—2005）等。研究方向包括教育人类学、中国学、跨文化研究、对比修辞、应用语言学、教师发展等领域。其中在美国《人类学与教育》季刊和法国《教育与社会》季刊上的论文被评为其领域中近期具有重大影响的成果。被社会科学（SSCI）、心理学、社会学、人类学、语言学、教育学、哲学等18个国际权威学术摘录索引文献收入。专著《单位与公民社会的碰撞：教改者的真实故事》（北京大学出版社，2004）是国内外语教育和教师发展界使用民族志的早期典范，被多家世界名校选作研究生阅读经典。

欧阳利锋（1966—   ）。广东外语外贸大学高级翻译学院教授，翻译学研究中心研究员，硕士研究生导师，笔译系系主任。1990年毕

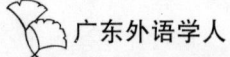

业于湖南科技大学（原湘潭师范学院）外语系，获学士学位。2000年毕业于广东外语外贸大学高级翻译专业，获硕士学位。现主要从事翻译教学与研究。主要研究方向为幽默研究、辞书翻译研究、中医药翻译研究、经典散文和小说英译等。在国内外语类核心期刊发表论文数篇，如在《外语与外语教学》发表的《论译者的批判性思维》、在《中国科技翻译》发表的《浅谈"五行生克"的源流及英译》、在《外国语文》发表的《论语言幽默的逻辑与译者的创造性叛逆》等。主要译著有《悠闲生活絮语（汉英对照）》（*Essays on Easy Life*，外语教学与研究出版社）、《徐坤小说选集（汉英对照）》（*Selected Works of Xu Kun*，商务印书馆）。

P

潘 莉（1976— ），广东乐昌人。广东外语外贸大学翻译学教授。国际翻译期刊 *Target*、*Language and Intercultural Communication Journal* 等匿名评审人、广东外语外贸大学翻译学研究中心兼职研究员、澳门译联创办成员和终生会员。主要研究方向为翻译理论与实践研究、媒体翻译研究、多模态翻译研究、语篇分析途径翻译研究、英汉对比翻译研究等。1999年毕业于华南师范大学外语系，2002年中山大学外国语学院硕士毕业，2013年澳门大学语言学翻译方向博士毕业，2014年获国家留学基金委公派资助，在英国曼彻斯特大学翻译与跨文化研究中心访学一年。在 *Target: International Journal of Translation Studies*、*The Translator*、*Perspectives: Studies in Translatology*、*Interpreting*、*Translation Quarterly*、*Journal of Specialized Translation* 等国际翻译期刊上发表研究论文20篇左右（其中SSCI、A&HCI收录论文4篇）。代表性研究有 *Ideological positioning in news translation*（*Target*，2015）、*Investigating institutional practice in news translation*（*Perspectives*，

2014）、*Mediation in News Translation*（Continuum Publishing Co. 2014）。2013 年主持校级青年联合基金项目"新闻翻译机制实证研究——基于《参考消息》外电翻译模式的调查分析"，2014 年主持广东省教育科研"十二五"规划 2013 年度研究项目"新闻翻译实证研究及教学运用"，2015 年主持广东外语外贸大学翻译学研究中心基地招标项目"应用翻译多模态教学实证研究"。曾多年连续获得广东外语外贸大学科研奖。2015 年由广东省外专局鉴定为广东省"媒体翻译学界急需的青年人才"。2016 年以"海外高层次留学人才"身份由讲师破格晋升为教授。2016 年 3 月广东外语外贸大学授予"云山青年学者"荣誉称号。

庞　焱（1971—　　），湖南湘潭人。日语文学（语言学）硕士、翻译学（口译方向）博士。现任广东外语外贸大学东方语言文化学院日语系教授、硕士研究生导师。主要研究方向为翻译学研究、口译及口译教学研究。1993 年 7 月毕业于湘湘潭大学外语系日语专业，1993 年 9 月—1995 年 3 月任教于中南工业大学（现中南大学）外语系日语教研室，1995 年 4 月—1995 年 3 月赴日本福井工业大学担任中文讲师，1996 年 4 月—1997 年 3 月担任日本同志社大学文学部客座研究员，1997 年 4 月就读于同志社大学国文学研究科，并于 1999 年 3 月获日本文学（语言学方向）硕士学位，1997 年 4 月—2002 年 6 月任职于日本大阪 JAST 株式会社，担任外贸进出口及相关口笔译工作，2002 年 7 月至今，回国就职于广东外语外贸大学东语学院日语系，历任日语助教、讲师及教授。2010 年 5 月以交换学者的身份赴台湾辅仁大学翻译学研究所进行了为期 4 个月的翻译学研究，2014 年 3 月赴日本神户女学院大学担任了 1 年的客座研究员。现任广东省翻译协会常务理事、日本口译翻译学会会员、广州外事翻译学会理事。回国任教以来，在日本《口译翻译研究》上发表论文《日中同時通訳における処理単位について》、《神户女学院论集》上发表论文《日中同時通訳における誤訳長文

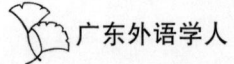

に関する実証研究序説》以及《日中同時通訳における誤訳長文の特徴について》等论文共 5 篇；并先后在国内学术期刊《外语研究》《东南亚研究》《东北亚外语研究》《广东外语外贸大学学报》等刊物上发表论文共 20 多篇。出版专著 2 部：《日中同声传译长难句研究》（武汉大学出版社，2013）和《日语视译》（世界图书出版公司，2017）；译著 1 部：《最后开放的花儿》（香港天地出版社，2005）；主持并完成广东省教育厅特色创新项目"日语翻译专业硕士实用型口译人才培养新方法探索"、广东省人文社会科学重点研究基地广东外语外贸大学翻译学研究中心招标项目"日汉同声传译长难句研究"、广东外语外贸大学青年项目"口译研究方法探索"、广东外语外贸大学研究生教育创新项目"日语 MTI 口译教材的建设"、作为第二参与者完成了广东省教育厅人文社会科学研究项目"口译研究方法论"。

彭保良（1963—　　），河南西华人。广东外语外贸大学英文学院教授、硕士生导师。1983 年 7 月在周口师范学院英语专业学习，于 1987 年 7 月在广州外国语学院英语系获文学学士学位；于 2001 年获得英国利兹大学文化研究硕士学位；2005 年在广东外语外贸大学获得文化研究博士学位。1991 年至今在广东外语外贸大学任教，于 1993 年在广东外语外贸大学国际文化交流学院被评为副教授，发表学术论文近 30 篇，发表论文的杂志包括《现代外语》《中国翻译》《学术研究》《解放军外国语学院学报》《北京社会科学》《文化研究》等核心期刊。出版英文专著 1 部：《迪斯尼电影中他者身份研究》（中山大学出版社，2008），英文教材 1 部：《西方文化学入门》（武汉大学出版社，2008）。主讲研究生专业课程"电影文化"、本科生专业课程"文化研究概论"等，主持广东精品视频公开课"电影文化"；从 2000 年至今指导本科生、研究生近 120 人。担任英文学院文化系主任，并分别担任中国比较文化研究会和符号传媒研究会理事。

彭剑娥（1972—   ），广东南海人。博士，教授，硕士研究生导师。1994年7月本科毕业于汕头大学外语系英语专业，2006年3月硕士毕业于澳大利亚悉尼大学英语语言教育（TESOL）专业。2006年8月获悉尼大学全额奖学金，赴悉尼大学攻读博士并于2010年4月获得教育学哲学博士学位。2002年10月始在汕头大学医学院工作，2012年7月始在汕头大学文学院外国语言文学系工作至今。2015年获李嘉诚基金会卓越教学奖，2015年获评为汕头市优秀教师，2016年获选汕头市第14批优秀拔尖人才。研究领域主要包括第二语言习得、语言教学、多模态话语分析、学术英语写作、教师发展、研究方法等。目前主持国家社科基金项目和教育部人文社科规划项目各1项；主持完成1项广东省教育厅教育科学项目和1项汕头大学科研启动经费项目；参与省部级课题4项。在国内外学术期刊上发表中英文学术论文20余篇，其中6篇为SSCI论文（包括 *Language Learning*、*TESOL Quarterly*、*System*、*The Asia-Pacific Education Researcher* 等），2篇为CSSCI论文；另有3篇邀约论文被收录在Continuum、Palgrave Macmillan、外语教学与研究出版社等知名出版社的学术著作中。独立完成英文专著1部，由英国著名学术出版社Multilingual Matters于2014年出版。2013年5月以第一作者和通讯作者发表在 *Language Learning* 的论文获"广东省2010—2011年度哲学社会科学优秀成果奖论文类一等奖"。担任 *Language Learning*、*Language Teaching Research*、*The Modern Language Journal*、*TESOL Quarterly*、*English for Specific Purposes*、*System*、*Learning and Individual Differences*、*Psychological Reports*、*Innovation in Language Teaching and Learning*、*The Asia-Pacific Education Researcher*、*Asia Pacific Education Review*、*International Journal of Applied Linguistics* 等12家SSCI来源期刊的审稿人，受邀为英国出版社Multilingual Matters担任学术评审。2014年增补为广东省外国语言学会理事，受邀担任国际权威期刊 *TESOL Quarterly* 的编委（任期3年：2017—2020年）。

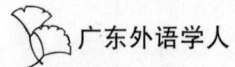广东外语学人

彭伟强（1964—   ），广东梅州人。广东开放大学、广东理工职业学院教授，学术委员会委员，广东理工职业学院教学名师，广州大学外国语学院教育硕士导师（2010—2016）。2002年入职广东开放大学，2009年晋升为英语教授。曾在英国、新加坡、日本等国参加教学法和跨文化交际培训项目。主要研究方向为外语教师教育与发展、英语教学法和国际比较教育。在《外语界》《外语教学理论与实践》《中国外语教育》《比较教育研究》等发表多篇论文，代表作有《外语教师教育与发展研究：现状、思考与展望》《外语教师技术与课程整合培训问题与对策》《当代国外外语课程变革的经验及其借鉴》等，主持广东省教育科学"十一五"规划研究项目等。

彭宣维（1963—   ），四川通江人。广东外语外贸大学外国语言学及应用语言学研究中心教授，博士生导师。研究方向为现在主义及其范式下的语言学理论与应用，包括现在主义哲学、语言过程模式、语篇分析、隐喻、评价理论、评价文体学、评价语料库、双语辞书学、外语教学、现代语言科学视角下的《说文解字》研究等。1983年9月考入南充师范学院（现西华师范大学）外语系英语语言文学专业，1987年7月获文学学士学位；后留校工作；1991年9月考入西南师范大学外语系英语语言文学专业，1994年7月获文学硕士学位；毕业后到重庆大学工作；1998年9月考入北京大学英语系，2001年获文学博士学位；2001年7月—2003年8月在北京师范大学中国语言文学博士后流动站从事汉语研究。2001年9月起在北京师范大学外语系/外国语言文学学院任教，曾教授过本科生的综合英语、英文写作和普通语言学与英语，研究生的普通语言学、语言学理论与流派、系统功能语法、语篇分析等课程；曾任北京师范大学功能语言学研究中心主任、外国语言文学学院教授、英语语言文学北京师范大学和北京市重点学科带头人、校学术委员会委员；2015年4月起任中国英汉语比较研究会功能语言学专业

委员会会长；2010年起中国认知语言学会常务理事；2011年10月起任中国修辞学会文体学专业委员会常务理事；2014年起任国际系统功能语言学会执委会委员。1996年至今，负责主持国家和教育部社科项目4项，参研国家和重庆市社科项目多项；入选2005年度教育部"新世纪优秀人才支持计划"。2007—2008年度中美富布莱特访问学者，在美国俄勒冈大学语言学系做访问研究。迄今已发表学术论文140余篇；正式出版学术著作8部，代表作有《评价语料库》（合作，北京大学出版社，2014）、《评价文体学》（北京大学出版社，2015）、《语言与语言学概论——汉语系统功能语法》（北京大学出版社，2011）、*Stroke systems in ancient Chinese characters：First step towards a general writing model from the systemic angle*（*Semiotica*）、*English morphemic constituents working for discourse wording：Extending rank scale from "clause（complex）" up to "text（type）"*（*International Journal of English Linguistics*）、（*Text as*）*wording as wording in text size：Stretching lexicogrammatical rank hierarchy from clause to text*（*Word*, 2017）、*Pragmatic presupposition in Chinese categorization：A figure-ground angle of radicals' roles in Shuowen Jiezi*（*Journal of Pragmatics*）、*Functional stylistics in the TEXTUAL respect：Some message organization patterns for literary discourse analysis*（*Linguistics and Human Sciences*）等。在组织翻译系统功能语言学的代表韩礼德的代表作《功能语法导论》（外语教学与研究出版社，2010）之后，继续组织翻译系统功能语言学大型文献《韩礼德文集》10卷（北京大学出版社，2015）、1978年的理论著述《作为社会符号的语言》以及《韩茹凯论语言》（北京大学出版社，2015）。

平　洪（1954—　　），广东广州人。广东外语外贸大学教授，翻译学研究中心研究员，硕士生导师，教学督导委员会委员；全国翻译专业学位研究生教育指导委员会学术委员会委员，教育部高等学校翻译专业教学协作组秘书长，国家社科基金项目评审专家，全国考委外国语言文学类专业委员会委员，全国高等学校外语专业教学指导委员会英语专业考试巡视员，广东省外语专业教学指导委员会委员。1982 年毕业于武汉师范学院英语专业、获学士学位；1987 年毕业于武汉大学英语语言文学专业、获硕士学位；1996 年 9 月受"中英友好奖学金"（SBFSS）资助到英国伦敦大学学院访学，师从著名英国语言学家 Deirdre Wilson 教授（关联理论）和 John Wells 教授（语音学）。1982—1987 年在江汉大学任教，1987—1999 年在广州大学任教，1999 年起在广东外语外贸大学任教，曾任英语语言文化学院副院长（2001—2006）、国际商务英语学院院长（2006—2009）、高级翻译学院院长（2009—2014），校学术委员会委员（2011—2015）、校学位委员会委员（2007—2015）。2010 年起担任教育部高等学校翻译专业教学协作组秘书长、全国翻译专业学位研究生教育指导委员会秘书长，中国学位与研究生教育学会翻译专业学位工作委员会秘书长，参与全国翻译专业建设工作，主持制定"高等学校翻译专业本科教学要求"（外语教学与研究出版社，2012）、"翻译硕士专业学位基本要求"（高等教育出版社，2015）、"高等学校翻译专业本科教学质量国家标准"（即将发布），"国务院学位委员会翻译硕士专业学位授权点专项评估指标体系"（2012—2015 年）、"全国示范性翻译专业学位研究生联合培养基地评选指标体系"（2017—2018 年）。主要研究方向为语言学和翻译学。代表性成果有专著《语言学发展简史》（广东教育出版社，1994）、《英语成语与英美文化》（外语教学与研究出版社，2000/2004），以及论文《RP 的特征与发展》《文本功能与翻译策略》《话语的施事功能及其翻译策略》《商务英语本科专业人才培养模式探索》《汉英翻译过程中的语篇补偿》《对我国翻译硕士专业学位教育发展的反思》《翻译硕士专业学位论文设计与写作》。2003 年获广州市社会科学界联合会优秀成果奖，2006 年和 2008 年获

"全国社科规划成果鉴定优秀专家"称号,2011年获中国外文局和中国翻译协会中译外高层论坛优秀论文奖,2014年获广东省高等学校教学成果奖。

蒲若茜(1970—　　),四川西充人。暨南大学外国语学院教授、暨南大学文学院博士生导师。曾任暨南大学外国语学院英语语言文学系系主任、外国语学院副院长,现任暨南大学国际交流合作处处长。长期专注于亚/华裔美国文学、海外华人诗学及英美哥特小说研究。1995年毕业于西南师范大学外国语学院;同年入职暨南大学外语系英语语言文学专业任教;2002—2005年师从饶芃子教授攻读暨南大学文艺学专业,获博士学位;2003年被评聘为副教授,同年被遴选为英语语言文学硕士研究生导师;2006年破格晋升教授;2007年被遴选为暨南大学博士生导师,核准招收海外华人诗学、比较文学与世界文学、海外华人英语文学专业方向博士研究生;2011年入选广东省"高层次优秀人才支持计划"和教育部"新世纪优秀人才支持计划"。兼任中国世界华文文学学会常务理事、教育部专家库成员、北京外国语大学华裔美国文学研究中心客座研究员。在国内学术期刊《文学评论》《外国文学评论》《外国文学研究》《当代外国文学》《中国比较文学》《四川外语学院学报》《学术研究》《暨南学报》及美国《中外论坛》、美国《美华文学》等发表论文60多篇,代表论文有《〈呼啸山庄〉与哥特传统》(2006)、《华裔美国女性的母性谱系追寻与身份建构悖论》(2006)、《亚裔美国感溯源》(2013)、《多元·异质·杂糅——论亚裔美国文学之族裔身份批评的分化》(2014)。出版专著有《族裔经验与文化想象:华裔美国小说典型母题研究》(中国社科出版社,2006)、《多元异质的文学再现:蒲若茜选集》(花城出版社,2016);译著有《从必须到奢侈——解读亚裔美国文学》(第二译者,中国社科出版社,2007)。主持国家级、省部级研究课题十多项,代表项目有国家社会科学基金项目"亚裔美国文学批评范式与理论关键词研究"（2009）；教育部新世纪优秀人才项目"华人文学与诗学"（2011）；广东省哲学社会科学基金项目"亚裔美国文学批评之理论问题探析"（2007）、"族裔经验与文化想象：当代华裔美国小说母题研究"（2004）等，其中，所主持国家社科基金项目于2015年结项获评优秀等级。2009年被评为广东省"南粤优秀教师"；论文《华裔美国诗歌与中国古诗之互文关系探微》获2015年全国美国文学研究会优秀科研成果之论文类二等奖等。

蒲志鸿（1956—   ），广东人。法国巴黎八大语言学硕士，法国索邦大学（巴黎三大）语言文化教学法博士，巴黎国立东方语言学院跨文化交际学博士后。现为中山大学教授，博士生导师；（法国）国际法语研究组织学术和指导委员会委员；法国外语教学法杂志 *Synergies Chine* 主编之一；广东省本科高校外语类专业教学指导委员会欧洲语言专业分委员会副主任委员（2014—2017）；广东省本科高校外语类专业教学指导委员会委员（2014—2017）；中山大学外国语学院法国语言文化研究和交流中心主任。2011年法国总理颁发的国家教育骑士荣誉勋章。主持研究课题有国际合作项目"法语辅修研究"（2007—2010，主持人）、教育部项目"跨文化能力的培养与外语教学实践"（2003—2006，主持人）、广东省社科项目"多元语言和多元文化的习得与外语教学研究"（2006—2008，主持人）、国际合作项目"'Made in'（研究国际经济交流中产品和知识的文化价值）"（2002—2007，中国方面主持人）、省教育厅项目"大学法语精品课"（2011—2014，主持人）、省教育厅项目"外语辅修与复合型人才培养"（2013—2015，主持人）。代表性著作有《文化能力和中法交际隐含义与误会》（法国里尔 Septentrion 出版社，2003）、《礼仪和中法交际策略》（巴黎 L'Harmattan 出版社，2003）、《语言与文化教学：中国的法语教学》（主编，*Synergie Chine* 杂志2005年12月第一期，ISSN 1776—2669）、《文学、语言和教学法》（主编，*Synergie Chine* 第四期）、《文化媒介与法语教学》（主编，*Synergies Chine*）、《中法关系与交流》（主编，中山大学出版社，2014）。发表论文主要有《礼与孔子——和谐与睦邻关系》、《全球化下的"他者"互视》、《中法"意见分歧"之互视》(《中法关系与交流》，中山大学出版社，2014)、《中国环境下的跨文化能力培养》(*Synergies Chine*)、《隐含意与交际因素》(*Mélanges francophones*，罗马尼亚 Galati University Press，2013)、《新的方向和传统文化》(Jacqueline Meunier-Béatrice Atherton, al., *Le françaiset la diversité francophone en Asie-Pacifique*，CAP-FIPF，2013)、《行动取向的任务教学与中国的传统学习习惯》(*Synergies Chine*) 等。

Q

亓鲁霞（1954—   ），山东济南人。教授、博士生导师。1977 年毕业于四川外语学院英语系，获学士学位，1985 年获广州外国语学院英语语言文学硕士学位，1991 年获英国兰卡斯特大学英语教学硕士学位，2003 年获香港城市大学语言测试博士学位，2008 年在美国加州大学洛杉矶分校做高级访问学者半年。1977—1982 年在贵阳师范学院英文系任教，1985—2012 年在广东外语外贸大学从事教学和科研工作，主要研究方向为阅读教学和语言测试。曾任全国语言测试与评价专业委员会理事，国际 SSCI 期刊 *Language Assessment Quarterly* 编委，主持国家社科一般项目 1 项。2007 年获广东省哲学社会科学优秀成果一等奖，并获"南粤优秀教师"称号。在国内、国际学术期刊发表论文 30 多篇，主要论著包括《意愿与现实：中国高等院校统一招生英语考试的反拨作用研究》、*Stakeholders' conflicting aims undermine the washback function of a high-stakes test*（国际 SSCI 期刊 *Language Testing*）、*Is testing an efficient agent for pedagogical change?*、*Examining the intended*

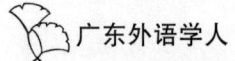

washback of the writing task in a high-stakes English test in China（国际权威期刊 *Assessment in Education：Principles，Policy & Practice*）、《背景知识与语言难度在英语阅读理解中的作用》，以及《阅读速度决定于眼睛扫描的速度吗?》

钱冠连（1939—   ），湖北仙桃人。曾任《现代外语》副主编、国际语用学会（The IPrA，设在 University of Antwerp）特约研究员。2000年起受聘于国家文科重点研究基地（广东外语外贸大学外国语言学及应用语言学研究中心）专职研究员，被授予西方语言哲学与语用学两个方向的博士生导师资格。2011年获二级教授聘用岗位。曾任中国英汉语比较研究会副会长、全国语言文字标准化技术委员会外语分委委员、中西语言哲学研究会会长。现任中西语言哲学研究会名誉会长。许多论文与专著一经发表，即被《新华文摘》《中国学术年鉴》《教育部中国哲学社会科学发展报告》《中国人民大学资料中心》《高校文科学报文摘》等刊物复印、转载、介绍或评述。共著有6本专著：《美学语言学》（海天出版社、高等教育出版社）、《汉语文化语用学》（清华大学出版社）、《语言全息论》（商务印书馆）、《语言：人类最后的家园——人类基本生存状态的哲学与语用学研究》（商务印书馆）、《后语言哲学之路》（上海外语教育出版社）、《命运与欲望》（英汉双语版，高等教育出版社）。《汉语文化语用学》获广东省第六次优秀社会科学研究成果奖三等奖；《语言：人类最后的家园——人类基本生存状态的哲学与语用学研究》获广东省哲学社会科学优秀成果奖励一等奖。曾担任中西语言哲学研究会会刊《语言哲学研究》的主编。从1994年起享受政府特殊津贴。出版《钱冠连语言学自选集：理论与方法》（"中国英语教育名家自选集系列"，外语教学与研究出版社，2008）；学术散文集《摘取我够得着的葡萄》（广东人民出版社，2006）、《眼光与定力》（复旦大学出版社，2013）。受中国70所大学之邀讲学，在30多次全国学会及国际研讨会上做主题报告。

其中 4 本著作：《美学语言学》《汉语文化语用学》《语言全息论》及《语言：人类最后的家园——人类基本生存状态的哲学与语用学研究》入编《中文学术图书引文索引》（*Chinese Book Citation IndexSM*，简称 CBKCI）。在各种学术刊物上发表论文 92 篇。

钱中丽（1968—   ），河南信阳人。博士，教授，硕士生导师，美国加州大学伯克利分校比较文学系访问学者，现任华南师范大学外国语言文化学院教授，长期从事西方文学与翻译的教学与研究。主要研究方向为 20 世纪英美文学、圣经文学、西方儿童文学。先后在国际学术期刊及国内学术期刊发表学术论文 20 多篇，如《20 世纪中叶中国语境下的安徒生童话》（《外国文学研究》，2011 年第 1 期）、《〈喧哗与骚动〉中时间的意义》（《外国文学研究》，2004 年第 1 期）、《福克纳作品中的原罪观》、《他者观照下的自我——厄尔·迈纳〈比较诗学〉中的跨文化研究视野》、《安徒生童话中的宗教意蕴》。主编及编著著作 5 部。主持广东省哲学社会科学"十二五"规划项目"圣经视域下的 20 世纪美国文学研究"，主持广东省教育厅项目 1 项。所教授的本科课程主要有英国文学史、美国文学史、英美文学选读、西方儿童文学选读、诺贝尔文学、20 世纪英美文学、基督教与美国文学、英美著名作家散文作品赏析；研究生课程主要有西方儿童文学研究、非文学翻译。近年来获得的荣誉与奖励有 2013 年度华南师范大学科研工作先进个人奖。

秦国林（1949—   ），黑龙江五常人。毕业于山东大学外文系，获硕士学位。1981—2000 年在哈尔滨师范大学任教；1991 年被评为副教授，1996 年被评为教授；在哈尔滨师范大学工作期间，先后任外语系教学主任、英语系主任及外国语学院院长；在此期间，曾是民进黑龙江省委常委、黑龙江省政协委员、全国英国文学学会理事，黑龙江重点学科负责人、哈尔滨师范大学英语语言文学硕士点负责人。于 2000 年调入广东省肇庆学院，在此期间曾任全国英国文学学会理事、广东省外国语学会常务理事、肇庆学院外语系主任、外国语学院院长。退休之后于2009—2011年初在惠州经济职业技术学院外语系任教，担任外语系主任兼总支书记。2011年2月起，在肇庆工商职业技术学院应用外语系任教。主要从事英语语法和英国文学方面的教学与研究工作。曾先后讲授本科生的精读课、英国文学、科技英语及英文写作等课程；讲授研究生的莎士比亚戏剧、西方文学批评理论、英语诗歌等课程；讲授高职高专学生的报刊阅读、英文写作、汉英翻译、外贸函电、外贸单证、英语语法等课程。曾主编《基础英语语法》（哈尔滨工业大学出版社，1996）、An Anthology of Canadian Literature in English（吉林大学出版社，2000）。曾在《外语学刊》《西安外国语学院学报》《北方论丛》《黑龙江高教研究》等期刊上发表过《莎士比亚语言的语法特点》《英诗形式及术语》《英语诗歌语言中的词序与重复》《二十世纪西方文学批评理论平议》等20余篇学术论文。论文《CAI及多媒体在英语教学上的应用》获黑龙江省教育委员会科研三等奖；曾获黑龙江省"普通高校优秀共产党员"称号（1996年6月）；曾是国家基础教育试验中心外语教学研究资助项目"黑龙江省小学英语整体改革实验研究"的课题组成员；曾担当黑龙江省自然科学基金委员会省杰出青年科学基金学科组同行评委、黑龙江省国家级曾宪梓奖预选评审委员会评委及其他评审委员会的评委；曾担当《北方论丛》《继续教育研究》编委。在肇庆学院期间，2006年被评为肇庆市优秀教师，曾任《肇庆学院学报》编委；是广东省2008年、2009年教师专业技术资格评审会议评审委员。

秦秀白（1941—   ），天津人。1965年毕业于北京外国语学院英语系。1965—1970年在原武汉外语专科学校任教；1971—1991年在华中师范大学任教。1992年起在华南理工大学任教（2009年1月退休）。曾任华南理工大学外语系系主任、外国语言文化研究所所长，广东外语外贸大学外国语言学及应用语言学研究中心（教育部人文社科重点研究基地）兼职教授、学术委员会副主任、博士生导师；2007—2015年任广东外国语言学会会长。先后担任全国高等教育自学考试委员会委员（1984—1996）、国家教委第二届高等学校外语专业教材编审委员会委员（1986—1992）、教育部第一、第二和第三届高等学校外语专业教学指导委员会委员（1992—2007）。1978—1979年曾在马耳他新大学访学；1985—1986年应邀赴美加州州立大学多明格兹冈分校讲学，后在耶鲁大学英语系从事研究工作。主要研究方向为英语文体学、语篇分析、英语教学等。主要著述有《英语简史》（湖南教育出版社，1983）、《英语文体学入门》（湖南教育出版社，1986，后纳入"语言学系列教材"，易名《文体学概论》）、《英语通论》（主编，华中师范大学出版社，1988）、《英语语体和文体要略》（上海外语教育出版社，2002）、《秦秀白英语教育自选集》（外语教学与研究出版社，2008）；主编《当代英语习语大词典》（外语教学与研究出版社、天津科技出版社联合出版，1998），获第四届国家辞书奖二等奖（2001）；主持"《大学英语精读（修订本）》多媒体教学与辅导"光盘开发工作（1997—2000），获国家级优秀教学成果二等奖（2001）和广东省优秀教学成果一等奖（2001）；受上海外语教育出版社委托任"新世纪大学英语系列教材"（"十一五"和"十二五"国家规划教材）总主编及其《综合教程》（1—8册）主编，2008年被教育部认定为"普通高等教育精品教材"；该系列教材于2014年荣获国际级优秀教学成果二等奖；译著有《英语的故事》（主译，暨南大学出版社，1991）；另在国内外学术刊物上发表论文和文章70余篇，并受有关出版社委托主审多部英语专业教材。1992年开始享受国务院政府特殊津贴。2001年被评为"广东省南粤教书育人优秀教师"；2003年荣获首届"国家级教学名师奖"。2005年获首届"广东省高等学校教学名师奖"。其他主要社会兼职有全国语言文字标准化技术委员会外语应用分技术委员会委员（2004年至今）、中国文体学研究会副会长（2002—2007）、上海外语教育出版社特邀编审（1996—2014）等。

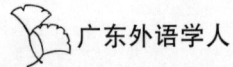

邱雅芬（1967—   ），浙江宁波人。中山大学外国语学院教授，博士生导师。主要研究方向为日本文学、中日比较文学。1988年毕业于西安外国语学院日语系并留校任教；1991—1997年留学日本，获日本文学硕士学位，并完成新潟大学现代社会文化研究科博士研究生课程；1997年10月留学回国进入中山大学外国语学院任教；2003年获日本福冈大学日本文学博士学位；2007年获中山大学中文系中国古代文学专业中国文学博士学位；同年晋升为教授；2008年起担任日语系系主任；同年获批为中山大学中文系"比较文学与世界文学"方向博士生导师；2014年起担任分管本科教学副院长；曾在日本东海大学、日本大东文化大学担任客座研究员。任中国日本文学研究会常务理事兼副秘书长，日本国际芥川龙之介文学会理事兼中国分会副会长。曾在《外国文学评论》《外国文学研究》《中山大学学报》《中国文化研究》《学术研究》《文化遗产》《民族艺术》《戏曲研究》等刊物上发表学术论文30余篇；代表性著作有《芥川龍之介の中国：神話と現実》（日本花书院出版社，2010）、《中日傀儡戏因缘研究》（广东高等教育出版社，2013）、《芥川龙之介学术史研究》（译林出版社，国家出版基金项目，2014）；代表性译著有《诺贝尔文学奖精品书系·万延元年的Football》（作家出版社，2006）为1994年度诺贝尔文学奖获得者大江健三郎问鼎诺贝尔奖的代表作品，亦是日本当代文学最著名的代表作品。曾主持教育部留学归国人员启动基金项目、中国社会科学院重大项目"外国文学学术史研究：经典作家系列"之子项目、国际合作项目"广州中日交流之窗"（日本国际交流基金会资助），现正主持国家社科基金项目"七世纪以来日本文学中的广州形象建构研究"。

权立宏（1965—   ），山东人。广东外语外贸大学教授，硕士生导师。主要研究方向为会话分析、语料库语言学和第二语言习得。1985—1989年于西安外国语学院英语系获英语语言文学学士；

2001年于广东外语外贸大学英文学院获外国语言学及应用与语言学硕士学位。2010年3—8月获广东外语外贸大学留奖委资助在英国兰卡斯特大学语言学系访学；2016年1月—2017年1月获国家留基委资助在美国加州州立大学洛杉矶分校社会学系会话分析研究中心访学。2004年晋升副教授；2012年在广东外语外贸大学晋升外国语言学及应用语言学教授。现为中国语料库语言学研究会和全国语用学研究会会员；广东外语外贸大学英语教育学院英语教育与语言学研究中心主任。主持2014年国家社科基金项目"基于语料库的汉英会话自我修补对比研究"；主持并完成2009年教育部人文社科项目"英语会话修补的中介语对比研究"；2014年广东省教育质量工程项目——省级精品资源共享课"网络英语视听说"负责人；为2017年广东外语外贸大学校级科研创新团队"'教学学术'引领下的高校外语教师发展"带头人。多次获得广东外语外贸大学优秀科研业绩二等奖或三等奖。在 System、《现代外语》、《外语电化教学》、《外语教学理论与实践》、《汉语学习》和《山东外语教学》等刊物发表论文20多篇。代表作有：A study of "self-repair" operations in conversation by Chinese English learners、《中国英语学习者会话修补中的重复策略研究》、《汉英会话中自我修补的重复和替换策略对比研究》等。主要讲授语言学概论、网络英语视听说、社会语言学等本科生和硕士生课程。主编《高级新闻英语视听说》（第1册，科学出版社，2013）和《新闻英语视听说》（下册，科学出版社，2008）等教材。

全永根（1971—　　），黑龙江人。教授，硕士生导师。1994年7月毕业于延边大学朝鲜语言文学专业，获学士学位；2001年7月毕业于延边大学亚非语言文学专业，获硕士学位；2004年8月毕业于韩国朝鲜大学，获文学博士学位。2004年7月起在广东外语外贸大学东语学院朝鲜语系任教，先后任副教授、教授；现任教育部普通高校外语非通用语种本科人才培养基地负责人，非通用语种教学与研究中心主任，东方语言文化学院副院长。现兼任中国韩国（朝鲜）语教育研究学会副会长兼秘书长，中国朝鲜语学会（国家一级学会）常务理事，中国朝鲜族科技工作者协会常务理事，中国非通用语教学研究会常务理事，中国朝鲜语规范委员会第七、八届委员会委员，国际韩国语教育学会、韩国二重语言学会，海外理事。主持结项教育部人文社科项目1项（2011年），主持立项、结项省级教研、创新强校项目5项。作为主要承担者参加过"初级韩国语教学内容改革与实践"项目，并获得了吉林省高等教育教学成果三等奖；撰写了3部著作：《韩国现代诗诗句研究》（民族出版社，2004）、《朝鲜语诗歌语言研究》（韩国文化社，2011）、《朝鲜语数字的文化象征意义》（延边大学出版社，2016）；在国内外刊物发表论文30余篇；主编或参编《初级韩国语教程（上、下）》《中级韩国语教程（上、下）》等7部教材。

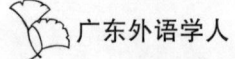

冉永平（1965—   ），重庆人。博士，教授，博士生导师。1988年毕业于西南师范大学外国语学院，获学士学位；1993年毕业于广州外国语学院英语系，获外国语言学及应用语言学方向硕士学位；2000年毕业于广东外语外贸大学，获外国语言学及应用语言学方向博士学位。1993—1995年在西南师范大学外国语学院任教；1995—1997年在重庆大学外国语学院任教。2003—2004年获国家留学基金委资助，在英国威尔士大学（班戈）语言学系做访问学者；2005年入选"教育部新世纪优秀人才支持计划"，并获优秀结项；2009—2010年在美国加州大学（伯克利）语言学系做富布莱特学者，从事学术研究与交流；2005—2010年任广东外语外贸大学外国语言学及应用语言学研究中心—教育部人文社科重点研究基地副主任；2011—2016年入选广东省高等学校"珠江学者"特聘教授；2012年获国务院政府特殊津贴。曾获广东省哲学社会科学优秀成果奖一等奖；获广东省高等学校"千百十工程"第二批培养对象先进个人。现为广东外语外贸大学外国语言学及应用语言学研究中心（教育部人文社科重点研究基地）专职研究员，担任语言学核心期刊《现代外语》主编；现任中国语用学研究会副会长、中国外语界面研究会副会长、中国话语研究会副会长、广东省外文学会副会长；担任国际期刊 Chinese as a Second Language Research （Mouton de Gruyter）、Journal of Language Aggression and Conflict （John Benjamins）、Journal of East Asian Pragmatics （Equinox Publishing Ltd）等的编委，担任 Journal of Pragmatics（SSCI）、Text and Talk（SSCI）、Journal of Politeness Research：Language, Behaviour and Culture（SSCI）等国际期刊的匿名审稿人；担任《外语与外语教学》（大连外国语学院）、《外国语言文学》（福建师范大学）、《语言教育》（大连外国语学院）、《外文研究》（河南大学）、《当代话语研究》（浙江大学）等国内期刊的编委；担任北京大学出版社"语言学与应用语言学知识系列读本"编委、中国语用学研究会会刊《语用学研究》编委、《中国语用学学者文库》（暨南大学出版社）编委、世界图书出版公司"西方语言学与应用语言学视野"专家委员会委员、外语教学与研究出版社"西方语言学丛书"专家委员会委员。主持国家哲学社科基金课题、教育部人文社科重点研究基地重大课题、广东省哲学社科规划课题等多项。已在 Intercultural Pragmatics, Journal of Pragmatics, Pragmatics and Society 等 SSCI 国际期刊及国内的《外语教学与研究》《外国语》《现代外语》《外语教学》《外语与外语教学》《外语学刊》等 CSSCI 期刊上发表论文 90 多篇；独立及合作出版《语用学：现象与分析》《词汇语用探新》《认知语用学》《语用学纵横》《新编语用学概论》等著作 7 部。

任 伟（1980— ），江苏徐州人。博士、教授、博士生导师。广东外语外贸大学教授，教育部人文社科重点研究基地语言学及应用语

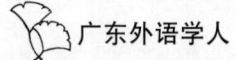

言学研究中心专职研究员；福建省"闽江学者"讲座教授；陕西省"百人计划"客座教授。主要研究领域为语用习得，研究兴趣涵盖语用学、英语通用语、语用测试等。先后毕业于哈尔滨工业大学（本科）、中国矿业大学（硕士）、英国剑桥大学（硕士）、英国布里斯托大学（博士）。2014年破格晋升为教授。迄今已主持国家社会科学基金、教育部人文社会科学重点研究基地重大项目、教育部重大课题攻关项目子课题、国家博士后基金特别资助、教育部留学人员科研启动基金、广东省普通高校省级重大科研项目、广东省高等学校优秀青年教师等科研项目多项。在 *Applied Linguistics*、*Critical Discourse Studies*、*Discourse, Context & Media*、*ELT Journal*、*Foreign Language Annals*、*International Journal of Bilingual Education and Bilingualism*、*Journal of Pragmatics*、*Language Teaching*、*Pragmatics*、*System*、《现代外语》、《中国外语教育》等国内外 SSCI、CSSCI 学术期刊以及 Springer, Routledge, John Benjamins, Palgrave Macmillan 等国际权威出版社上发表论文40余篇，在国际上出版个人专著 *L2 Pragmatic Development in Study Abroad Contexts* 一部，在 SSCI 期刊以客座主编身份编纂主题专刊一期。主要学术兼职包括 *International Journal of Bilingual Education and Bilingualism*（SSCI）编委，*East Asian Pragmatics* 编委，《应用语言学译丛》（商务印书馆）编委，《语言学及应用语言学》（世界图书出版公司）特邀编审等。为 *Applied Linguistics*、*Language Awareness*、*Language Teaching Research*、*Modern Language Journal*、*TESOL Quarterly* 等多家国内外权威学术期刊及剑桥大学出版社、Routledge、Springer、Mouton de Gruyter 等多家出版社担任审稿人。

阮　炜（1955—　　），四川达州人。1986年获爱丁堡大学博士学位，现任深圳大学教授、西方研究中心主任，外国语学院学术委员会主任。长期从事英语文学研究、中西文明比较研究、西方古典学研究及时评。曾任北京大学英语系教授及北京外国语大学、清华大学、香港城市大学客座教授。在《读书》《外国文学评论》《文学评论》《国外文学》《外国文学》《世界宗教研究》,以及《光明日报》《人民日报》《深圳特区报》《晶报》《大众日报》《澎湃网》《观察者网》等刊物和媒体发表论文和时评近百篇,出版了《文明的表现》《不自由的希腊民主》《20世纪英国小说评论》等著作,主编了《西方古典学译丛》(合作单位为上海三联书店、华东师范大学出版社和商务印书馆)。代表性论文有《评亨廷顿文明冲突论》《"历史"化内的叙利亚文明》《巴恩斯与他的〈福楼拜的鹦鹉〉》等。

S

尚劝余(1961—　　　),陕西咸阳人。华南师范大学外国语言文化学院教授,拉脱维亚大学孔子学院中方院长,教育部人文社会科学重点研究基地四川大学南亚研究所兼职研究员,中国南亚学会理事,印度萨沃达亚国际托拉斯理事,德国甘地信息中心理事,巴基斯坦《亚太》杂志国际评委(信德大学地区研究中心),福特基金亚洲学者项目获得者,"华夏英才基金学术文库"入选者。长期从事世界历史、宗教文化、国际汉语等教学与研究。就读于西北大学,1984年获学士学位,1990年获硕士学位,1994年获博士学位。1996年晋升为副教授,2001年晋升为教授。2000年美国圣约翰大学访问学者。2002—2003年美国圣约翰大学宗教与文化研究所博士后,研究课题为"神就在人的心中:圣雄甘地的宗教哲学"。2005年印度尼赫鲁大学国际关系学院东亚研究中心访问学者,福特基金亚洲人研究亚洲基金项目,研究课题为"尼赫鲁与中国"。2013年受印度外交部"印度文化关系委员会"邀请,赴印度新德里、孟买、马德拉斯、班加罗尔4个城市10余所大学、研究机构和智库,做"中国的甘地研究""中印关系"等系列巡回讲座。

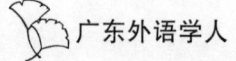

2014年6月迄今，出任拉脱维亚大学孔子学院中方院长。主持福特基金亚洲学者项目"尼赫鲁与中国"（Cohort 6，04152）和国家社科基金项目重点课题"甘地历史文献汉译与研究"（立项号：14ASS002）等国际、国内科研项目多项。在商务印书馆、中国社会科学出版社等出版专著、译著、教材、编著等20余部，代表作有《尼赫鲁时代中国和印度的关系》（入选"华夏英才基金学术文库"、获华夏英才基金出版资助，中国社会科学出版社，2009）、《甘地：杰出的领袖》（译著，商务印书馆，2012）、《拉脱维亚汉语教学研究与探索》（主编，云南人民出版社，2016）。在《当代亚太》《哲学动态》《史学集刊》《史林》《南亚研究》《西亚非洲》《南亚研究季刊》《世界宗教文化》《当代中国史研究》及 China Report、World Focus、Gandhi Marg 等国内外刊物发表学术论文百余篇，其中有些被《高等学校文科学术文摘》《中国历史学年鉴》《世界史研究动态》《文摘报》《宗教》《世界史》《国际政治》《政治学》等收录和转载。

邵　璐（1979—　　），四川崇州人。中山大学教授，博士生导师。Translation Quarterly（香港）副执行主编，《译苑新谭》执行主编。研究方向为文学翻译、翻译理论、翻译批评。2002年毕业于四川外语学院英语专业，获学士学位；2005年毕业于四川外国语大学英语语言文学专业，获硕士学位；2008年毕业于香港浸会大学英国语言文学系翻译学专业，获博士学位。2008—2012年先后于香港浸会大学英国语言文学系、香港理工大学中文及双语学系、香港浸会大学英国语言文学系完成3项博士后课题。2008年入职西南财经大学，2009年被聘任为副教授，2013年晋升为教授，2014年起任应用语言学研究中心主任。2017年任中山大学外国语学院教授、博士生导师。自2008年起先后兼任 Meta、Asia Pacific Translation & Intercultural Studies、《中国外语》、《解放军外国语学院学报》、《外国语文》、《亚太跨学科翻译研究》等期刊匿名评审。

教育部学位与研究生教育发展中心评议专家、四川省第八届"四川文学奖"专家评审、国际翻译与跨文化研究协会会员、中国翻译协会专家会员、香港翻译学会终身会员、四川省翻译协会常务理事、首批智库专家、四川省认知语言学研究会学术委员会委员、常务理事、成都理工大学客座教授、天津外国语大学中央文献翻译研究基地兼职研究员、湖北师范大学语言学研究中心兼职研究员。在 *Across Languages and Cultures*、*Neohelicon*、*Perspectives*、*Language in Society*、*New Voices in Translation Studies*、*Translation Quarterly*、《外国语》、《中国翻译》、《中国外语》、《中国比较文学》、《外国文学研究》、《外语与外语教学》、《外语教学》、《外语研究》等期刊上发表论文70篇，其中12篇刊于国际期刊（包括2篇SSCI、4篇A&HCI期刊）、18篇载于CSSCI期刊，28篇载于中国外语类核心刊物。出版专著《文学中的模糊语言与翻译》（商务印书馆，2011），参编《翻译学概论》《翻译美学》《中国译学大辞典》等。译作10余部（篇），主要付梓于马来西亚、中国香港等地期刊和出版社。主持课题21项，包括国家社会科学基金项目"认知文体学视域下阿来小说地域特征性及汉英平行文本对比研究"（2014）、教育部人文社会科学研究基金项目"莫言小说英译者葛浩文的译者风格研究"（2013）、四川省哲学社会科学规划项目等省级课题3项。近5年获奖18项，包括四川省人民政府第十六次社会科学优秀成果三等奖、四川省人民政府第十五次哲学社会科学优秀成果评奖优秀奖、四川省教育厅科研成果二等奖、刘诗白奖励基金优秀科研成果一等奖；第十二批四川省有突出贡献的优秀专家、第九批四川省学术与技术带头人后备人选；获"第三届天府翻译精英""唐立新奖教金""优秀科研教师"等荣誉及称号。

石定栩（1948—　　　），湖南湘潭人。1982年获得华东师范大学外语系的英语学士学位，1986年获得美国匹兹堡大学的应用语言学硕士学位，1987年获得美国南加州大学语言学硕士学位，1992年获

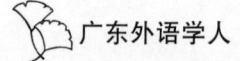

南加州大学语言学博士学位。1990—1994年在加州大学尔湾分校东亚语言与文学系任讲师,1994—2016年在香港理工大学任教,先后担任助理教授、副教授、教授、讲席教授,并曾兼任中文及双语学系主任及人文学院副院长。2016年起在广东外语外贸大学担任云山领军学者。主要研究领域是句法理论、语义理论、句法与篇章的界面关系以及汉语教学语法。重点是汉语在句法、语义、语用等方面的特殊表现,以及汉语在句法—语义、句法—语用、句法—语篇等方面的互动关系。前期的研究成果大多以英语发表,在生成语法框架中研究汉语的特有现象,一共有3本专著和多篇学术论文,包括在国际顶尖的 *Language*、*Natural Language and Linguistic Theory*、*Journal of East Asian Linguistics* 和 *Journal of Chinese Linguistics* 等杂志上发表的十几篇。从20世纪90年代开始,在《中国语文》《当代语言学》《外国语》《汉语学报》和《外语教学与研究》等中文期刊上发表了120多篇论文。相关的专著有《乔姆斯基的形式句法》(北京语言文化大学出版社)、《名词和名词性成分》(北京大学出版社)、*Peking Mandarin*(Lincom Europa)和 *A Reference Grammar of Chinese*(Cambridge University Press)等。发表论文包括《句法、语义和语用的互动》(2015)、《背景命题及其触发机制》(2015)、《频率副词与概率副词——从"常常"与"往往"说起》(2016),《客观副词与主观副词——再论"常常"与"往往"的区别》和《评价副词与背景命题——"偏偏"的语义与句法特性》(2017)等。研究成果是《港式中文与标准汉语的比较》和《港式中文两面睇》2部专著,以及20多篇中英文论文。

孙 兵(1967—),四川都江堰人。1987年7月毕业于四川外语学院(现四川外国语大学)英语师范专业,获得文学学士学位;1993年7月毕业于四川大学外文系,获得英语语言文学硕士学位;2005年12月毕业于华南师范大学心理学系,获得教育与发展心理学博士学位。1997年评聘为英语副教授,2007年评聘为英语教授。

研究方向为心理语言学、语言习得、应用语言学。曾担任英语专业本科生精读、泛读、外语教学心理学和第二语言习得等课程的教学，英语专业研究生应用语言学和科技翻译等课程的教学，硕士研究生和博士研究生公共英语课程的教学。担任教育部"国培"专家库入选专家，广东省 PETS 口试省级主考，广东省大学英语教学指导委员会副主任委员。曾获得华南师范大学年度课堂教学质量奖，广东省教育厅教学成果二等奖（2005），全国第三届教育硕士优秀教师奖（2012），华南师范大学教学成果二等奖（2015），华南师范大学教材编写一等奖（2016）。发表研究论文 30 余篇：*Effects of phonological awareness training on the reading performance by child EFL learners in China*（*Chinese Journal of Applied Linguistics*，2015）、*Comprehending pronouns in chinese：Evidence from online sentence processing*（*Language Sciences*，2015）、《外语句子口头产出中的结构启动研究》、*Non-target language processing in Chinese-English bilinguals：An ERP study*、《非英语专业大学生英语中动结构习得研究》、《我国基础教育英语课程发展回眸及启示——基于 Stern 的课程理论》、《句法歧义句理解加工中的语义关联性效应研究》、《动词论题结构信息对汉语句子理解加工的影响研究》、《暂时句法歧义句认知加工初探》、《高二学生利用语境线索猜测词义的研究报告》、《中学生英语阅读元认知策略的调查研究》、《双语词汇表征模型研究进展》等。主持省级项目 5 项和校级项目 5 项，如：广东省教育厅立项项目"网络环境下大学生英语学习风格研究"（2006）和"基于网络资源利用的英语精读教学改革"（2008），广东省哲学社会科学"十二五"规划项目"语音意识训练对小学生英语读写能力发展的影响研究"（2013），广东省教育厅质量工程项目"大学英语教学团队"（2014）。参编教材 3 套，主编"十二五"规划教材大学英语《泛读》（4）（外语教学与研究出版社，2015）。

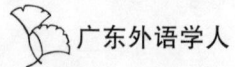 广东外语学人

孙耀珠(1955—   ),广东中山人。华南师范大学外语学院教授。1979年7月毕业于河北大学外文系日语专业。1988年7月毕业于南开大学外国语学院日本文学专业,获硕士学位。2007年6月毕业于南开大学日本研究院,获博士学位。1979年7月—1985年8月任教于河北大学外文系日语专业。1988年7月起任教于华南师范大学外国语言文化学院日语专业,2014年7月退休。研究方向为日本近代文学、日本近代史。主要研究成果有『漱石文学におけるエゴイズムと社会性――「それから」を中心に―』(佐贺大学国文第十五号,1987)及《山县有朋与吉田松阴》《山县有朋与日本的政党政治》《山本有三与日本国字国语改革》《山本有三"动极而定"人生文艺思想刍议》等十几篇论文。

Swirski,Peter(1966—   ),加拿大籍。现任中山大学"百人计划"(二期)引进教授和领军人才之一,博士生导师。波兰西里西亚大学著名访问教授、加拿大阿尔伯塔大学沃斯研究院高级研究合伙人、暨南大学美国文学名誉教授、近代作家和哲学家斯坦尼斯拉夫·莱姆领衔学者。1996年以优异成绩毕业于加拿大蒙特利尔麦吉尔大学并获博士学位。曾任芬兰赫尔辛基高级学院教授和研究总监、香港大学美国研究中心主任、不列颠哥伦比亚大学美国文学荣誉教授等。同时曾任国际美国研究学会常务理事,Harvard University Press、Princeton University Press、Yale University Press、Palgrave Macmillan、Routledge、SUNY Press等出版社专业评委。研究领域为现当代美国文学与文化;批判理论与方法论,美学,诗学;文学和科学,以及科幻小说。发表专著17部及论文上百篇,涉及美国文学、文化、历史、政治、社会、美国流行文化和"盲流"文化电影诸方面。其主要著作有《文学分析演说:翻译理论探索、美学分析和演化(文学和文化的认知取向)》[*Literature, Analytically Speaking: Explorations in the Theory of Interpretation, Analytic Aesthetics, and Evolution (Cognitive Approaches to Literature and*

Culture),Austin,TX:University of Texas Press,2010]、《奇葩美国,乱象政治:当代美国文学和文化中的党派表达》(*Ars Americana, Ars Politica: Partisan Expression in Contemporary American Literature and Culture*,Montreal,London:McGill-Queen's University Press,2010)、《在文学、社会思想和政治历史中的美国乌托邦和社会工程》(*American Utopia and Social Engineering in Literature, Social Thought, and Political History*,New York:Routledge,2011)、《从文学到数码文学:莱姆,图灵,达尔文,及计算机文学,哲学思想,和文化演化的探索》(*From Literature to Biterature: Lem, Turing, Darwin, and Explorations in Computer Literature, Philosophy of Mind, and Cultural Evolution*,Montreal,London:McGill-Queen's University Press,2013)、《斯坦尼斯拉夫·莱姆:未来的哲学家》(*Stanislaw Lem: Philosopher of the Future*,Liverpool:Liverpool University Press/Oxford University Press,2015)、《美国政治小说:当代美国文学、文化与政治中基于错误主义的战争》(*American Political Fictions: War on Errorism in Contemporary American Literature, Culture, and Politics*,New York:Palgrave Macmillan,2016)、《美国犯罪小说:盲流文学作为艺术的文化历史》(*American Crime Fiction: A Cultural History of Nobrow Literature as Arts*,New York:Palgrave Macmillan,2016)。该作品被提名为2017年"最佳犯罪小说"(The International Crime Fiction Convention)。

T

谭时霖(1924—),重庆人。主要研究方向为英美文学研究、中国古代诗文英译、学位论文写作等。20世纪40年代曾就读于上海圣贞德法语书院、上海圣芳济英语学院;1952年肄业于北京外国语学院法语系;50年代中期曾于北京任专职德语翻译。1978年调入

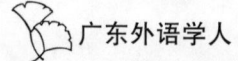

暨南大学外语系，教公共德语；1979年任外语系本科专业英语教师；1981年被评为讲师；1983年破格晋升为副教授，同年兼任外语系主任；1984—1988年任文学院副院长；1986年晋升为教授，并以硕士生导师资格专事研究生教学；1988—1994年间，应中山大学外语系之聘，以答辩委员会主席主持该系博士生学位论文答辩；1994年又受聘为"中山大学自行审定博士生导师通讯专家"；1992年获国务院政府特殊津贴。曾兼任广东省高校高级职称评委会英、德、法语学科组成员和省翻译专业人员高级职称评审委员会委员。编有教材《英、美文学散文分析解读》。50年代曾校订19世纪美国诗人朗弗罗（H. W. Longfellow）的英语长诗《伊凡吉琳》（*Evangeline*）（上海文艺出版社，1959）。法译汉著有《在传统与现世之间——论画家王肇民》和《画家王肇民》（均刊于《广州美术学院学报》，1983）。英译汉著有《方人定画汇》之序言（关山月作，岭南美术出版社，1984）、《中国近现代名家画集——方人定》之序言（林墉作，人民美术出版社，2001）。其他译作有《陶渊明诗文选择并序》、《盖世英雄》、《人质》（署名林雨）和宋代周敦颐《爱莲说》之英译。校订并与他人合译《中西文学戏剧比较论文集》（饶芃子著，暨南大学出版社，1996）。晚年著作《陶渊明诗文英译并注》[三联书店（香港）有限公司，1992]，后台北市书林出版社有限公司纳入"书林中国研究丛书"再出版。

谭伟民（1968—   ），广东台山人。广东省外语艺术职业学院外语系教授，主要研究方向为外语教学和英语教师教育。1990年广东教育学院英语专业本科毕业，在广东省外国语师范学校担任助教、讲师等职。2001年华南师范大学英语语言文学专业研究生毕业，获硕士学位，任教于广东省外语艺术职业学院。2011年华南师范大学课程与教学论专业博士研究生毕业。2006年晋升副教授，2014年晋升教授。现任广东省外语艺术职业学院学术委员会委员，广东省高职教育水平评估专家，广东省高职教育教学管理委员会委员，全国教师教育学会小学教育分会会员，广东省中小学教师发展与管理学会会员，广东省继续教育协会专家会员。曾任学校外语系主任、教务处处长、招生办主任、示范办主任、教学委员会副主任和省级示范性专业（英语教育）带头人等职务，是广东省高等学校"千百十人才培养工程"第五批校级培养对象。从教以来，在相关研究领域共主持和参与研究课题15项，发表论文30余篇，出版专著4部，主编英语教材20余本，共获得各类奖项30余项，其中包括第五届广东省高等教育教学成果一等奖，第六届广东省高等教育教学成果一等奖和第七届广东省高等教育教学成果二等奖。2011年荣获广东省"五一劳动奖章"称号。

谭　玮（1957—　　），北京人。华南师范大学教授，硕士生导师。主要研究方向为应用语言学，英语教育。1982年毕业于江西师范学院外语系；2007年在华南师范大学获硕士学位；1992年晋升为副教授；2009年晋升为教授；1997—1999年担任华南师范大学大学英语部副主任；2000—2005年担任华南师范大学外国语言文化学院大学英语部主任；2001年获批为英语专业教育硕士生导师；2006—2011年受聘为广东省基础教育系统"百千万人才工程"省级教育专家、名校长、名教师培养对象高级研修班导师。1999年被评为广东省"南粤教书育人优秀教师"，2001年在教育部高等教育司举办的全国高职高专英语教学优秀奖评选中获优秀集体三等奖。在《教育研究》《外语学刊》《课程·教材·教法》《教育研究与实验》《解放军外国语学院学报》《外语电化教学》《中国大学教学》等刊物发表文章20余篇。在上海外语教育出版社、广东高等教育出版社、广东教育出版社、江西教育出版社、中山大学出版社、广州外语音像出版社等单位出版10部参编词典、教材及教参。主持教育部教改课题"大学英语课程教学改革实践"、广东省"151工程"重点项目"基于网络环境的大学英语课程教学试验"、省级项目子课题"信息环境下大学英语教学改革探索"。

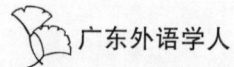广东外语学人

唐克胜（1966—   ），湖北建始人。现任深圳职业技术学院应用外国语学院院长。研究方向为翻译理论与实践，外语教学与研究等。硕士毕业于武汉大学外国语学院英文系。2005年12月—2006年1月赴英国Newcastle University进修，2000年9月—2001年7月在北京外国语大学高级翻译学院学习同声翻译，之后多次在国际会议上担任翻译。从事国际交流与合作多年，对国际职业教育有比较深入的研究，曾赴英国、美国、澳大利亚、日本、俄罗斯、韩国以及东南亚等地考察职业与技术教育。2010年12月经广东省翻译专业译审、副译审资格评审委员会评审，获取译审资格。现为中国翻译协会专家会员、广东省翻译协会会员。在《名作欣赏》《语言与翻译》《中国职业技术教育》等刊物上发表论文近20篇。在《译林》杂志、《华中师范大学学报》、作家出版社、群众出版社等发表或出版译文、译著《非法入侵》《银天鹅》《末日撞击》等。译文《杀死猫的方法》（《译林》，2006年第6期）被《小说选刊》（2007年第1期）选入，随后被长江文艺出版社收入《2006年外国文学作品精选》。《高职学生英语自主学习能力培养与策略研究》获2017年度广东省哲学社会科学规划项目外语信息化专项资助。《"国才考试"在高职商务英语专业教学中的应用研究——以深圳职业技术学院为例》于2018年获教育部和北京外国语大学共同设立的中国外语测评基金项目资助。

唐荣华（1940—   ），上海人。现任联合国总部大会和安全理事会以及日内瓦办事处、亚洲及太平洋经济社会委员会（泰国曼谷）、国际民用航空组织（加拿大蒙特利尔）和世界银行（华盛顿）等联合国下属机构及专门机构特聘译员或审校。在国内主要从事英语教学及研究，曾发表比较文学和其他相关学科译著，并参与辞书编译工作。在国外主要从事联合国相关翻译工作。1963年9月起在暨南大学外语系英语专业任教；1965年9月—1966年7月经广东省选送赴南开大学修习建国后首期非英籍教师授课的英语师资培训课

程。暨南大学外语系与中山大学外语系等合并后,在广州外国语学院英语系任教,任广东人民广播电台"英语广播讲座"主讲教师;1979年暨南大学复办后调回。同年9月考入联合国在华首次举办的联合国译员训练班,获翻译硕士学位;1984年任期届满回暨南大学任教,历任副教授、教授,讲授英美文学及翻译等课程,并担任英美文学硕士研究生导师;1988—1992年任外语系系主任;1992年赴美定居,曾任美国梅特勒国际研究学院翻译研究生院客座教授及硕士研究生导师(1992—1995年)。

陶文好(1963—   ),安徽合肥人。北京师范大学珠海分校教授,硕士生导师。主要研究方向为认知语言学、第二语言习得、测试和课程设计。现任北京师范大学珠海分校外国语学院院长、党总支书记;北京师范大学珠海分校党委委员、人事委员会委员、财经委员会委员;广东省翻译协会副会长、广东省英语专业教学指导委员会委员、珠海市人民政府督学顾问、珠海市高校研究会副会长、珠海市中日校企友好协会副会长、全国应用型大学英语研究会副会长。2006年毕业于北京师范大学外国语言文化学院,获英语语言学博士学位;1988年毕业于合肥工业大学英语语言学与应用语言学专业,获硕士学位;1986年毕业于安徽大学外语系英语专业,获学士学位。1995—1996年澳大利亚昆士兰大学(The University of Queensland)英语系访问学者。2001年8月获国家留学基金委赴英国高级访问学者身份,于2004年1月在英国牛津大学实验心理学系做高级访问学者。留学研究学科为语言学与认知语言学。在《外语学刊》《外语与外语教学》《外语教学》等期刊上发表论文30多篇,出版著作30余部。主要学术成果:《认知语言学与第二语言习得》《论up的空间和隐喻意义认知》《中国人英语口语中he和she误用认知分析》《论象征结构——认知语法理论的核心》《论隐喻的层次——以方位介词up和in为例》《从几个方位介词看翻译过程中的心理认知》《2000年英语专业八级汉英词汇误译心理认知分析》《几个方位介词对TR和LM空间意义的影响》等。

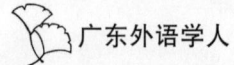

田 兵（1966— ），河南汲县（现卫辉市）人。广东外语外贸大学外国语言学及应用语言学专业教授、博士生导师，词典学研究中心专职研究员、主任。中国辞书学会理事、双语词典专业委员会常务理事。主要从事外国语言学及应用语言学研究，专注外语教育、语言学，尤其是词典学、认知语言学等。先后在长春地质学院（现长春科技大学）、吉林大学、陕西师范大学等单位任教（1989—2016年）。曾担任陕西师范大学外国语言文学研究所所长（2005—2016年）、外国语学院副院长（2010—2016年）、跨语言文化研究博士生导师（2009—2016年）。1989年毕业于长春地质学院科技英语专业，获学士学位；后攻读研究生，获外国语言学及应用语言学专业硕士（吉林大学，2000）、博士（广东外语外贸大学，2004）、博士后（北京外国语大学，2008）。先后在《外国语》《现代外语》《外语教学与研究》《当代语言学》《辞书研究》等学术刊物发表论文20余篇；出版专著《义项的区分与描写：关于多义词的认知语义学研究》（科学出版社，2004）、《英语高阶学习词典设计特征研究：兼及多义词的认知语义结构和义项特征》（与陈国华合著，科学出版社，2009）、《新时代英汉高阶学习词典的研编》（与陈国华、熊文新等合著，商务印书馆，2013）。入选2007年度教育部"新世纪优秀人才支持计划"。

田文燕（1965— ），天津武清人。五邑大学外国语学院教授，硕士生导师。广东省英语专业教学指导委员会委员、广东省外国语言学会会员、五邑大学学术委员会委员、五邑大学学位委员会委员、五邑大学教授委员会委员。主要研究方向为应用语言学、英语教育。1987年毕业于西北师范大学（原西北师范学院）外国语学院，获学士学位；2001年在西北师范大学外国语学院攻读研究生，获硕士学位；2002年晋升为副教授；2007年晋升为教授。2008—2011年担任五邑大学外国语学院副院长；2011年起担任五邑大学外国语学院院长，2015年获批为硕士生导师。曾承担过本科生及研究

生10多门课程的授课任务,从本科生专业课的大学英语、精读、基础英语、高级英语、语音、语言测试、剑桥商务英语(中级、高级),到研究生专业课的英语教学设计与案例分析等。多年来一直承担班导师的工作,指导过几十名学生毕业论文的撰写。曾在《外语界》《外语教学》《中国外语》《外语电化教学》《山东外语教学》《中国英语教学》等期刊发表论文近40篇,代表作有《计算机化语言测试的应用:问题与展望》《内控、外控的研究带给英语教师的反思》《语言测试中主观题评分员效应研究综述》等。主编《商务礼仪——顾客服务的艺术》(中国经济出版社,2005)、《商务英语学习策略》(甘肃人民出版社,2006)、《英文影视佳篇欣赏2005》(兰州大学出版社,2005)、《精编英语阅读教程》(兰州大学出版社,2005)等专著及教材。主持"网络、多媒体环境下工科类院校大学英语教学改革""工科类院校学生英语应用能力培养研究""国外MTESOL与我国教育硕士学科教学(英语)培养体系的比较研究"等各类项目10余项。

田祥斌(1953—   ),湖北宜昌人。教授,硕士研究生导师。现任广东技术师范学院天河学院外国语学院副院长兼国际教育学院院长,国家汉办出国汉语教师志愿者主考官,国家教育部学位中心硕士研究生论文通讯评议专家。主要研究方向为英语国家文学和高等教育学。大学毕业后,1980年7月—2014年7月在三峡大学工作。此间,1981年、1983年、1986年、1995年分别在华中工学(现华中科技大学),华中师范学院(现华中师范大学),华中理工大学(现华中科技大学),北京大学进修学习。1996—1998年在北京大学外国语学院学习,获文学硕士学位。1999年获得国家留学基金委资助,于2000年4月—2001年4月赴英国剑桥大学访问学习一年,研究现当代英国小说。2010年3月—2012年6月在美国达拉斯德州大学人文学院做访问教授,任孔子学院中方院长。1989年晋升为讲师,1994年晋升为副教授,2000年晋升为教授,2012年被聘为三级教授，2013年退休。在职期间曾任湖北三峡学院跨世纪学术带头人、三峡大学英语语言文学学科带头人、三峡大学学术委员会委员、三峡大学学位委员会委员、《三峡大学学报》编委。2001年起任三峡大学大学外语教学部主任兼书记、外国语学院院长、国际合作与交流处处长兼国际文化交流学院院长和港澳台事务办公室主任。社会兼职有湖北省高等学校大学外语教学研究会副会长，湖北省外国文学学会副会长，中国高等教育学会外国留学生教育管理分会常务理事。出版专著《英汉歧义与文学》（中国环境科学出版社，1999）；主编教材9套。代表性作品包括《医用拉丁文》（主编，中国医药科技出版社，1993），是全国260多所大中专院校教材；《欧美文学名篇选读》（主编，外语教学与研究出版社，2006），该教材成为高校学生英语拓展教材。在A&HCI源刊《外国文学研究》，CSSCI期刊《科技进步与对策》《国外文学》以及各类大学学报上发表学术论文56篇。A&HCI和ISTP检索3篇。主持完成湖北省社会科学基金项目、国家外专局项目、国家基地子项目等4项省部级项目，2项湖北省教育厅项目。指导硕士研究生28人。

佟　君（1963—　　），黑龙江杜尔伯特县人。日本文学博士，中山大学教授。广东省本科高校外语类专业教学指导委员会亚非语言专业分委员会副主任委员，中华日本学会常务理事，港澳粤日本研究大学联合会会长，日本国立冈山大学海外客座教授，社会团体法人广州留东同学会名誉会长，广东省作家协会会员。主编《华南日本研究》（1—4辑，中山大学出版社）等。主要研究方向为日本古典学，中日比较文学与比较文化，日汉翻译研究。1996年毕业于日本国立冈山大学文化科学研究科；1996年受聘为中山大学副教授；2001年晋升教授；2002年12月至今任中山大学华南日本研究所副所长。曾经主持或参加国家社科基金项目、教育部人文社科项目、日本研究横向课题10余项，已在国际期刊和国内核心期刊，如

《日本学刊》《中山大学学报》《吉林大学社会科学学报》《兰州大学学报》《东北师大学报》《日本研究》《东北亚外语研究》发表论文多篇，并由上海交通大学出版社、中山大学出版社、华东师范大学出版社出版专著、编著、译著10多部。代表性著作有《子规文学的思想与精神》（辽宁教育出版社，1998）、《中日比较文学比较文化研究》（中山大学出版社，2004）、《日本古典文学大辞典》（人民文学出版社，2005）、《日本古典文学入门》（外语教学与研究出版社，2006）、《汉日科技大词典》（黑龙江科技出版社，1989）、《十四岁》（日本第129届直木文学奖，北方文艺出版社，2005）、《新概念日语》（全4册，中国对外翻译出版公司，2003）、《华南日本研究》（1—4辑，中山大学出版社）等。

童庆生（1958—   ），江苏人。博士生导师，研究领域为英国文学、世界文学。伦敦大学英国文学博士、英国科学院国王学院（伦敦）博士后、哈佛燕京研究员，曾任香港大学英文学院院长。现为中山大学博雅学院和外国语学院双聘教授（二级），"百人计划"学科带头人。著作、编著（合编）8种，包括专著 *Reconstructing Romanticism: Organic Theory Revisited*（Salzburg，1997）等；在 *Boundary 2*、*Interventions*、*Eighteenth Century Studies*、*Essays and Studies*、《外国文学评论》、*Language Sciences* 等国内外学术刊物上发表50多篇论文，代表性论文有 *The Bathos of a Universalism: I. A. Richards and His Basic English*、*The Aesthetic of Imperial Ruins: The Elgins and John Bowring*、《有机主义在浪漫主义文学中的位置》等；现任香港大学英文学院荣誉教授，香港岭南大学英文系校外学术顾问，*Boundary 2: an international journal of literature and culture* 和 *Journal of Asia Pacific Communication* 等国际学术刊物顾问编委。

涂兵兰（1972—   ），湖南攸县人。翻译学博士（后），现为广东金融学院教授。研究方向为翻译史、文学翻译、翻译教学。1992—

1996年在湘潭师范学院外语系就读，获英语教育学士学位；2003—2005年在中山大学外国语学院就读，获英语语言文学硕士学位；2007—2010年在广东外语外贸大学就读，获英语语言文学博士学位；2012—2015年在湖南师范大学外国语言文学博士后流动站工作。2014—2015年受国家公派美国南犹他大学访学。2000年破格晋升为讲师，2009年晋升为英语语言文学副教授，2014年晋升为英语语言文学教授。湖南省青年骨干教师，湖南师范大学美国学研究中心研究员，湖南省"十三五"教育规划课题评审专家，广东金融学院社科联委员。从教以来共发表学术论文近30篇，如《清末译者与读者伦理关系之考察》（《外语学刊》）、《从三次翻译高潮看我国译者的翻译伦理》（《外语教学》）等；出版学术专著《清末译者的翻译伦理研究：1898—1911》（湖南人民出版社，2013）；主持国家社科基金项目1项，省部级课题5项，参与省部级课题多项，如国家社科基金一般项目"民初翻译家翻译伦理模式构建及其影响研究"（2015），主持中国博士后科学基金面上项目"晚清文学翻译家研究"（2012），主持湖南省哲学社会科学规划基金项目"民初文学翻译家研究"（2013）。学术专著获湖南省第17届优秀社会科学学术著作出版资助。

万大如（1941—　　），吉林人。教授。毕业于北京外国语学院英语系，曾在北京外国语学院（现北京外国语大学）、长沙铁道学院工作，1993年1月被评为教授，随后调入广东机械学院（后合并为广东工业大学）工作，曾任外语系主任，2001年退休。主要研究方向为语言学。

汪立荣（1952—   ），湖南衡山人。广州大学教授，硕士生导师，广州大学第十届教学督导委员会委员，任文科一组组长。主要研究方向为认知语言学、翻译研究、英汉语言对比研究、外语教学研究。1996年晋升为副教授；2006年晋升为教授。2001年获批为硕士研究生导师，讲授研究生课程"认知语言学""多视角翻译研究"和"英汉语言对比"。2004—2007年担任广州大学外国语学院英语系副主任；2008—2011年担任广州大学外国语学院研究生部主任，2009—2011年担任广州大学外国语学院院长助理；2010—2016年担任广州大学认知语言学研究所所长；2015—2019年被聘为广州大学第九届、第十届教学督导委员会委员。2007年任广东省外国语言学会理事；2009年被聘为广西百色学院客座教授；2011—2015年被聘为广州大学松田学院外语系英语学科带头人、青年骨干教师培养指导教师；2011年任广东省翻译协会副主任；2012年任中国认知语言学研究会理事。代表性论文有《隐义显译与显义隐译及其认知解释》《概念整合理论对移就的阐释》《从框架理论看翻译》，在《外语教学与研究》《现代外语》《中国翻译》《外语教学》《外语研究》《外语学刊》《解放军外国语学院学报》《西安外国语大学学报》《中国特殊教育》《广州大学学报》《北方论丛》《重庆师院学报》《政法学刊》《中国法制日报》等报刊发表论文和译文45篇，其中6篇分别全文转载于《语言文字学》（中国人民大学复印报刊资料，2010）、《心理空间理论和概念合成理论研究》（上海外语教育出版社，2011）、《语言认知与翻译研究》（外文出版社，2005）、《语言学与翻译》（外语教学与研究出版社，2009）、《外语学术论丛》（重庆大学出版社，2000）。代表性著作包括《语法理论与英语研究》（吉林人民出版社，2004）、《许国璋英语三、四册自学考试指导》（华南理工大学出版社，1992）。主持广东省哲学社会科学"十一五"规划项目"基于认知框架的语义分析与翻译研究"（2008）、广州市社科联学科建设委托专项

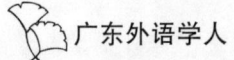

"基于框架语义学的翻译研究"（2008）、广州市哲学社会科学"十一五"规划项目"心理动词的英汉对比研究"（2006）。

王 宾（1945—   ），江苏南京人。1967年毕业于中山大学英语系，1982年获英语文学硕士学位。1988年在意大利Bologna大学符号学家埃科手下任研究员；1989年在欧洲大学研究院"欧共体直属学术机构"任客座教授；1995年下半年任法国Aix-en-provence视觉艺术学院客座教授；1996年上半年任美国长岛大学客座教授。1991年晋升为教授。现任中山大学硕士/博士生导师，中山大学翻译学院兼外语学院院长。研究方向为文学、文化批评理论。在《现代哲学》《开放时代》《中国比较文学》等期刊上发表论文，代表作有《从心灵到语言——语言研究与人文科学》《不仅仅是误译——"六经注我"的两个案》等。

王初明（1954—   ），广西桂林人。广东外语外贸大学外国语言学及应用语言学研究中心教授。曾经担任此研究中心的首任主任，两届国务院学位委员会外国语言文学学科评议组成员，《现代外语》主编。1977年毕业于四川外语学院英语系，1981年获广州外国语学院语言学硕士学位，1986获英国雷丁大学应用语言学硕士学位，1996年获香港中文大学语言学博士学位，1997年在香港中文大学做博士后研究一年；先后到过美国夏威夷大学和荷兰格罗宁根大学进行学术访问。研究方向为应用语言学、第二语言习得。主要论著有《应用心理语言学——外语学习心理研究》《中国学生的英语学习自我概念研究》《外语是怎样学会的》《中国学生的外语学习模式》《以写促学》《外语语音学习假设》《论外语学习语境》《补缺假设与外语学习》《学相伴用相随——外语学习的学伴用随原则》《读后续写》《以续促学》等。论文发表在《外语教学与研究》、《外国语》、《现代外语》、《外语界》、Language Learning、Applied Linguistics等期刊。主要学术观点：提出语言学习的"续理论"，认为语言是通过"续"学会的，学习的高效率是通过"续"实现的；语境补缺假设将语言迁移视为由语境作中介的认知心理过程，可解释中式外语和哑巴外语形成的机理；学伴用随原则强调正确语境相伴外语学习的重要性，对外语教学和学习有普遍指导意义；以写促学的外语"写长法"旨在将外语知识加速打造成语言运用能力。

王东风（1958—　　），安徽安庆人。博士生导师。研究领域为翻译学、语言学、比较文学、外语教学。本科毕业于安徽师范大学，博士毕业于北京大学。现任中山大学外国语学院院长、翻译研究中心主任、教育部高校大学外语教学指导委员会委员、中国翻译协会理事及翻译理论与教学委员会副主任、中国英汉语比较研究会常务理事及翻译学学科委员会主任、广东省翻译协会常务副会长、广州外事翻译学会会长。曾任南京大学教授、华南师范大学B岗特聘教授、《广州英文早报》副主编、中山大学翻译学院常务副院长、外语教学中心主任、中国英汉语比较研究会副会长（期满卸任）、教育部翻译专业硕士教育委员会理事、副秘书长、美国蒙特雷翻译学院客座教授等职。获江苏省高校人文社科成果奖、广东省哲学社会科学优秀成果奖、宋淇翻译研究纪念奖等奖项。在《外语教学与研究》《外国文学评论》《中国翻译》《现代外语》《外国语》及 *Meta* 等国内外重要学术刊物上发表论文80余篇，主持国家社科项目2项、省部级各类项目多项。代表性著作有《连贯语翻译》《语言学与翻译：概念与方法》《跨学科的翻译研究》《英汉名译赏析》；译著有《牙买加客栈》《不幸的磨坊》《极地特快》《最后的纳粹》《第八号染色体》《弃尸》等；译诗有《西风颂》《希腊群岛》等。

王桂珍（1954—　　），河北大名县人。广东外语外贸大学二级教授，硕士生导师，广东外语外贸大学校务委员会委员，广东省人民政府

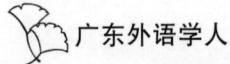

督学，国家教育部 NCCT 外籍人员子女学校认证委员会委员。曾任第九届全国人民代表大会代表、广州外国语学院英语系系主任（1993—1996）、中国英语教学研究会语音专业委员会主任（2008—2014）。1975 年毕业于广州外国语学院英语系并留校任教；先后获广州外国语学院英语语言文学硕士（1982）和英国利兹大学语言学与英语教学硕士（1987），先后任助教、讲师、副教授、教授（1996 年起）；主要从事英语专业本科与语言学及应用语言学研究生的教学。主要研究领域包括英语语音学与音系学、语言测试、英语教学等。先后主持、参与国家级科研、教研项目 9 项以及省级教研项目多项；所主讲的"英语语音"课程获评省级精品课程（2003）、国家级精品课程（2005）和国家精品资源课（2013）。以其科研成果为基础编写的英语语音教程在教学思想，教学内容和教学方法改革方面取得突破而获全国普通高等学校优秀教材一等奖（合作）。其代表性成果包括 *English Pronunciation for Communication*，以及获国家优秀教材奖、国家推荐教材的英语语音系列教程和网络课程（国家"九五""十五""十一五"规划教材）。主要获奖项目含国家教学名师（2009）、国家社会科学基金一般项目结项获评优秀（排名第二，2009）、广东省"五一"劳动奖章（2005）、广东省教学成果奖一等奖（合作，2005）、南粤杰出教师（2004）、广东省教学名师（2003）、中南地区大学优秀教材奖（2003）、全国普通高等学校优秀教材一等奖（合作，2002）、广东省"千百十工程"先进个人奖（2001）、广东省教学成果二等奖（合作，1997）、广东省优秀共产党员（1995）、"香港柏宁顿（中国）教育基金会首届'孺子牛金球奖'"之荣誉奖（1995）、广播电视部教育节目奖（1994）等。所带领的"英语专业基础英语系列课程教学团队"获评"2008 年国家级教学团队"。

王 海（1967—   ），河南延津人。广东外语外贸大学教授，翻译学博士生导师。研究方向为汉学与翻译、中外新闻史。2004 年 6 月毕业于中国人民大学新闻系；2006 年由讲师晋升为副教授；2011年晋升为教授；2018 年获批为翻译学专业博士生导师。任广东外语外贸大学国际汉学研究中心研究员、郑州大学穆青研究中心研究员。2015 年主持国家社科基金项目"《京报》外译的跨文化传播研究"（项目编号：15BXW005）；2010—2016 年主持和完成教育部人文社会科学研究项目"民国报人的跨中西文化特质研究"（项目编号：10YJE860001，2016JXZ3508）；2016 年主持完成《广州大典》与广州历史文化研究专项课题"岭南风土人情对外译介策略研究——以《中国丛报》文本为例"（项目编号：2016GZY19）。在《中国翻译》《国际新闻界》《河南大学学报》《新闻春秋》等刊物发表文章 50 余篇，《19 世纪上半叶在华英文报刊中岭南文化负载词的音译与意译》一文获得 2016 年广东社会科学学术年会优秀论文二等奖。在科学出版社、中央编译出版社、中国人民大学出版社、北京师范大学出版社等出版专/译著 25 种，其中个人独著和第一作/译者的作品 21 种。代表性著作/译著有《杂志产业》（中国人民大学出版社，2006）、《博弈：反垄断与传媒集中》（暨南大学出版社，2009）、《中国报纸（1800—1912）》（暨南大学出版社，2011）、《新闻学原理》（中国传媒大学出版社，2013）、《美国新闻事业史》（北京师范大学出版社，2014）、《在华宗教报刊》（中央编译出版社，2016）、《民国报人的跨中西文化特质研究》（江西人民出版社，2017）、《追溯柏拉图：传播学起源概论》（科学出版社，2018）。

王俊生（1954—   ），辽宁人。教授。1970 年 5 月参加工作（在内蒙作为知识青年下乡插队）。1974 年 9 月入吉林大学外文系英语专业学习，毕业后留校在外语系任教。1992 年 10 月晋升为副教授，同年 9 月受吉林大学委派去美国杨伯翰大学进修一年，主修测试学和教学法。1993 年 8 月归国后，被遴选为吉林大学外语部英语语言学与应用语言学硕士点导师。2000 年 1 月晋升为教授。同年 8 月

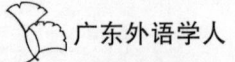

被作为特殊高级人才引入海南大学，任海南大学英语部主任并兼任海南省大学英语教学委员会副会长。2001年8月调至广东金融学院工作，任外国语言文化研究所所长和外语系副主任（主管大学英语教学）。兼任美国在全球征稿发行的英语教学杂志 *Tesl Reporter* (a semiannual journal for and by ESL teachers, with subscribers in over 100 countries) 编委会的委员。2014年8月—2015年1月在美国圣安普鲁斯大学做高访学者。曾先后去澳大利亚、新西兰和加拿大高校进行短期学习和交流。主要学术著作有《在听力教学要注重培养学生的听力技能》（《外语界》，1991年9月）、*The VOA: Moving ESL Students Toward Listening Success*（*Tesl Reporter*，1997年10月）。主编有《英汉双解英语习语词典》（东北师范大学出版社，1993）、《英语听音速查速记词典》（长春出版社，1996）、《研究生英语教程》（吉林大学出版社，1998）。2013年9月被评为全国金融教育先进工作者。

王茂林（1965—　　），河北沧县人。暨南大学教授，硕士生导师。暨南大学华文学院应用语言学实验室主任、应用语言学研究院语言资源中心主任。主要研究方向为语音学、音系学。1992年9月至1995年7月在天津师范大学外文系学习，获硕士学位；1995年8月—2000年8月在天津城建学院外语部任教，担任教研室主任；2000年9月—2003年7月在中国社科院研究生院学习，获博士学位。2003年8月起在暨南大学华文学院任教，2007年晋升为副教授；2014年晋升为教授。现兼任全国声学标准化技术委员会基础分技术委员会委员。在《当代语言学》《现代外语》《外国语》《外语教学理论与实践》等刊物发表文章80多篇。主持教育部哲学社会科学规划项目"汉语自然话语语调模式研究"（2014）、广东省哲学社会科学规划项目"北方方言区及粤方言区学生英语辅音丛发音的对比实验研究"（2011）、广东省普通高校人文社会科学研究项目"韩国、印尼、泰国留学生汉语语音问题的实验研究"

(2011)。参加编写《Encarta英汉双解大词典》（世界图书出版公司，2012）。代表作有《汉语自然话语韵律模式研究》（暨南大学出版社，2011）；代表论文有《音系学的时长理论》《广州话与北京话鼻音分布的优选论分析》《中国学习者英语词中塞音发音分析》等。

王心洁（1953— ），浙江丽水人。暨南大学、广东外语外贸大学南国商学院教授、硕士生导师，暨南大学翻译研究所所长、广东外语外贸大学南国商学院副校长。主要研究方向为翻译理论与实践研究。1981年、1988年毕业于湖南师范大学外语系（本科、研究生）；1993年晋升为副教授；2007年晋升为教授。1994—1995年在美国哥伦比亚大学访学；2004年在英国牛津布鲁克斯大学访学；1998—2001年担任暨南大学文学院副院长兼党委副书记；2001—2002年担任暨南大学外国语学院党委书记；2002—2011年担任暨南大学党委组织部部长；2010年兼任、2011—2014年担任暨南大学翻译学院院长。2014年起担任广东外语外贸大学南国商学院副校长。代表性著作（译著）有《超级政客》（希望出版社，2006）、《纹章插图百科》（汕头大学出版社，2009）、《长兵器》（南方日报出版社，2012）、《林肯传》（云南出版集团，2016）等。发表学术论文30余篇，主要刊于《外语教学与研究》《外语与外语教学》《求索》《学术研究》《暨南学报》《南京社会科学》和《东南亚研究》等国内核心期刊。为本科生开设有综合英语、听力、报刊阅读、读译、翻译理论与实践（中英互译）等课程，为研究生开设语用学、翻译概论等课程。主持十多项科研项目，其中省部级以上的项目包括国务院侨务项目"英语语言文化对比研究"、教育部人文社会科学研究基金项目"文学翻译的创作空间"（2008）、广东省社科基金"十二五"规划共建项目"文本的疆域解构和重构：多维视角下的文学翻译研究"（2013）、国家社科基金中华学术外译项目"中国宗教艺术论：传统文化的视野"

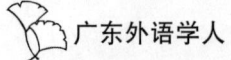

(2014)。1992年获国家霍英东全国青年教师教学奖，2012年获"珠海市先进教师"荣誉称号，三次获得暨南大学教学成果奖二等奖，多次获省市级"优秀共产党员"光荣称号。

王应龙（1936—   ），广东东莞人。中山大学教授。中山大学毕业，曾任中山大学广州英语培训中心主任。研究方向为应用语言学、第二语言习得、语义学。曾在《现代外语》等刊物发表文章。

王友良（1970—   ），湖南湘潭人。广州铁路职业技术学院英语教授。1993年7月毕业于长沙理工大学英语专业，获文学学士学位；1993—2007年在湖南水利水电职业技术学院文理学部任教，先后任讲师、副教授，先后担任文理教研室主任，文理学部副主任。2007年至今在广州铁路职业技术学院外语系工作，担任外语系主任，《南方职业教育学刊》编辑委员会委员。广东省高职公共英语课程教学指导委员会副主任委员，广东省高职外语专业教学指导委员会委员，广东省职业英语能力认证职业技能鉴定专家组成员，中国国际贸易学会服务外包实务工作委员会委员，广州翻译协会会员、副秘书长，广州英语协会理事，全国国际商务英语考试口语考官，全国商务英语翻译考试培训教师。主持广东省高职教育重点专业建设，主持省一流高职校高水平专业建设项目，长期从事应用语言学和英语教学研究，先后主持省市教科研项目10多项，主要参与各级各类项目20多项，主持精品课程、专业核心课程建设3项，参与精品课程、网络课程建设6项，获教学成果奖1项，在《西安外国语大学学报》《广州大学学报》《职教论坛》等刊物上发表论文20多篇，其中中文核心期刊5篇，社科核心3篇，主编/主审教材12部。讲授"商务英语视听说""商务英语函电""旅游英语口语""高职英语""毕业顶岗实习"等10多门理论课程，2010年建设成立双师工作室，先后获广州市"优秀教师""双师素质教师""教学名师"称号，2015年成为广东省首届高职专业领军人才培养对象。

王志娟(1963—   ),江苏宜兴人。南京大学英语语言文学硕士,广东交通职业技术学院商贸学院商务英语专业负责人和带头人。2008年1月晋升为英语专业教授。研究方向为翻译理论、英语语言学和英语教学法。曾先后主持课题6项,主编教材4部,译著2部,专著1部,发表论文30多篇,其中专业期刊论文有8篇,LSSCI论文4篇。2013—2015年先后两次被广东省教育厅聘为省高职教育外语教指委委员。广东交通职业技术学院学术委员会委员和学报编委委员。曾获广东省交通厅"岗位排头兵"称号、广东省交通运输系统"优秀女职工"称号和长安大学继续教育学院"优秀教师"称号。

王中强(1975—   ),浙江义乌人。现为南方医科大学外国语学院教授,文学博士。1996年7月毕业于解放军国际关系学院英语师资专业,获学士学位;1996年7月—2004年5月在第一军医大学外语教研室任教,先后任助教、讲师;2004年5月开始在南方医科大学外国语学院任教,2009年晋升为副教授,2014年晋升为教授;现为南方医科大学外国语学院大学英语教学部主任。在学历方面,2006年获广东外语外贸大学英语硕士学位,2013年暨南大学文学院文学博士学位,2014年在广东外语外贸大学高级翻译学院从事博士后研究。现为广东省外国文学会理事,广州市翻译协会会员,全国美国文学研究会会员。主持并完成教育部青年课题1项,广东省高校优秀青年人才项目1项,广东省重点文科基地广外翻译学研究中心招标项目1项,曾在《外国文学研究》《当代外国文学》《外国文学》《外国文学动态》《小说研究》《暨南学报》《外语研究》等学术期刊发表论文多篇。出版专著1部:《简约不简单:美国极简主义文学流派研究》(暨南大学出版社,2014),译著1部:《我为何阅读》(译林出版社,2016)。2012—2013年在美国诺维奇大学访学。

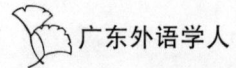

王　琢（1958—　　　），辽宁绥中人。文学博士，教授，硕士生导师。主要研究方向为中日比较文学、日本文学、比较文艺学。1985年毕业于东北师范大学日语系，获学士学位；1988年毕业于吉林大学日本研究所日本语言文学专业，获硕士学位；2002年毕业于暨南大学中文系文艺学专业比较文艺学方向，获文学博士学位。1988年起任教于海南大学；1990年任讲师；1998年任副教授；2003年晋升为教授；2001—2003年任海南大学文学院副院长；2002年起任海南大学文艺学专业比较文艺学方向硕士生导师。1994—1995年在日本东北大学国际文化研究科作访问学者；2003年4月—2005年3月在日本文部科学省日本学术振兴会外国人特别研究员，京都大学文学研究科外国人共同研究员（博士后研究员）；2005年4月—2015年7月任暨南大学外国语学院副院长（分管教学工作）。主要社会兼职：中国世界海外华文文学学会理事，国际二宫尊德思想学会常务理事，中国日语学会华南分会副会长，广东省外语教学指导委员会亚非语言分会副主任委员。在《文艺研究》《哲学动态》等核心刊物发表论文40余篇。在中日比较文学方面的研究，主要集中在《源氏物语》和《白氏文集》的影响关系的比较研究上，发表论文5篇，另外在充分梳理日中两国20世纪研究成果的基础上，辑录优秀论文26篇，附录自撰《回顾与展望》2篇；在日本文学研究方面，主要集中在对日本当代著名小说家大江健三郎的研究上，自从1988年发表《人·存在·历史·文学——大江健三郎小说论纲》一文以来，已发表相关论文30余篇；在比较文艺学研究方面，主要运用比较文艺学的方法，对大江健三郎的小说方法进行了系统研究，完成博士论文《想象力论：大江健三郎的小说方法》。2002年被评为暨南大学优秀博士论文，同年被收入国家优秀博士论文文库，于2003年由上海文艺出版社公开出版。出版译著《感性论：为了被开放的经验的理论》（岩城见一著，商务印书馆，2008），编著《中日比较文学研究资料汇编》（中国美术学院出版社，2002），译著《个人的体验》（大江健三郎著，中国文联出版公司，1995）。2011 年主持国家社科基金一般项目"近代日本文艺批评的文化研究"；2006 年主持广东省学科共建项目"日本近代文学批评的文化语境"。

王宗炎（1913—2011），广西合浦人。曾任中山大学外国语学院教授，博士生导师。中国语言学会第一、第二届学术委员会委员，广东省政协第四、第五届委员，《中国大百科全书——语言文字卷》编委会委员，上海外语教育出版社《现代语言学丛书》主编之一。主要研究方向为应用语言学、英汉语言比较研究。1934 年毕业于中山大学英语系，获文学学士学位。1946 年起任中山大学外语系讲师，1951 年晋升为副教授；1970 年起任广州外国语学院副教授，1977 年晋升为教授；1979 年起任中山大学外语系教授；1986 年起任博士生导师。长期从事英语教学和研究工作，讲授的主要课程有欧美语言学史、英语散文选、翻译理论研究等。在《现代外语》《外国语教学》《语言文字应用》《外语教学与研究》《外国语》等杂志发表了 100 多篇学术论文，代表作有《英语病句探源》（《现代外语》，1979 年第 4 期）；《缩略语：英语词汇中的暴发户》（《外国语教学》，1978 年第 4 期）；《英语教师看语言和语言学》（《现代外语》，1993 年第 2 期）等；著作主要有《英语动词》（主编，商务印书馆，1959 年）、《英语语法入门》（主编，商务印书馆，1960 年）、《英语语法图解》（主编，商务印书馆，1962 年）等。

韦立新（1962—   ），广西来宾人。教授，博士生导师。现任广东外语外贸大学东方语言文化学院教授，博士生导师，东亚研究中心主任。兼任中华日本哲学会副会长、中国日本史学会常务理事兼古代史专业委员会会长、中华日本学会常务理事、东亚宗教文化学会理事、广东外语外贸大学外国文学文化研究中心研究员，并受聘兼任国家社科基金项目、博士后基金项目、国务院学位中心评审专家，

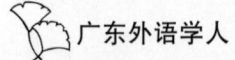

受聘兼任《日语学习与研究》编委、《东亚宗教》学术委员。主要研究方向为日本思想文化、中日文化交流史、中日文化关系。1983年7月毕业于广州外国语学院日语专业，获学士学位；1984—1985年赴北京语言学院中国日语教师研修中心（大平班）高级班进修；1988—1989年赴日本京都大学教育学部留学，归国后历任广州外国语学院东方比较文化研究中心副主任，日语系副主任；1994年晋升为副教授；1996年赴日本神户女学院大学任客座研究员；1999年9月获评为广东省"南粤教书育人优秀教师"；2003年毕业于暨南大学历史系专门史专业，获历史学博士学位；2012—2013年任（日本）国际日本文化研究中心外国人研究员。曾任广东外语外贸大学东方语言文化学院院长、日本研究中心主任，兼任教育部高等学校外语专业教学指导委员会委员。长期从事日语及日本文化的教学与研究，代表性论文有《论宋元文化的影响力与日本佛教文化》（2007）；《中国儒教文化与日本近世思想的形成》（2002）；《日本中世文化与中国禅文化的关系》（2003）；《论日本室町文化中的禅文化因素》（2010）。主要著作有：《日语口语辞典》（合编，世界图书出版公司，1996）；《恋爱方程式》（译著，香港明窗出版社，1996）；《宋元时期中日佛教文化关系》（香港开益出版社，2003）；《日本佛教源流》（世界图书出版公司，2013）；《日本中世文化研究》（世界图书出版公司，2013）等。

魏在江（1965—　　　），四川达州人。广东外语外贸大学英文学院教授，博士，博士生导师。主要研究方向为认知语言学、对比语言学、语用学、语篇分析等。1985年9月—1988年7月在西南师范大学外国语学院英语教育专业学习；1998年9月—2001年7月在重庆大学外国语学院攻读外国语言学及应用语言学硕士学位；2001年9月—2004年7月在华东师范大学攻读语言学及应用语言学博士学位；2005年7月—2007年7月在上海外国语大学外国语言文学博士后流动站从事博士后研究。2011年9月—2012年8月作为中美富布赖特高级访问学者在美国俄勒冈大学（The University of Oregon）访学，师从著名哲学家、语言学家马克·约翰逊（Mark Johnson）学习认知语言学、语言哲学。曾任西安外国语大学研究生部主任、学报编辑部主任，《外语教学》及《西安外国语大学学报》常务副主编，西安外国语大学外国语言学及应用语言学学科带头人，2007年任西安外国语大学教授，2013年任西安外国语大学首批博士生导师。2015年3月起受聘广东外语外贸大学"云山杰出学者"。已在《现代外语》《外国语》等核心期刊上发表论文60余篇，多篇被《中国社会科学文摘》《人大复印资料》转载、索引，被《2009年版中国期刊高被引指数》遴选为全国"语言文字"学科高被引作者；出版《语用预设的认知语用研究》等3部学术专著；主持完成国家社会科学基金项目"语用预设的认知语用研究"（项目编号：08BYY074），获优秀等级；主持陕西省哲学社会科学规划项目3项。获陕西省人民政府哲学社会科学优秀成果奖二等奖、三等奖共3次，陕西高校人文社会科学优秀成果奖一、二、三等奖共4次，2017年获广东省哲学社会科学优秀成果奖三等奖。目前主持国家社会科学基金重点项目"基于认知的英汉语法转喻对比研究"（项目编号：16AYY001）以及广东省哲学社会科学规划项目。现为中国认知语言学研究会常务理事，中国语用学研究会常务理事。

温宾利（1960—   ），山东招远人。广东外语外贸大学教授，博士生导师。1990年9月—1993年6月在广州外国语学院英语系学习，获外国语言学及应用语言学硕士学位，1993年9月—1996年6月在广东外语外贸大学英语系学习（在职），获外国语言学及应用语言学博士学位。1980年7月—1990年8月任教于山东省蓬莱师范学校；1993年7月至今任教于广东外语外贸大学，1997年晋升副教授，1998年获聘硕士生导师，2002年晋升教授，2003年获聘博士生导师。曾任广东外语外贸大学英语语言文化学院研究生工作办公室副主任、主任、学院副院长，2010年12月底至今任学院院长；兼任校纪律检查委员会委员、校学术委员会副主任（并兼任人才建设分委员会主任）。校外学术兼职包括广东省普通高等学校英语类专业教学指导委员会副主任委员、英语专业分委员会主任委员（2012年起）、中国英汉语比较研究会英语教学研究分会副会长（2013年起）、形式语言学专业委员会副会长（2015年起），广东省外国语言学会副会长（2015年起）。主要研究方向为理论语言学，长期从事外语教学及语言测试工作。主持教育部重点研究基地重大项目2项："英汉句法对比研究：关系结构的推导及诠释"（2002），"现代汉语时间指称的句法研究"（2013）；参与国家哲学社科规划项目3项、省部级自然科学基金和社科基金项目3项。著有《当代句法学导论》（外语教学与研究出版社，2002），在学术期刊上发表论文30余篇，代表作有：《一致关系与中心语移位述评》（《当代语言学》，2015）、《自然语言中的关系结构》（《外语教学与研究》，2001）、《英语将来事态句的最简句法分析》（《外语教学与研究》，2015）、《英语的"驴句"与汉语的"什么……什么句"》（《现代外语》，1997）、《论轻动词v的纯句法本质》（《现代外语》，2007）、《移位还是不移位——汉语关系结构生成方式探讨》（《现代外语》，2013）、《论汉语兼语式的推导》（《外国语》，2009）、《汉语翻转结构的句法生成》（《外国语》，2016）等。20多年来，共培养硕士研究生40人，博士研究生近20人。

温　志（1970—　　），广东梅县人。文学硕士，广州民航职业技术学院教授。主要研究方向为应用语言学、英语教学研究。广东省高职院校公共英语课程教学指导委员会副主任委员，广东省高等学校"千百十工程"校级人才培养指导教师，广东省高等学校优秀青年教师计划项目人才培养指导教师。曾获"全国民航优秀教师""中南民航五一巾帼标兵"、广东省"南粤优秀教师"和广东省"五一劳动奖章"等荣誉称号。从教20多年来，先后在湖南大学、广东技术师范学院和广州民航职业技术学院从事英语专业本科和非英语专业高职学生的英语教学工作，主讲"大学英语""商务英语""雅思英语"等多门课程，教学成绩优秀。主编及参编教材 24 部，其中主编《通用英语口语》《新航向民航特色大学英语视听说教程》等教材 8 部，参编 2 部。在《外语电化教学》《大学教育科学》、IEEE 等刊物上发表学术论文 29 篇。主持及参与广东省高等学校大学英语教学改革项目、广东省普通高校人文社会科学研究项目等科研项目 7 项。作为学校英语各类大赛的负责人和指导教师，指导学生参加广东省及全国高职院校英语口语技能大赛和写作大赛等各类竞赛。

翁显良（1924—1983），生于香港，祖籍广东顺德。教授。曾就读于香港教会学校华仁书院。长期致力于英语教学、翻译和研究。15 岁中学毕业后，于 1940 年以第一名的优异成绩考入香港大学，主修政治学与经济学，同时获得了每年只有一个名额的"英皇爱德华七世奖学金"。次年 12 月太平洋战争爆发，香港沦陷，毅然返回内地，就读于中山大学法学院政治系。1947 年大学毕业，随即进入粤赣湘边区五岭游击区工作，担任武工队副队长和政治教员等职。后因在突围战斗中与部队失去联系，于 1948 年返回香港，先后在《德臣西报》（China Mail）和英文《虎报》（Hong Kong Standard）当记者；1949 年后从香港回到广州，在南方日报社工作，任记者、编辑，享有"编辑王"之称；1962 年调入暨南大学任教。"文化大革命"期间暨南大学停办，转入广州外国语学院工作；1978 年暨南大学复办又返校任教，曾任英语语言文学专业教授、硕士研究生导师和外语系副主任、主任等职。兼任中国英语教学与研究会常务理事、全国美国文学研究会理事、广东语文学会常务理事和副会长、广州翻译工作者协会理事长、《世界文艺》杂志主编等职。著有《英语语音概要》（广东人民出版社，1979）；翻译理论方面的文章有《意态由来画不成？》；1979—1983 年在《世界文艺》（季刊）连续发表英美著名作家的小说、诗歌、散文的译作和文学论丛、杂谈等。英诗汉译代表作有爱德文·阿灵顿·罗宾森的《李察·苟利》、罗伯特·洛俄尔的《神灵光照的儿女》、卡尔·桑德堡的《栅栏》和《飘摇四唱》、马休·阿诺德的《鲛人怨》和《多佛海滩吟》等。曾自选124首诗，上自屈原，下至龚自珍，合成专集《古诗英译》（北京出版社，1983）；1978—1983年共译古诗226首。1979年，《英语语音概要》获"广东省哲学社会科学优秀普及读物"二等奖。1980年被评为"暨南大学先进工作者"。《意态由来画不成?》连同《文学翻译讲座》等6篇文章汇集成册后，于1983年获广东省优秀社会科学研究成果三等奖。1982年5月获广东省高等教育局颁发的教学优秀奖状。

吴　寒（1967—　　），河南信阳人。现任广东轻工职业技术学院国际交流与合作中心主任，二级教授。研究方向为高职外语教育、应用语言学。现任广东省高职院校公共英语课程教学指导委员会主任，广东省高职教育外语专业教学指导委员会副主任，广东外国语言学会副秘书长，教育部职业院校外语类专业教学指导委员会公共英语分会委员，四川师范大学外国语学院学科教学（英语）硕士生导师（2017—2020）；曾任广东省职业英语能力认证职业技能鉴定专家组成员（2007—2010），台湾朝阳科技大学讲座教授（2015—2016）。1991年毕业于信阳师范学院英语专业，获文学学士学位，后留校任教；2003年评为副教授；2006年获中山大学文学硕士学位；2011年晋升为教授，2015年获聘为二级教授。1997年调入广东轻工职业技术学院，作为主要创始人创建了应用外语系和国际交流学院，历任英语教研室主任、基础部副主任、外语系系主任兼国际交流学院院长、应用外语与国际交流学院党总支书记，广东轻工职业教育集团外语外贸专业委员会常务副主任（2013—2016），商务英语专业带头人，学校学术委员会暨战略发展咨询委员会委员（2013—2017）。2012年获"南粤优秀教师"荣誉称号；多次获学校"优秀共产党员""优秀专业带头人""优秀骨干教师"等荣誉称号。曾赴澳大利亚北悉尼学院、德国 F＋U 职业教育集团、新加坡南洋理工学院、新西兰北方理工学院、香港职业训练局接受职业教育理念、课程设计与开发、教学法等方面的培训。长期从事高职商务英语专业建设和高职外语教育研究与实践，主持的研究项目"高职商务英语专业创新教学体系的探索与实践"于 2014 年获国家级教学成果二等奖，"对接涉外现代服务业，培养高职商务英语人才的探索与实践"获第七届广东省教学成果一等奖，主持建设的商务英语专业被评为省级重点专业，商务英语教学团队获省级优秀教学团队，"职业英语"课程获省级精品资源共享课程。主持广东省哲学社会科学课题"基于职场情境的高职英语翻转课堂教学模式研究与实践"（2015，项目编号：GD15zw11）、中国外语教育基金"高职商务英语专业工学结合人才培养模式的理论研究与实践探索"（2008）、广东省教育科学"十一五"规划项目"高职院校英语教师专业发展模式研究"（2010，项目编号：2010tjk134）等 10 多项省部级课题，主编、参编教材 10 多部，其中《高级职业英语》为"十二五"规划教材，在《中国外语》《中国职业技术教育》《天津职业大学学报》等刊物发表论文《高校青年外语教师自主专业发展现状和对策研究》《中国环境下的工学结合人才培养模式内涵研究》《体验学习理论视角下的大学生自主学习能力培养的有效途径研究》等论文。其中，《高职商务英语专业课程体系构建和设计的理论研究》获广东省高教学会 2008 年高等职业技术教育优秀科研成果三等奖。

吴慧坚（1963—   ），生于广东陆丰，祖籍湖南安化。广东第二师范学院外国语言文化学院院长、教授，中国英汉语比较研究会理事。主要研究方向为英汉语言文化对比、翻译理论与实践，近十年专注于林语堂翻译研究。代表性论文有《翻译的条件与翻译的标准——以林语堂＜吾国与吾民＞为例》（《外语学刊》，2006 年第 1

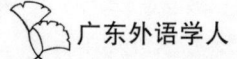

期)、《重译林语堂——从 My Country and My People 的翻译谈起》(《学术界》，2008 年第 6 期)、《林语堂 < 记承天寺夜游 > 译文评析——兼论关联性语境融合理论与翻译批评》(《社会科学战线》，2010 年第 5 期)；代表作有《重译林语堂综合研究》（花城出版社，2012）。

吴让科（1966—   ），湖北监利人。教授。1989 年 7 月毕业于解放军国际关系学院，获学士学位；1989 年 7 月—2004 年 7 月在第一军医大学基础部外语教研室任助教、讲师、副教授；2004 年 8 月至今在南方医科大学外国语学院任教，先后任副教授、教授。2010 年 10 月—2011 年 11 月在英国利兹大学教育学院深造，获硕士学位。2016 年 12 月起任南方医科大学教授。先后担任南方医科大学外国语学院对外汉语系主任，外国语学院副院长。现兼任广东省大学英语教学指导委员会副主任委员，广东省翻译协会医学翻译委员会副主任委员。长期从事英语教学、ESP 教学以及医学翻译等研究工作。先后主持了广东省社科规划项目"外语学科专项"、广东省教学成果奖（高等教育）培育项目、广东省高等教育教学改革项目（本科类）、广东省大学英语教学改革项目等教学和科研项目。在《解放军外国语学院学报》《外语研究》《外语电化教学》等刊物发表论文 8 篇。作为丛书的总主编编写了《高等院校新概念医学英语系列教材》（已经出版 9 册），由世界图书出版公司出版。

吴圣杨（1971—   ），广东揭西人。广东外语外贸大学泰语系教授，硕士生导师。1994 年毕业于广州外国语学院泰语专业，获学士学位；2007 年获暨南大学国际关系专业法学硕士学位。曾在泰国朱拉隆功大学、诗娜卡琳大学作访问学者。研究领域为泰语语言文学、泰国宗教文化，主要成果有发表于《外国文学评论》的《泰国庇护制礼教文化背景与〈四朝代〉主题剖析》、《外国文学》的《〈天长地久〉：基于佛教无常观的现实主义思想的创作》和《世界宗教研究》的《东南亚那珈信仰的起源与嬗变——语言民族学视角的分析》等。此外在《南洋问题研究》《东南亚研究》、*Burapha Arts Journal*（泰国 ISSN0859 - 8800）、*Ramkhamhaeng University Journal*（泰国 ISSN0125 - 300 X）和 *Chinese Study Journal*（泰国 ISSN 1905 - 1972）等多家国内外学术期刊发表有关泰国社会文化研究的论文30余篇。主持多项省、市及校级科研项目，如广东外语外贸大学人才领航项目"吴哥文化当代承继研究"（2015）；广东省"211工程"三期重点学科建设项目"全球化背景下的外国语言文学研究"子项目"民俗佛教文化背景下的泰国文学作品解析"（2009）；广州市哲学社会科学项目"基于萨迪纳制视角的泰华移民文化变迁研究"（2007）；参与省、市级教研项目多项。

吴松初（1954—　　），江西九江人。广东技术师范学院外国语学院教授。1983年7月毕业于江西师范学院英国语言文学专业，获学士学位。先后在江西吉安师范专科学校（1983年8月—1988年7月）、南昌职业技术师范学院（1988年10月—1992年11月）、广东技术师范学院（1992年12月—2014年9月）任教。长期从事语言学、语言与文化、远程教育等领域的研究工作。主要研究方向为语言学。曾先后主持广东省教育厅科研项目"远程教育课程研究实践——英语网络教学"和"六校网络课程教学试点——英语国家概况"；在语言学和语言与文化研究方面的代表性论文有《意向性的语言转述》《中英当代流行委婉语的文化比较》《论语境主体的基本特征及其语境效应》及 *Be bicultural to be bilingual*（*English Teaching Forum*）。

吴　岩（1971—　　），青海西宁人。广东外语外贸大学英语教育学院教授，广东外语外贸大学学术委员会委员，广东省高等教育学会常务理事。主要研究方向为国别研究、外语教师发展、大学教师学术发展。1999年晋升为讲师，2004年晋升为副教授，2014年晋升为教授。在《教育研究》《比较教育研究》《外国教育研究》《清华大学教育研究》《课程·教材·教法》《外国中小学教育研究》《教育评论》等刊物发表了20多篇文章,出版专著《美国大学聘任制度研究》,主持教育部人文社科一般项目"城镇学生义务教育阶段教育补习实证研究——以广州为例"、广东省科技厅软科学项目"基于大学推动的创新型城市建设与可持续发展研究——以广东省为例"。讲授多门本科生与研究生课程。

吴增生(1946—2010),中山大学外国语学院英语系教授。1969年于中山大学外语系英语专业本科毕业后留校任教。1980—1982年在美国加州大学洛杉矶分校(UCLA)英语系修读研究生课程,获得"英语作为第二语言教学"(TESL)专业的硕士学位及教师证书。1992—1993年在加州大学洛杉矶分校当高级访问学者,从事应用语言学的研究。1993年12月晋升为教授。1985—1999年一直在中山大学从事业务和行政管理双肩挑的工作。除教学工作外,曾任外语系副系主任(1985年10月—1992年1月),外国语学院副院长(1992年1月—1994年2月),院长(1994年3月—1995年10月),中山大学副校长(1995年8月—1999年8月),广东省高等教育学会副会长,广东省第四届社会科学联合会委员等职务。曾兼任的职务有中山大学校务委员会委员,广东外国语言学会副会长,广东省第五届社会科学联合会委员,广州欧美同学会副会长。曾于1989年1月—1991年10月被国家教育委员会聘为高等学校外语教材编写委员会委员,为全国"大学英语"系列统编教材《大学英语》(上海外语教育出版社,1991)的责任编委之一。曾发表英语教学、第二语言习得以及教学管理方面的论文;与他人合作出版了《简明英语常用同义词例解》(修订本)(商务印书馆,1987)、《英汉应用语言学词典》(国家教育委员会"七五"重点科研项目,湖南教育出版社,1988)、《英汉双解大学英语常用词用法词典》(中山大学出版社,1990)、《旅游宾馆英语口语》(中山大学出版社,1992)、《实用英语学习词典》(副主编,上海教育出版社,1997)获华东地区1997年度优秀教育图书奖三等奖,广东省第六届优秀社会科学研究成果奖三等奖)、《英语学习基础词典》(副主编,上海教育出版社,2004)。曾先后在中山大学英语培训中心、公共英语教学部和英语系任教,曾讲授英语精读、泛读、高级写作、翻译、教学法、普通语言学等本科课程及语言学概论、第二语言习得和社会语言学等硕士研究生课程。

吴之桐(1941—   ),中山大学外国语学院教授、博士生导师。本科毕业于上海外国语学院。曾任中山大学外国语学院院长,曾兼任日本东京大学东洋文化研究所外国人研究员、中国日本语教学研究会理事、中华日本学会常务理事等职。主要研究领域为日本文学与日本文化,曾在《南京师大学报(社科版)》《江苏社会科学》《中山大学学报(社科版)》《东北亚论坛》等刊物发表文章。出版译著包括《日本近代哲学选择》《日本帝国主义的形成》《日本短篇小说选》《井上弘美中篇小说集》等。

伍小龙(1948—   ),广东江门人。华南师范大学外国语言文化学院英语系教授,硕士生导师。主要研究方向为翻译理论与实践研究、英语教学与研究。从事英语专业教学工作30余年,对英语教育、教学有一定的研究,对中西方翻译理论及中西文化有较为广泛深入的研究。曾任华南师范大学外语系基础英语教研室主任、外语系副主任(主管教学工作)、外国语言文化学院党委书记,1996—2008年担任全国高考广东省评卷场英语科评卷工作;曾任广东省翻译协会第五届常务理事、第六届名誉理事,华南师范大学教育发展集团专家组成员,广东机电职业技术学院外语系专家组主任委员,广东外语艺术职业学院校外督导,第16届亚运会组委会特聘专家组成员,现任广州商学院外国语学院英语专业教授。曾发表论文数十篇,出版译著、编著多部。主要论文有《新的思考角度,新的研究视野》《破解译学七大难题》;主要译著有 The Basic Knowledge of Traditional Chinese Medicine(《中医常见病的诊治》汉译英,香港海峰出版社,1991)、Diagnosis and Treatment of Common Diseases in Traditional Chinese Medicine(《中医基础理论》汉译英,香港海峰出版社,1992);编著有《高考英语分题型复习与指导》(暨南大学出版社,2009)、《高考英语作文指导与训练》(暨南大学出版社,2009)、《高考英语重点突破》(广东人民出版社,1999)、《(3+X系列)高考模拟训练》(广东人民出版社,1999)。

武建国(1976—   ),山西孝义人。博士,华南理工大学外国语学院教授,中国话语研究会常务理事,广东省高等学校"千百十工程"培养对象;担任国家社科基金项目通讯评审专家,国家留学基金项目通讯评审专家,教育部人文社科基金项目评审专家,广东省社科基金项目评审及结项鉴定专家,以及多家 SSCI 和 CSSCI 期刊审稿人。主要研究方向为话语分析/语篇分析、语用学、文体学。1998年6月毕业于山西大学外国语学院英语专业,获学士学位;2002年6月毕业于山西大学外国语学院外国语言学及应用语言学专业,获硕士学位;2006年6月毕业于广东外语外贸大学外国语言学及应用语言学专业,获博士学位;2010年3月—2011年3月在英国剑桥大学英语及应用语言学研究中心做访问学者。2006年被评为副教授,2012年被评为教授。近年来,主持国家社科基金项目"中国当代大众语篇中的篇际互文性研究"(项目编号:13CYY089)、教育部人文社科基金项目"当代汉语大众语篇中的篇际互文性研究"(项目编号:12YJC740114),主持并完成广东省社科规划基金项目"汉语语篇中篇际互文性的语用学研究"(项目编号:08K-05),并被评定为"优秀"等级。同时,在 Discourse & Society 及《外语教学与研究》《外国语》《现代外语》《中国外语》《外语教学》《外语与外语教学》《外语研究》《外语学刊》等国内外重要学术期刊上发表论文近50篇。主要学术专著有《当代汉语公共话语中的篇际互文性研究》（上海外语教育出版社，2010），荣获首届华南理工大学哲学社会科学研究优秀著作奖。近两年的代表性论文包括：*Recontextualization and Transformation in Media Discourse*（*Discourse & Society*，2006）、《批评性话语分析的新方法——趋近化理论》（《外国语》，2016）、《重新语境化与企业文化的传播——以世界五百强企业的网页翻译为例》（《外国语》，2017）。曾多次获得各种奖励，招收硕士研究生10余届共计40余名，并指导硕士研究生连续获得国家奖学金及优秀毕业论文奖。

夏纪梅（1950—　　），原名夏纪美，广东广州人。曾任中山大学外语教学中心主任，中山大学妇女与性别教育研究中心主任，中山大学教学指导委员会委员，中山大学工会女性发展中心专家成员，教授；教育部高等学校外语教学指导委员会副主任委员，教育部大学英语考试委员会委员，教育部大学本科教学评估专家，教育部和广东省社科项目评审专家，国务院学位办"外国语言学与应用语言学"硕士点评审专家，外语教育/应用语言学硕士生导师等；教育部与剑桥大学考试委员会认证的"商务英语证书"教师培训专家；上海外语教育出版社特约编审；中国跨文化交际研究会常务主任，《现代教育报（教材周刊）》编委会主任等，中山大学外国语学院院长，中山大学外语教育研究所所长，教育部大学英语四六级考试委员会委员；广东省大学英语教学研究会副理事长；广东省社会科学联合会外语学会秘书长；英国剑桥大学考试委员会认证的"剑桥商务英语证书"口试考官及培训师和教师培训师等；教育部"大学英语教学要求"和"大学英语四六级考试"改革项目专家组成员等。曾被广西大学、黑龙江大学、东北大学、南京航空航天大学、新疆医科大学、江苏工学院等高校聘为客座教授。先后获得

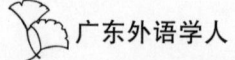

"广东省高教系统先进工作者"奖(1988)、"南粤优秀教师奖"(2007)、"广东省高校优秀教学成果奖"(1989,1993,2001,2009),2003年获首届中山大学"名师奖",2009年获"广东省第四届教学名师奖"等。

夏家驷(1956—　),湖北黄石人。教授,文学硕士,广东省翻译协会第六届理事会理事,华南农业大学教学名师。1977年考入华中师范大学英语专业读本科,1982年1月毕业,1997年在华中师范大学获得硕士学位,复旦大学外文系访问学者(1990—1991),导师为孙骊教授,2007—2008年获国家留学基金资助赴美国加州理工大学任高级访问学者。历任华南农业大学英语系主任(1999—2003;2011—2012),英语专业首席教师,华南农业大学英语专业教学指导委员会主任,外国语学院副院长(2003年7月—2010年12月),外国语言学与应用语言学研究所副所长。2008—2012年任九三学社广东省省委委员,2008—2012年任九三学社广东省联络委员会副主任,2005—2011年任九三学社华南农业大学支社主任委员。曾任2010年、2011年广东省教育厅高等学校教师高评委外语评审小组评委,历年国家社科基金通讯评委,历年广东省高校及高职高专英语职称通讯评委。2014年华南师范大学高级职称学科组外聘评委,2015年华南师范大学硕士学位论文学术评语评委,2016年广东外语外贸大学MTI答辩小组主席。独立完成或合作完成省厅级及校级科研项目多项,发表学术论文20余篇,主编或参编译著、教材、词典和电子词典10余部,2009年"翻译课程群建设与教学改革探索"项目获广东省教学成果二等奖。代表性论文有《互文性给机器翻译带来的启示》《诗歌语篇的识解与翻译》《模因论与人文社会科学》《语篇分析与机器翻译》。代表译著有《一个瑜伽行者的自传》(鹭江出版社,2012);《农业专业英语》(主编,武汉大学出版社,2011);《英语专业学士学位论文写作新编》(主编,广东省语言音像电子出版社,2006)。多年来从事英语专业教学，所教授的课程主要有翻译理论、笔译、机器翻译导论、科技翻译、商务英语翻译、英语语言学、高级英语、基础英语、英语词汇学、英语视听说、学术论文写作等以及非英语专业硕士、博士课程，英语专业"MTI 计算机辅助翻译"和"科技翻译"课程。研究方向为翻译理论与实践、科技翻译、商务英语翻译、英语语言教学。

夏立新（1965—　　　），安徽庐江人。广东外语外贸大学词典学研究中心研究员，博士生导师。1978 年考入安徽省含山师范学校；1981 年毕业后在中学从事英语教学工作；1982—1984 年在安徽省巢湖师范专科学校进修学习；1987—1989 年在安徽省教育学院进修学习，获得文学学士学位；1991 年考入广州外国语学院攻读外国语言学及应用语言学方向研究生，毕业后分配到安徽师范大学外语系任教；1993—2002 年在中国船舶工业总公司第 710 研究所从事科技翻译和情报研究；2002 年调入广东外语外贸大学工作至今，其中 2007—2013 年在广东外语外贸大学外国语言学及应用语言学研究中心攻读博士学位。研究方向为双语词典学、学习词典、词典与翻译、中国英语、英语变体、语言接触、语料库语言学等。学术兼职有中国辞书学会理事、中国辞书学会辞典理论与辞书史专业委员会副主任委员、中国辞书学会双语词典专业委员会常务理事兼秘书长。在 Lexikos、《学术研究》《辞书研究》《外语教学》等国内外学术期刊发表学术论文 40 余篇；出版学术专著 1 部、译著 2 部（第二译者）、英汉双解词典 1 部（副主编），代表作为《内向型汉英学习词典的多维译义模式研究》（商务印书馆，2015）。主持教育部人文社科基金项目、广东省社科项目和广东省教育厅人文社科项目 4 项，参与国家社科基金重点项目、国家社科基金一般项目（排名第 2）各 1 项。2011 年和 2016 年分别在英国西英格兰大学和考文垂大学访学研究。

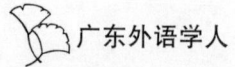
广东外语学人

肖好章（1962—   ），江西吉水人。华南农业大学三级教授，硕士生导师，南粤优秀教师。华南农业大学学术委员会委员，院学术委员会主任，华南农业大学外国语言学及应用语言学研究所所长，生态语言学研究所副所长，商务英语专业主任，中山大学兼职硕导。研究方向有第二语言习得、语境学、生态语言学、系统功能语言学和翻译。1981—1985年在江西师范大学外语系读本科；1991—1992年在华中师范大学研究生课程班学习；1995—1996年由国家教委公派新加坡南洋理工大学留学，获研究生学历；2007—2010年就读于中山大学外国语言学及应用语言学专业，获博士学位；2012—2013年国家留学基金委公派悉尼大学外语系做访问学者（从事博士后研究）。1997年晋升副教授，2000年破格晋升教授。曾任外国语学院首届院长、《华南农大学报》编委、全国农林高校外语研究学会副会长、广东省外国语言学会常务理事等。受邀为 *Linguistics and Education*，*Functional Linguistics*，《现代外语》等学术期刊担任盲审评阅人。多次被聘为各级课题、省职称、省留学项目、CCTV杯大学生英语演讲赛等评委。先后被聘为澳大利亚麦考瑞大学（Macquarie University）博士论文盲审评委，中山大学、广东外语外贸大学、华南理工大学、华南师范大学、内蒙古大学等高校博士/硕士论文盲审/答辩专家。先后在悉尼大学语言学系、泰国宋卡王子大学外语系等做学术报告。先后教授语言学、应用语言学、第二语言习得、学术论文写作、英语听说等多门专业课程。在国内外学术期刊《现代外语》《外语界》《外语与外语教学》《中国外语》及 *English Teaching Forum* 等刊物发表论文30余篇。其中在《意义与语境：交互语境模式构建》《L2话语域建构中的互动层级与频率作用——兼论"音—意匹配优先假设"》《显性注意与语篇标记语学习对话语识解和生成的影响》等论文中先后提出"交互语境模式""音意匹配优先假说""生态学习语境观""角色型交互分析教学"等概念。出版专著《语言习得与外语教学》（江西高校出版社，1999）、教材《英语阅读》（中国农业出版社，

2006）等4部；发表诗歌、译诗及译诗研究论文多首/篇。主持完成省级以上课题10余项，其中结题研究报告《广州文化译介》被2010年广州亚运会组委会采用；在研课题有广东省"质量工程项目"精品资源共享课"英语听说"（2014）、广东省教改项目"高水平大学英语教学与专业协同的实证研究"（2015）和广东省社科"十三五"规划项目"角色型交互学习研究：生态语言学路向"（2016）。主持获省级优秀教学成果奖二等奖一项（个人项目），先后被评为省级优秀班主任、省级骨干教师。

肖惠云（1940—2012），生于印度尼西亚雅加达，祖籍广东梅县。广东外语外贸大学资深教授，硕士生导师。主要研究方向为第二语言习得和语言教学、跨文化交际等。1961年毕业于华中师范大学（原华中师范学院）英语系，1961—1962年在华中师范大学任教，1962—1970年在暨南大学任教，1970年起在广州外国语学院（后于1995年与广州对外贸易学院合并后更名为广东外语外贸大学）任教，历任助教、讲师、副教授、教授，从事英语本科生与研究生的教学和语言学与应用语言学研究工作，直到2006年退休。1988—1993年任广州外国语学院英语系主任。1989年获"广东省优秀教师"称号，1992年起享受国务院特殊津贴，1993年获广东省优秀教学成果二等奖（排名第一），1997年获广东省优秀教学成果二等奖（排名第二），1999年获广东省南粤教书育人优秀教师，2004年获全国模范教师，2005年获广东省教学成果一等奖。发表论文20余篇，主持和参与完成校级、省级、国家级教学科研项目多项。主要科研成果包括《当代英国概况》（*Contemporary British Culture and Society*）（上海外语教育出版社，1992），被列为广州外国语学院与英国文化委员会的合作项目。亲自主持了该书的2002年修订版和2010年第三版。《当代英国概况》（修订版）是普通高等教育"十五"国家级规划教材。《当代英国概况》第三版是新世纪高等院校英语专业本科生系列教材之一，是普通高等教育"十一五"国家级规划教材,被教育部定为英语专业八级考试的复习课本。《交际英语教程——核心课程》(*Communicative English for Chinese Learners*)(修订版)(主编,上海外语教育出版社,2001)。该教材于1980年被列入教育部高等学校外语专业教材编审委员会5年编审出版计划。1982年经国家教育委员会高等外语专业教材编审委员会审查,定为推荐教材出版,在国内发行使用。2002年《交际英语教程》获全国普通高校优秀教材一等奖,2004年所主持的交际英语课程被评为国家级精品课程。

肖建芳(1966—   ),湖南湘潭人。广东外语外贸大学教授,博士,英语教育学院学术委员。主要研究方向为外语教育、国际外语及双语教育比较研究。1988年毕业于湖南师范大学外国语言文学系,获文学学士学位;1993年毕业于华东师范大学教育科学学院,获教育学(英语)硕士学位;2008年毕业于南京师范大学教育科学学院,获比较教育学博士学位。2014年获国家留学委公派全额奖学金,于2015—2016年在美国威斯康星大学麦迪逊总校区教育学院访学。2002年晋升为副教授;2016年晋升为教授;讲授了23门本科生、研究生课程。1995年起先后担任外语系副主任、学院副院长,分别负责教学、科研管理。2016年被聘为美国德普大学深度教育硕士生导师。1996年和1997年分别被评为广东省"南粤教坛新秀""侨乡巾帼十杰"。2013年《当代国际双语教学模式概论》一书荣获广东省哲学社会科学优秀成果著作类三等奖。兼任国际合作综合英语教学实验课题组专家兼副组长,广东省课程与教学论研究会常务理事、广东省比较教育学会理事、广东教育现代化学会理事兼副秘书长、中南省区外语教学法研究会理事兼副秘书长,广东省外语教学与研究会理事。中国双语教育学会常务理事兼特约研究员,美国德普大学学术委员。先后在 *Springer*、《教育研究》等发表 *Deep Approach to World Languages and Cultures*、*Integrated English in China-An Effective CLIL Model of Foreign*

Languages and Cultures Learning 等论文 50 余篇。在广东人民出版社、广东教育出版社、江苏教育出版社等出版单位出版学术著作和教材 28 部（套），其中专著 3 部。代表性专著有《英语教学艺术论》（广西教育出版社，2003）、《当代国际双语教学模式概论》（广东人民出版社，2011）、《文化视域下的当代大学英语教学研究》（中国时代经济出版社，2014）、《世界语言与文化深度教育》（美国德普大学出版社，2016）。代表性教材有《新世界大学英语读写教程》（译林出版社，2008）、《小学综合英语》（广东教育出版社，2014）、《幼儿综合英语》（广东人民出版社，2009）等。先后主持或参与国家级、省级、厅级教学研究和科学研究项目 18 项，其中国家级 5 项，省部级 5 项。

肖洁文（1935—　　　），湖南长沙人。中山大学教授。研究方向为语义学、文体学。

肖坤学（1965—　　　），湖南邵阳人。教授，硕士生导师。1989 年 7 月毕业于长沙铁道学院（现中南大学）英语语言文学专业，获文学硕士学位；1989 年 7 月—1995 年 3 月在长沙铁道学院（现中南大学）任教；1995 年 3 月至今在广州大学外国语学院任教，先后任讲师、副教授、教授；2002 年起任硕士生导师。先后担任广州大学外语系主任助理、副主任（主持工作），广州大学外国语学院副院长、院长。现兼任教育部"国培计划"（初中英语骨干教师集中培训示范性项目）首席专家、中国认知语言学会常务理事、广东省外国语言学会副会长、广东省译协副会长、广东省外语类专业教学指导委员会委员、广州外国语协会常务副会长等。长期从事翻译理论、认知语言学、外语教育教学等研究工作。先后主持（参与）了包括广东省哲学社科"十二五"规划课题、"十一五"规划课题、安徽省高校社会科学课题、广州市社科联社会科学课题与广州市教育局科研项目在内的 10 余项科研（教学）课题，在《外语学刊》《外国语文》《当代外语研究》《外语研究》《外语与外语教学》《外语教学》等国内 CSSCI 来源期刊、外语类与人文社科类核心期刊及其他学术刊物发表学术论文 40 余篇；主编出版《实用简明英汉词典》《英语阅读：文化、技巧与实践》《大学英语通用翻译教程》《美国文化知识》《新目标大学英语综合训练》等 10 余部专著和教材；讲授了多门本科生、研究生课程，培养硕士研究生 80 余名。荣获"广州大学优秀教师""广州市优秀教师"和"广东省优秀教师（南粤教坛新秀）"等荣誉称号。

谢庆芳（1952—   ），江西兴国人。现任广东培正学院外国语学院英语专业教授，研究方向为修辞学、谚语学和教学法。本科毕业于中国传媒大学外语系英语专业，硕士研究生毕业于中山大学英语语言文学专业，获文学硕士学位。曾于 1982 年在厦门大学参加高校英语教师培训班，1994 年在北京参加国务院外国专家局举办的出国人员培训班，2002—2003 年在美国丹佛大学当访问学者。2006 年获得教授职称。在国内 CSSCI 期刊《现代外语》《解放军外国语学院学报》《上海翻译》《世界宗教文化》及其他学术期刊上发表《论以人体器官名词喻指人》《谚语在广告英语中的活用与创新》《英语招聘广告的语言特色》《现代美国教堂见闻》等论文共 20 篇，在报纸上发表知识性文章约 40 篇。出版著作与教材 16 部，其中有《求职英语系列》4 本（编者，商务印书馆，2003）；《抢救上班族英语系列》5 本（主编，科学出版社，2008）；《英语习语随"身"学》（第一作者，湖北教育出版社，2010）；《亚运英语百事通》（第一作者，广东高等教育出版社，2010）。曾参与教育部全国教育科学规划项目"经济特区职业教育运行机制研究"（1997 年）。

谢元花（1965—   ），湖北武汉人。广东外语外贸大学教授，硕士生导师。2003—2004 年曾任广东外语外贸大学国际商学院副院长，

2010年起任广东外语外贸大学英语语言文化学院研究生工作办公室主任。主要从事语言学与应语言学研究，研究方向是第二语言习得、语料库语言学和外语教学。1987年毕业于湖北师范大学，获学士学位；2000年毕业于武汉大学外国语学院，获硕士学位；2009年毕业于广东外语外贸大学语言学与应用语言学中心，获博士学位。2012年到英国兰开斯特大学语言学系访学。主讲研究生课程：学术论文写作、应用语言学；本科生课程：高级英语、报刊阅读、论文写作、评论性写作等。为 Linguistics and Literature Studies，《现代外语》和《广东外语外贸大学学报》等学术期刊担任特邀审稿人。先后在《外语教学与研究》《现代外语》《外语教学》《解放军外国语学院学报》等期刊上发表论文20余篇。出版专著2部，参编教材2部。代表作有《中国学习者英语提升动词句法语义知识发展调查》《中国学生英语提升动词运用能力发展探究》《中国学习者对英语提升动词虚指主语的习得研究》《新编语言学基础教程》（合著，中国社会科学出版社，2001）、《中国学习者对英语提升谓词的习得：语义启动和句法启动的综合分析模型》（科学出版社，2010）等。主持国家级和省级项目3项，分别是：国家社科项目"任务型教学与教师角色研究"（2013）、广东省社科项目"任务型教学的问题与对策研究"（2013）和广东省教学改革项目"任务型教学与《交际英语教程核心课程》改编研究"（2014）。

辛铜川（1963— ），陕西西安人。广州医科大学英语专业教授，广东省翻译协会医学翻译委员会委员，广东省本科高校大学英语课程教学指导委员会委员。主要研究方向为第二语言习得、医学英语。1984年毕业于西安外国语学院英语系，1996年晋升为副教授，2015年晋升教授。先后在延安医学院、河南大学以及徐州医学院从事外语教学工作。1996年调入广州医科大学，担任基础学院外语教研室副主任和主任。1997年及2009年被评为"广州市优秀教

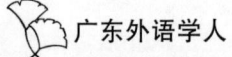

师"。曾获广州医学院第七届教学成果奖（1999 年）及广州医科大学优秀教材三等奖（2015 年）。在《外国语文》《外语研究》和《外语教学》等刊物发表文章 10 多篇，先后主编、参编英语（主要是医学英语）教材 9 部，主持省市级课题 6 项。现主要从事博硕士研究生的英语写作、阅读以及本科生专业（医学）英语的教学工作。

徐　海（1972—　　），江西赣州人。博士，教授，博士生导师。教育部人文社会科学重点研究基地广东外语外贸大学外国语言学及应用语言学研究中心副主任，亚洲辞书学会执行委员，Springer（施普林格）出版的国际期刊 *Lexicography*：*Journal of ASIALEX*（《辞书学：亚洲辞书学会会刊》）联合主编。主要研究方向为词典学、词汇研究、应用语言学等。在 *International Journal of Lexicography*、*Lexikos*、*ELT Journal*、*System*、*The Canadian Modern Language Review* 等 SSCI 期刊以及 *Languages in Contrast*：*International Journal for Contrastive Linguistics*、*TESL Canada Journal*、《现代外语》《学术研究》《辞书研究》等核心期刊上发表论文 40 余篇，出版《加拿大英语词典（英汉双解）》（商务印书馆，2010）、《英语学习型词典研究》（外语教学与研究出版社，2012）等学术著作，先后主持了国家社科、教育部、英国学术院等项目。发表的成果曾获广东省哲学社会科学优秀成果奖三等奖、一等奖。先后入选教育部"新世纪优秀人才支持计划"、广东省"珠江学者"特聘教授。

徐学平（1964—　　），重庆垫江县人。现任华南师范大学外国语言文化学院教授，硕士生导师。研究方向是语用学和应用语言学。1984 年毕业于涪陵师范专科学校（现重庆长江师范学院）英语系。1984—1987 年 8 月在四川省丰都县第二中学担任高中英语教师。1987—1989 年在四川省教育学院外语系脱产进修本科，获四川师范大学文学学士学位。1989 年 7 月—1995 年 8 月在四川省垫江县中学从事高中英语教学，中学英语一级教师。1995—1998 年在西南师范大学学习，获英语语言文学专业硕士学位。1998年7月—2012年12月在湛江师范学院外国语学院工作，先后担任讲师、副教授和教授。2003年9月—2004年7月在广东外语外贸大学做访问学者，师从何自然教授。2005年考取华南师范大学外国语言文化学院心理语言学与外语认知方向的博士研究生，师从周榕教授，2009年获博士学位。2012年12月至今在华南师范大学外国语言文化学院工作。2016年2—7月在美国明尼苏达大学话语—语言—听力科学系（Department of Speech-Language-Hearing Sciences）张扬实验室（Zhang's Lab）访学。在《外国语》《现代外语》《外语与外语教学》《外语学刊》等学术期刊上发表论文23篇，代表性论文有《自触和他触情境对空间指示语选择的影响》《指别距离和指别方式对空间指示语选择的影响》《正负情感对空间指示语选择的影响》等。主持教育部哲学社会科学规划项目"空间指示语的实验语用学研究"（2011）。主编《英语阅读教程1》（中国人民大学出版社，2015），出版专著 An Experimental Pragmatic Study of the Spatial Demonstratives（中国社会科学出版社，2011）。

徐章宏（1963— ），湖北天门人。外国语言学及应用语言学博士，广东外语外贸大学国际商务英语学院教授，硕士生导师，中国语用学研究会常务理事，中国法律语言学研究会常务理事。主要研究领域为语用学、法律语言学、商务英语研究。1984年本科毕业于湖北师范大学外语系；1990年毕业于武汉大学外国语学院，获硕士学位；1992年毕业于广东外语外贸大学，获得博士学位；1997年晋升为副教授，2012年晋升为教授；2004—2010年先后担任广东外语外贸大学国际商务英语学院法律英语系主任、国际商务英语学院副院长等职。自2003年以来，在法律语言学、语用学、商务英语研究等学科协助指导培养博士研究生20余名，指导硕士研究生30余名。先后赴香港理工大学（2002年）和英国兰开斯特大学（2010年）从事隐喻话语理解和庭审中欺骗性言语行为识别等方面

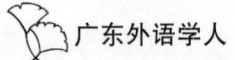

的合作研究。主持广东省哲学社会科学规划项目1项：民企集资案涉法话语权实现研究（广东省社科"十二五"规划学科共建项目，2014）。出版著作或教程8部，其中包括《隐喻话语的语用认知研究》（科学出版社，2007）、《法律英语写作教程》（主编，对外经济贸易大学出版社，2007）、《商务英语综合教程》（第三册）（主编，高等教育出版社，2009）。在《现代外语》《外语研究》等学术期刊上发表论文20余篇，代表作有《刻意强辩话语的语用分析》《法庭应答语信息过量的顺应性研究》。

徐真华（1950—   ），江苏无锡人。教授；博士，博士生导师。曾任广东外语外贸大学党委书记、校长。历任中国翻译协会副会长、广东省社会科学联合会副主席、广州市科学技术协会副主席、广东省翻译协会会长、中共广东省委政策研究室特约研究员、广州市人民政府决策咨询顾问、教育部外语专业教学指导委员会委员兼法语专业教学指导委员会副主任委员。现任广东外语外贸大学资深教授、中国法国文学研究会副会长。1975年毕业于广州外国语学院法语专业。曾先后赴摩洛哥王国、法国、加拿大研修访学。主要研究方向为法国现当代文学和高等教育管理，先后发表文章百余篇。主持并完成教育部高等学校外语专业面向21世纪课程体系和教育内容改革课题、广东省高等学校"211工程"第三期重点学科建设项目。教学、科研成果曾多次获评广东省哲学社会科学成果奖、广东省教学成果奖、浙江省教学成果奖、国家级教学成果奖。2003年被评为广东省高等学校十大师德标兵，享受国务院政府特殊津贴。2014年受聘为广东外语外贸大学"云山学者"资深教授，为传播法国文化、促进中法文化、教育交流作出了重要贡献，被法国政府授予"金棕榈教育骑士"勋章，并被英国朴茨茅斯大学、英国中央兰开夏大学授予荣誉博士学位，同时受聘为嘉应学院荣誉教授、中南财经政法大学客座教授和台湾岭东科技大学讲座教授。作为广东高等教育界的代表担任2008年北京奥运会火炬手。2011年被聘为广东省人民政府文史研究馆馆员。2015 年获评广东省第二届优秀社会科学家。在法国语言文学研究方面，注重探讨文学的文本结构和语言问题及其背后的社会、经济、政治、文化等互动因素，致力于分析和透视法兰西文学发展史中合乎其自身规律的过程，以及贯穿这一过程的批判与传承模式，在中国法语教学与研究领域产生了较大影响；同时，在高等教育管理研究方面，主张以改革谋发展，规范办学、人才强校、特色兴校的治校理念与实践，对广东省高等教育改革起到了积极作用。主要著作及主编教材（含合著）有《理性与非理性——20 世纪法国文学主流》《新词与社会互动关系研究》《文学与哲学的双重品格——20 世纪法国文学回顾》《法国文学导读——从中世纪到 20 世纪》《徐真华自选集》等。

许德金（1972—   ），江苏赣榆人。中山大学外国语学院教授，博士生导师。研究领域为英美文学、美国族裔文学、文化资本与跨文化、区域研究等。入选"教育部新世纪优秀人才支持计划"及北京市中青年"百人工程计划"，获省部级教学及科研优秀成果奖 3 项，主持在研及完成的国家级及省部级科研、教研项目 6 项，已在 SSCI、A&HCI、CSSCI 等收录的国内外期刊上发表论文 40 余篇，出版专著 4 部。兼任德国 Gutenberg University 等国内外 10 余所大学客座教授、全国商务英语教学协作组秘书长。2016 年的最新论著发表在 *Neohelicon*（SSCI）、《外国文学》（CSSCI）刊物上，出版的著作有 *Paratextual Narrative and Its Functions in We Three*、《西方文论关键词：类文本》。

杨　红（1969—   ），辽宁北镇人。岭南师范学院外国语学院日语专业教授、硕士生导师。广东外国语言学会理事、广东省日语教学指

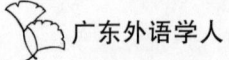

导委员会委员、日语教学研究会华南分会副秘书长。现任岭南师范学院外国语学院副院长、日语系系主任。主要研究方向为中日文学比较、中日文化比较、日本语教育。1994年毕业于辽宁师范大学日语专业，获学士学位；1997年在北京外国语大学日本学研究中心全国高校日语骨干教师进修班进修半年；2002年毕业于日本长崎纯心大学日本文化专业，获硕士学位；2008年毕业于日本著名国立大学名古屋大学比较人文学科，获文学博士学位。1996—2000年任大连大学日语助教、讲师。2008年回国后在大连大学日本语言文化学院任副教授、高年级教研室主任。担任大连大学日本语言文化学院外国应用语言、外国文学专业的硕士研究生导师。2014年至今在岭南师范学院任副教授、教授，同时担任大连大学兼职硕士生导师。著有《现代满族萨满教研究》（日语）；在《东亚日本语教育·日本文化研究》《临床心理学研究》《比较日本文化学研究》《作家》《时代文学》等中外杂志上发表论文40余篇；主编《日本文学作品选读》《新编综合日语》（第7册）等日语教材15部。主持国家级课题2项，省部级以上课题5项；参与国家级、省部级课题10余项。2013年获得省级教学成果三等奖1项；2012年至今连续5年获得中国人日语大赛园丁奖；指导多名学生多次获得该项赛事一等奖、二等奖、佳作奖。获得2013年辽宁省学术年会暨第四届中青年学者论坛优秀论文三等奖；多次获评校级优秀论文指导教师、实习教师；主讲的"日本古典文学选读"硕士研究生课程获校级教学质量认定为优秀；2017年获得岭南师范学院"巾帼建功"先进个人、就业先进个人称号。

杨劲松（1970—   ），江西上饶人。2011年毕业于上海外国语大学，获博士学位，2012年任广东医科大学教授。主要研究领域有西方修辞哲学、修辞与写作、英语课程论等。现任广东医科大学外国语学院院长、广东省大学英语教学指导委员会委员、教育部人文社会科学专家、广东外国语言学会理事、广东省翻译协会会员。近5年主持各类课题20余项,其中省重点课题1项,教育部信息中心重点课题1项,有2项获评优秀,包括广东省高等学校学科与专业建设专项资金项目"语言的博弈:零度偏离理据研究"、2014年广东省高校哲学社会科学繁荣计划类项目"零度语言学及其应用研究"、2014年广东省大学英语教学改革预立项目"依托数字化平台的大学英语零度课程研究与实践"(重点项目)、教育部信息中心项目"慕课视野下的信息技术与大学英语零度课程结构变革研究"(重点项目)等。已在《中国外语》《外语电化教学》《山东外语教学》《上海翻译》《东北师范大学学报》《广西民族大学学报》《当代外语研究》等刊物上发表《语言的突围:论偏离的理据》《基于"零度"偏离理论的英语写作课程研究》《大学英语零度课程的建构性研究》等学术论文80余篇。主编《视觉英语》《医学通识英语》等教材12册。出版专著《零度语言学》(上海交通大学出版社,2017)。《视觉英语》电子教案荣获教育部教育管理信息中心第十一届全国多媒体课件大赛一等奖;《零度课程理论与实践》荣获第七届广东省教学成果二等奖。

杨　静(1980—　　),江西九江人。广东外语外贸大学外国语言学及应用语言学研究中心教授,硕士生导师及博士生导师。研究方向为第二语言习得、双语、阅读发展及障碍。1998年9月考入北京师范大学应用心理学系;2002年7月获理学学士学位;2003—2009年在香港大学语言学系先后获得哲学硕士和哲学博士学位;2009年11月—2011年12月,在美国宾夕法尼亚州立大学心理学系接受博士后训练;2011年12月入职广东外语外贸大学外国语言学及应用语言学研究中心,成为全职研究员。2012年至今先后在英文学院、政管学院、外国语言学及应用语言学研究中心教授神经语言学、普通心理学、认知心理学、测量心理学、生理心理学等专业课程。现任广东外语外贸大学外国语言学及应用语言学研究中心教授及副主任、中国心理语言学学会常务理事、首批青年"珠江学者"、广州市第十三届政协委员、广州市重大行政决策论证专家。目前主持国家自然科学基金项目和教育部人文社会科学研究项目等多项课题,在 Brain and Language,PLoS ONE,Journal of Neurolinguistics 等国际权威期刊上发表语言学习及语言障碍相关研究的论文数篇,先后荣获广东省哲学社会科学优秀成果奖论文类一等奖和二等奖。

杨 可(1963—   ),湖南长沙人。现为广东外语外贸大学西方语言文化学院院长,二级教授,博士生导师。现任教育部外语教学指导委员会俄语分委员会委员,全国俄罗斯文学研究会副理事长,中国中外文艺理论学会巴赫金研究分会理事,广东外语外贸大学重点文科基地"中欧跨文化研究中心"主任,俄罗斯"俄语世界基金会"与广东外语外贸大学共建"俄语中心"主任。俄罗斯核心学术期刊(ВАК 收录期刊)《Вестник МГУ,Серия 19. Лингвистика и межкультурная коммуникация》,《Политическая лингвистика》,格鲁吉亚跨文化交际协会会刊《Международная коммуникация》(《跨文化交际》)外籍编委。1997 年被湖南省高教厅选定为"青年骨干教师"培养对象。2002 年被评为首届"当代湖南青年女杰",同年被选为湖南省社科"百人工程"培养对象。2004 年广东省高等学校"千百十工程"培养对象(广东省教育厅)。主要研究方向为俄语语言文学,专攻俄语语言文化学、俄语政治话语研究。1984 年毕业于湖南师范学院(现湖南师范大学),获俄语语言文学学士学位,1989 年在湖南师范大学获俄语语言文学硕士学位,1995 年在俄罗斯喀山国立大学(现喀山联邦大学)获哲学博士学位。1984 年起在湖南师范大学任助教,1989 年任讲师,1996 年任副教授,同年任硕士生导师,2001 年任教授,2003 年作为引进人才入职广东外语外贸大学,2009 年任博士生导师。至今在《中国俄语教学》《湖南师范大学学报》《外语教学与研究》《解放军外国语学院学报》及《人大复印资料》(转载)、《Вестник МГУ》、

《Серия 19. Лингвистика и межкультурная коммуникация》、《Политическая лингвистика》、《Вестник РУДН. Серия: Лингвистика》、《Общественные науки и современность》等国内外学术期刊发表文章70余篇。主要学术著作有《俄罗斯魔幻童话研究》（独著，湖南师范大学出版社，1998）、《现代俄罗斯大众文化》（合著，中国经济出版社，2000）、《俄语新年致辞研究——话语、体裁特征》（合著，湖南人民出版社，2017）等。翻译出版《守日人》（人民文学出版社，2007；上海文艺出版社，2014）、《新守护人》（上海文艺出版社，2014），教材《政治语言学》（合译，南方出版社，2012）等。主持并完成国家社科基金青年项目1项（"苏联解体后俄语的变化与发展"，2002），教育部留学回国人员科研启动基金项目1项，省级社科基金1项，省级教研项目2项；目前主持国家社科基金重大项目子项目1项（"俄罗斯文艺形势与未来发展研究"之"当代俄罗斯大众媒体的运作机制研究"，2013年至今），省级教研项目1项。

杨 梅（1974—   ），贵州开阳县人。华南理工大学外国语学院教授，硕士生导师。主要研究方向为第二语言习得、外语教育。1995年毕业于南开大学，获文学学士学位。2005年毕业于贵州大学，获文学硕士学位。2009年毕业于广东外语外贸大学外国语言学与应用语言学研究中心，获得文学博士学位。曾在贵州大学工作，2009年起任职于华南理工大学外国语学院，2011年开始任硕士生导师。2007—2008年受国家留学基金资助到伊利诺伊大学香槟分校语言学系访学。2014—2015年受国家留学基金资助到夏威夷大学语言学系访学。主持国家社科项目1项（"基于加工决定论的汉语母语和二语发展研究"，2015）、广东省社科项目1项（"汉英限定词结构二语习得的双向对比研究"，2011）、校级社科项目4项，参加国家社科项目3项。在《外语教学与研究》《现代外语》《中国应用语言学》《山东外语教学》《北京第二外国语学院学报》

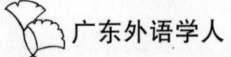

《天津外国语大学学报》《中国外语教育》《外语教学》等刊物发表论文10余篇，出版专著《语言涌现视角下的英语冠词二语习得研究》（科学出版社，2012），参编教材2部。代表作品包括《母语迁移与英语复数名词短语的二语理解与产出》《中国学习者英语冠词的二语产出——关于音韵迁移假说的实证检验》等。

杨绍北（1944—   ），华南农业大学外国语学院教授。研究方向为英语教学、翻译理论与实践。在《中国翻译》《高等农业教学》《当代外国文学》《外国语文》等期刊发表过多篇论文，代表作有《互文性给机器翻译带来的启示》《浅论英汉互译中运用省译技巧的语义标准》《高等农业院校大学英语教学的现状、问题及对策》《论专业知识在英文翻译中的运用》等。著有《词汇·语法·结构》（合著，安徽科学技术出版社，2000）、《面试英语》（安徽科学技术出版社，2002）等；译作有《格力士灰熊》（山东文艺出版社，1986）。

杨文慧（1968—   ），四川乐山人。广东外语外贸大学国际学院副院长、出国留学培训部副主任，外国语言学及应用语言学研究中心兼职研究员，教育部出国留学培训部教指委秘书长，硕士生导师。研究方向为跨文化交际、话语语篇分析、语用学、认知语言学、翻译及外语教学。1989年毕业于四川外语学院英语语言文学系，获学士学位。2001—2002年就读于英国中央兰开夏大学文学院，获硕士学位，研究方向为跨文化交际与商务谈判策略。2004—2008年就读于香港浸会大学，获哲学博士学位，研究方向为跨文化商务谈判语篇（话语）策略分析。1989年就职于广州对外贸易学院，历任助教、讲师、副教授、教授。曾多年为商务部和广东省、广州市经贸委商务谈判人员、驻华商会进行跨文化交际、商务文化培训，教育部出国留学行前培训涉外礼仪培训和海外留学安全与应对培训专家，具有丰富的谈判、翻译、对外交往实践经验，以及丰富的跨文化商务谈判、应用语言学、翻译等学术研究和教学经验，先后在英国、美国、澳大利亚、加拿大、韩国及中国香港、中国台湾等地的大学和研究机构进行学术交流。主讲课程包括跨文化商务沟通理论、管理沟通、跨文化商务交际研究、社会语言学、跨文化商务交际、翻译、商务谈判、商务写作等。公开出版学术专著、著作并在国际、国内期刊发表论文共40余篇（部），并多次在国内外学术研讨会宣读科研成果和论文。2008年以来，主持和参与多项教育部人文社科重点研究基地重大项目、省级和校级科研项目。代表作包括《商务谈判人际语言策略研究》（学术专著）、《商务礼仪英语》（著作）、"Small talk" — A strategic interaction in Chinese interpersonal business negotiations（Discourse & Communication）、Using metaphors as politeness strategies in Chinese business negotiations（Journal of Applied Linguistics）、《从话语权看冲突性话语中的人际化线索》（《现代外语》）、A schematic discoursal study of Chinese football commercial transfer news（Studies in Media and Communication）等。连续两年获得大学科研优秀二等奖、三等奖。受2017—2018年度教育部基金委面上项目资助在加拿大英属哥伦比亚大学做访问学者，主要研究跨文化交际语篇认知分析。

杨文滢（1964—   ），湖南长沙人。现为广州大学外国语学院英语专业教授。研究方向为英语教育、认知翻译。在外语、教育类等核心期刊发表论文20余篇，代表作有《概念转喻视角下汉语诗词意象的解读与英译研究——以凭阑为例》《间离与搭建——论翻译的潜在价值》《延续性写作教学模式的探讨》等。主持省、市教育科学规划课题10项，近年项目有广东省教育科学"十二五"规划课题"广东省中学英语教师多元培训模式与专业发展自主的调查与探索（2012—2015）"和广州市教育科学"十一五"规划面上重点课题"后殖民语境下翻译人才培养模式的应对（2010—2013）"。

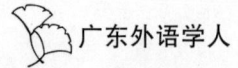 广东外语学人

杨晓辉（1973—　　　），黑龙江人。教授。吉林大学日语语言文学博士，曾在厦门大学从事博士后研究。广东外语外贸大学"云山杰出学者"，中日比较生态文学研究所所长。主要研究方向为日本生态文学、生态视角的跨学科比较文学研究。兼任日本文学环境学会（ASLE-Japan）会员、东北亚国际语言文化研究基地（吉林大学）客座研究员、中国国际贸易学会图们江分会理事、厦门大学生态文学研究团队兼职教授。曾任大连工业大学外国语学院院长、辽宁省青联委员、大连市青联委员、大连市九三学社市委教育文化工作（专门）委员会委员、大连市甘井子区人大代表、辽宁省翻译学会副会长、大连海燕文学月刊编委等职。在 CSSCI 期刊《外国文学动态》《浙江工商大学学报》《东疆学刊》《外语研究》《北海道教育大学纪要》等国内外期刊发表《核电与日本文学》《日本生态文学研究述略》《日本作家非"被爆"体验下的核书写：以＜黑雨＞与＜西海核电站＞为例》等学术论文20余篇。出版《日本文学的生态关照》（上海外语教育出版社，2017）、《日本生态文学前沿理论研究》（上海交通大学出版社，2015）等专著、编著、教材11部（含辽宁省首批"十二五"规划教材2部，辽宁省优秀教材一等奖1部）。主持国家社科基金一般项目"日本核电文学与生态安全问题研究"（2014年立项）、教育部人文社会科学青年基金项目"日本当代生态文学研究"（2013年立项），并主持、参与其他省市校级科研、教研项目20余项（2项省级成果结题优秀）。博士论文获评吉林省优秀博士学位论文和吉林大学优秀博士学位论文。获辽宁省翻译学会优秀翻译学术成果（论文类）一等奖。合作撰写的论文获评辽宁省自然科学学术成果奖（学术论文类）二等奖。指导省、校级大学生创新创业训练计划项目3项。指导全国中华杯日语演讲比赛、日本中国人日语作文大赛等国内外日语赛事6项，获二、三等奖等。

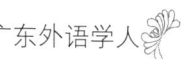

雍和明(1963—   ),江苏人。1986年参加工作。英语专业二级教授,苏州大学博士生导师。主要研究方向是双语辞典史及词典学研究。1997年起曾赴澳大利亚麦考瑞大学、美国马萨诸塞大学、英国牛津大学等国外高校访学或攻读学位,获得马萨诸塞大学MBA项目证书、牛津大学中国大学校长高教管理项目证书和麦考瑞大学博士学位。2003年起担任广东财经大学副校长,现任广东金融学院院长,外国语言文学学科带头人。曾任教育部高等学校外语教学指导委员会(英语)委员(2007—2011),现任广东省本科高校外语教学指导委员会兼商务英语分委员会主任委员、广州欧美同学会副会长和广东省翻译协会副会长。1985年至今先后在《外国语》《现代外语》《外语教学与研究》《当代语言学》《辞书研究》等权威刊物上发表论文30多篇;独立承担原国家教委出国资助项目和广东省哲学社会科学规划项目各1项,主持国家哲学社会科学基金一般项目(结项"优秀")、后期资助项目、中华学术外译项目各1项,主持教育部人文社科项目和广东省哲学社会科学规划项目(结项"优秀")各2项;学术专著由中华书局、商务印书馆、约翰·本杰明出版公司和牛津大学出版社等国内外出版机构出版。英国《国际词典学期刊》《术语学》,澳大利亚《应用语言学期刊》,丹麦《语言与文化》等国外刊物陆续发表9篇书评,对其成果予以评论和推介。代表著作包括《交际词典学》(2003,2006、2013年再版)、*Bilingual Lexicography from a Communicative Perspective*(2007)、*Chinese Lexicography a History from 1046 B. C. To A. D. 1911*(2008)、《中国辞典3000年(从公元前1046年到公元1999年)》(2010)和《英语词典史》(2015)等。经济学学术译著由德国Springer、英国Routledge等权威出版机构出版。2006年被广东省政府授予"南粤教坛新秀"荣誉称号。2008年起享受国务院政府特殊津贴,2009年入选"教育部新世纪优秀人才支持计划"

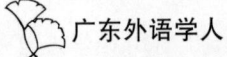

并获得澳大利亚麦考里大学杰出校友国际成就奖；2011年被澳大利亚莫道克大学授予荣誉教授。2016年应邀以丹麦政府设立的"维诺克斯访问教授"（Velux Visiting Professor）身份赴丹麦奥胡斯大学进行学术访问和交流，是该领域第一位获得此荣誉头衔的中国学者。

余　东（1954—　　），湖南岳阳人。现为广东外语外贸大学高级翻译学院教授。研究领域包括英美文学、英汉语言对比、英汉翻译等。迄今发表论文23篇，其中包括《论翻译思维》（《外语研究》）、《虽不能至，心向往之——关于翻译标准的思考》（《中国翻译》）、《失之东隅，收之桑榆——谈文学翻译的客观性》（《外语与外语教学》）等。出版专著1部：《英汉翻译散论》（武汉大学出版社，2015），译著3部：《西蒙娜·薇依评传》（漓江出版社，2014）、《彩虹幽谷》（燕山出版社，2016）、《我们是怎样的造物》（漓江出版社，2018）。已完成国家社科课题1项："中国对外宣传的英译语言研究"（2017），广东省普通高校人文社科课题1项（2013），教育部人文社科课题1项（2014）。

袁　洪（1975—　　），四川乐山人。广东省外语艺术职业学院英语教授。主要研究方向为商务英语翻译。2004年毕业于中山大学外国语学院英语语言文学专业，获硕士学位；2009年晋升副教授；2015年，晋升教授。现任广东高职教育外语教学指导委员会秘书长、广东翻译协会理事，是广东省"千百十工程"校级培养对象。2010—2011年在广东外语外贸大学进修。在《广东外语外贸大学学报》《浙江外国语学院学报》《广东海洋大学学报》等刊物发表文章10多篇；主编教材2部，总主编商务英语系列教材。主持"商英相融、双核相长的商务英语专业人才培养模式研究与实践"，荣获广东省第七届高等教育教学成果奖一等奖；主持"中高职衔接商务英语专业标准研制项目"，主持国家精品资源共享课程"商务英语翻译"。

原青林（1960—   ），河南辉县人。肇庆学院外国语学院院长，教授，博士。主要从事英语教育和外国教育研究。河南师范大学、内蒙古师范大学和广州大学兼职硕士生导师，广东教育学会教育评价专业委员会副理事长。1982年毕业于河南师范大学英语语言文学专业，获学士学位；2005年毕业于南京师范大学外国教育史专业，获博士学位；1982年7月—2005年6月在河南师范大学外语系和外国语学院任教，先后任讲师、副教授，教研室主任和系副主任；2005年7月起在肇庆学院教育学院和外国语学院任教，先后任副教授、教授，副院长、院长；公开发表学术论文近70篇，其中在《教育研究》、《高等教育研究》、《比较教育研究》、《华东师范大学学报》（教育科学版）、《全球教育展望》、《外国教育研究》、《上海教育科研》、《外国中小学教育》、《教育评论》、《东洋学术研究》（日本）等国内外核心学术期刊上发表论文近40篇；撰写和主编《揭示英才教育的秘诀——英国公学研究》《教育、权力和个人经历：当代西方批判教育家访谈录》《涉外实务翻译》《实用教育学》等专著、译著、教材10余部，参编著作20余部；主持省部级以上课题10余项，其中包括2010年度"教育部人文社会科学研究规划基金项目"1项，2011年度"广东省哲学社会科学规划教育学研究项目"1项，2012、2014、2015年度"广东省高等学校高等教育教学改革项目"共3项，2007年度中日友好学术研究课题1项，2006年度中国高等教育学会"十一五"规划研究课题1项。荣获广东省人民政府颁发的"广东省2008—2009年度哲学社会科学优秀成果奖"三等奖，并荣获肇庆市委市政府授予的"肇庆市第十批专业技术拔尖人才"荣誉称号。

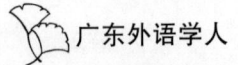

Z

曾 蕾(1963—),湖南新化人。中山大学教授,博士生导师。1982年9月—1986年7月在湖南师范大学英语语言文学专业读本科,获学士学位;1992年9月—1995年6月在南开大学英语语言文学专业读硕士研究生,获硕士学位;1998年9月—2001年6月在中山大学英语语言文学专业读博士研究生,获博士学位。主要研究方向为功能语言学、学术英语教学、功能语篇分析及翻译等。2000年在香港大学语言学系做访问学者;2008年在英国剑桥大学英语与应用语言学研究中心做访问学者;2016年在美国佛罗里达大学教育学院做访问学者。出版专著教材5部,在《现代外语》《外语与外语教学》《外语教学》《外语学刊》等学术期刊上发表论文40多篇,主持国家、省、市、校级哲学社会科学与教育研究课题10余项。代表性专著、教材有《高级学术英语》(主编,中山大学出版社,2012),《功能语言学与外语教学研究》(主编,外语教学与研究出版社,2010),《投射语言研究》(中山大学出版社,2006)。近年来代表性学术论文有《从投射小句复合体到投射语段——以《论语》原文与译文的对等分析为例》《"事实"定位及其投射系统》《学术语篇体裁结构与时态组合模式的元功能研究》《〈论语〉及其英译本中投射语言结构的功能语篇对等研究》《图文语篇中的投射分析框架构建探讨》;代表性学术译文有《言语语类、符号中介和高级心理机能的发展》(《韩如凯论语言》,2015),《符号中介与三种动态开放性理论:维果茨基、韩礼德和伯恩斯坦》(《韩如凯论语言》,2015)。主持的主要课题有"非英语专业博士生学术英语教学课程体系与教材建设研究"(国教科),"语法隐喻、投射关系与科技语言"(教育部),"新世纪非英语专业研究生国际学术交流英语能力的现状与对策"(省教科),"英汉投射语言系统的对比研究"(省社科),"英语教学改革中的多模态模式构建研究与实践"(省教科)。

曾利沙（1953—　　　），湖南新化人。教授。现任广东外语外贸大学翻译学研究中心专职研究员，高级翻译学院翻译学博导，国际商务英语学院商务英语研究方向博导。曾任国际贸易学院外语系系主任、副院长，国际商务英语学院应用翻译研究中心主任；现兼任国家人文社科基金项目及教育部人文社科基金项目通讯评审专家、教育部学位办特邀优秀博士学位论文评审专家、中国英汉语比较研究会理事、广州市外事翻译学会理事、广州市公共场所英文译名专家委员会成员、《上海翻译》编委、海南师范大学客座教授、河池学院客座教授、广州商学院商务英语专业学术带头人。研究方向为翻译学、应用翻译学、翻译教学、语篇—认知语言学、语言哲学、商务英语、商务英语教学。教授本科生课程：英语精读、泛读、综合英语、商务合同写作、西方经济报刊选读、英美概况、英汉互译（笔译）、商务翻译等；教授硕士生课程：翻译理论与实践、翻译研究方法论、翻译批评研究、商务英汉语对比研究、商务翻译研究；教授博士生课程：翻译学文献批评与论文写作、商务英语研究方法论。先后培养硕士和博士研究生130多名，指导来自国内21个省市36所高校的60多名高级访问学者。发表学术论文100多篇，其中外语类权威和核心期刊论文60多篇，出版专著、译著、编著8部；承担国家社科项目"体验建构融通式笔译教学模式研究"（2013），承担或主持省部级人文社科项目16项，包括教育部重点项目"翻译学系统理论整合性研究"（2008）和广东省人文社科重点项目"文学翻译主体性理论范畴化研究"（2005）。2011年入选《中国译学大辞典》"译学百论"篇中外翻译理论知名学者名录。代表性理论专著有：《翻译学理论多维视角探索》（上海外语教育出版社，2012）；《翻译学理论系统整合性研究》（外语教学与研究出版社，2014）；《商务翻译研究新探》（外语教学与研究出版社，2016）。代表性论文有：《英语线性段落结构模式研究》《论"规律"——兼论翻译理论与实践的证关系》《化理论为方法，化理论为知识》《论操作视域与语境参数》《论翻译学理论研究范畴

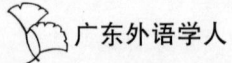

体系的建构》。获奖情况：1997年和2004年分别获得"南粤教书育人优秀教师奖"和"南粤优秀教师奖"；2002年获香港中文大学翻译研究中心颁发的两岸四地"宋淇翻译研究论文纪念奖"；2004年获中共中央编译局和中国译协颁发的"优秀研究论文奖"；2015年获中国译协和上海科技翻译协会颁发的第六届全国应用翻译研讨会优秀论文一等奖。

曾文雄（1967—   ），广西梧州人。现任广东财经大学外国语学院副院长、教授、硕士生导师，广东财经大学学术委员会委员，系广东省高等学校"千百十工程"第四批培养对象。主要研究方向为翻译学、汉英对比与翻译、语用学翻译研究及中国经典外译研究。1990年毕业于广西师范大学外语系，获文学学士学位，2010年毕业于华东师范大学语言学及应用语言学专业，获文学博士学位；2006—2007年到上海外国语大学访学并在外国语言学及应用语言学博士学位课程班学习，2009—2010年间到英国曼彻斯特大学访学。2002年晋升副教授，2006年晋升教授。任广东翻译协会、广东外国语言学会、广西翻译协会理事。在《中国翻译》《中国科技翻译》《外语学刊》《外语教学》《外语研究》《外语电化教学》《解放军外国语学院学报》《四川外国语学院学报》《西安外国语大学学报》《天津外国语大学学报》《山东外语教学》《北京第二外国语学院学报》《上海翻译》《民族翻译》等刊物发表论文100余篇，在《英语周报》《英语辅导》等报刊发表文章200余篇。出版专著有《哲学维度的中西翻译学比较研究》（科学出版社，2013，2015年再版）、《语用学翻译研究》（武汉大学出版社，2007）、《语用学的多维研究》（浙江大学出版社，2009）。主持2016年度教育部人文社科规划项目"近代稀见英文期刊与中国古典文学外译研究"，广东省哲学社会科学"十一五""十二五"规划项目各1项，以及2015年广东省教育厅高等教学质量项目"省级教学团队——商务口笔译教学团队"。

曾晓阳（1971—　　　），广东兴宁人。中山大学教授，中国法语教学研究会理事，中国法国史研究会会员。主要研究方向为近现代法兰西民族史、法国共和制度史、外语教学法。1993年毕业于中山大学外语系，获法语语言文学学士学位；1995年毕业于法国鲁昂大学语言学系，获对外法语教学硕士学位；1997年毕业于法国鲁昂大学语言学系，获语言学深入研究证书；2006年分别毕业于中山大学历史学系和法国佩皮尼昂大学历史学系，分别获得中山大学历史学博士学位和佩皮尼昂大学历史学博士学位。2000年起在中山大学外国语学院任教，2010年起担任中山大学外国语学院法语系主任，2014年晋升教授。主持国家社会科学基金项目1项、广东省哲学社会科学规划项目1项、广州市哲学社会科学发展规划项目1项、广东省高等学校教学质量与教学改革工程2项。在历史学、民族学、语言学领域发表中法文学术论文20余篇，出版专著1部，译著5部，专业教材3部。

曾衍桃（1964—　　　），江西吉安人。现任华南师范大学教授、硕士生导师，兼任中国逻辑学会语用学专业委员会常务理事、广州青年联合会常委、Journal of Pragmatics 特约审稿人、教育部特聘通讯评议专家、广东省教育厅重大科研项目评审专家、广州市科技局科技专家库专家、国际语用学会会员。曾任西藏大学旅游与外语学院援藏副院长、教授，广东财经大学外事处副处长兼港澳台办公室副主任、外国语学院教授、硕士生导师，广东财经大学学术委员会委员、《广东财经大学学报》英文编审等职务。1985年南昌大学英语语言文学专业毕业，获学士学位；1985—1988年在井冈山大学工作；1991年浙江大学英语语言文学专业毕业，获硕士学位；1991—1995年在浙江师范大学工作；1998年广东外语外贸大学语言学及应用语言学专业毕业，获博士学位；1998—2011年在广东财经大学工作，期间于2002—2003年在英国伦敦大学访学兼从事博士后研究。2011年至今在华南师范大学工作，期间于2013—

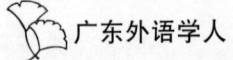广东外语学人

2015年受中共中央组织部派遣作为第七批援藏干部在西藏大学工作。主要研究方向为语用学，兼及语言学与外语教育、翻译学、语法学、跨文化交际学。对当代语用学，尤其是对认知语用学和语用修辞进行了较为深入的研究，先后在《外语教学与研究》《现代外语》《学术研究》《清华大学教育研究》《外语学刊》等刊物发表学术论文60余篇，出版专著2部、参编5部、译作10多篇、译著1部。主持广东省哲学社会科学"十一五"规划项目、"十三五"规划项目各1项，独立承担教育部留学基金委资助项目、教育部留学回国人员科研启动基金项目各1项，独立承担广东省"千百十工程"研究基金项目1项，主持校级项目5项。从事外语教学32年，先后讲授语言学流派及其理论、普通语言学、语用学、关联理论研究、应用语言学、外事翻译、高级文体学等研究生课程，以及高级英语、英美文化概论、中西文化比较、英语语言学、商务英语选读、英语语法、阅读、写作、翻译理论与实践等本科各年级基础课程和高级课程。2000年获得教育部国家留学基金资助，2004年被确定为广东省"千百十工程"培养对象，2007年获得鲍林春科教基金会的前进英才基金。获得过教学优秀奖、优秀教师、光华全项奖等荣誉。

曾用强（1963—   ），福建古田人。广东省外语艺术职业学院院长、教授，广东外语外贸大学博士生导师。现为广东省政协常委、教育部高职院校外语教学指导委员会副主任委员、广东省高职院校外语教学指导委员会主任委员、全国英语教育研究会副会长。1991年毕业于广州外国语学院英语系（现广东外语外贸大学英语语言文化学院），获得硕士学位，后留校任教，并在职攻读博士学位，于1996年获博士学位。1997年赴澳大利亚卧龙冈大学进行为期1年的访学，主要从事计算机化技术与外语教育的合作研究工作。2003年晋升教授，并获得博士生导师资格。2004年赴美国加州大学洛杉矶分校进行为期1年的访学，从事语言测试的研究工作。工作经

历：1997—2000年任广东外语外贸大学英语语言文化学院信息系主任，2002—2004年任广东外语外贸大学文科研究基地副主任，2006—2010年任广东外语外贸大学研究生处处长，2010—2011年任广东外语外贸大学发展规划处处长，2011年起任广东省外语艺术职业学院校长。后一直从事语言测试、计算语言学及远程英语教育的教学与科研工作。主持过多项国家级和省部级科研项目："基于语料库的语言测试研究"（教育部重大课题）；"计算机化考试研究"（教育部重大课题）；"计算机英语口语考试研究"（广东省教育厅项目）；"英语口语考试的评分误差研究"（教育部考试中心项目）；"机助公共英语等级考试（PETS）的模型研究"（教育部"十一五"教育科学规划项目）；"英语作文自动化评分系统"（教育部跨世纪人才支持计划）。主要论著有《课堂评估与外语教学改革》（世界图书出版公司，2012）；《计算机化考试研究》（外语教学与研究出版社，2011）；《计算机化英语口语考试研究》（科学出版社，2011）；代表作：《对于计算机化考试的几点思考》、*The Computerized Oral English Test of the National Matriculation English Test*、《计算机化适应性训练模式》《机助语言教学与诊断评估系统设计》《基于语料库的诊断评估系统》等；《英语语言测试基础》（华南理工大学出版社，2009）。曾先后获得"南粤教书育人优秀教师"（2001），广东省优秀教学成果奖二等奖（2001），广东省优秀"留学青年回国创业之星"（2002），广东省"千百十工程"省级培养对象（2004），入选教育部"跨世纪优秀人才支持计划"（2006）。

曾昭科（1923—2014），又名曾约翰，广东广州人。1947年毕业于日本京都帝国大学，获经济学学士学位；1948年后，任港英当局高级警官，曾任九龙警察总部侦探主任、铜锣湾警署署长；1961年被派往英国深造，回港后出任警察学堂副校长；1961年11月回内地，在暨南大学任教；1970年任广州外国语学院英语系教授；

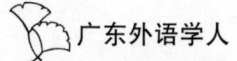

1978年后，任暨南大学外语系系主任、硕士研究生导师，兼任广东外语外贸大学董事会名誉主席、广东法学学会副会长；1984年7月增选为第六届广东省人大常委会副主任，历任第七、第八届广东省人大常委会副主任；2001年因年事已高而离任。曾任第五、第六、第七、第八届全国政协委员和第六、第七、第八、第九届全国人大代表，并为第六、第七、第八届广东省人大代表，广东省第三届政协委员、第四届政协常委；1980年以来参与广东省地方法规的立法工作，其中包括全国特区经济法规的草拟和审议工作。

詹　成（1977—　　），湖北武汉人。广东外语外贸大学教授、硕士生导师。广东外语外贸大学高级翻译学院副院长、MTI教育中心主任。主要研究方向为口译理论与实践、翻译学。1999年毕业于广东外语外贸大学英语（国际商务）专业，获学士学位；2003年1月在英国华威大学获得翻译与比较文化专业优等人文硕士学位；2009年12月晋升为副教授；先后在牛津大学、加州大学洛杉矶分校、天主教辅仁大学进修。2011年毕业于广东外语外贸大学翻译学专业，获博士学位；2014年12月晋升为教授。现兼任中国翻译协会口译委员会秘书长、广东省本科高校外语类专业教学指导委员会翻译专业分委会秘书长、广东翻译协会理事、广州市翻译协会理事、广东省普通高校人文社会科学重点研究基地"广东外语外贸大学翻译学研究中心"研究员。系世界口译最高行业组织——国际会议口译员协会（AIIC）在华南地区的唯一会员，也是世界译联（FIT）和国家人社部认证的同声传译员，有16年国际会议口译工作经验，为千余场次国际会议提供同声传译。在SSCI、A&HCI期刊 *Interpreting*、CSSCI期刊《中国翻译》《外语界》《上海翻译》等刊物发表论文近40篇。出版《政治场域中口译员的调控角色》《译响天开——会议口译的思考与实践》《译言译行——口译生活随想录》《会议口译常用语手册》等著作和"十五""十一五""十二五"国家级规划教材10部。主要参与2011年度国家人文社科项目"高层次应用型翻译人才培养模式的探索与实践",主持或主要参与省部级社科项目或教研项目6项。是2007年国家级精品课程"英语口译(课程系列)"的主讲教师和2010年国家级教学团队"英语口译系列课程团队"的核心成员。作为主要参与人,获得第六届广东省高等教育省级教学成果奖(2010年)一等奖和第七届广东省高等教育省级教学成果奖(2014年)二等奖。2004年被评为南粤优秀教师;2008年担任北京奥运村/残奥村村长、全国人大副委员长陈至立同志的专职译员,圆满完成奥运会/残奥会工作后,被授予"中国翻译事业优秀贡献奖";2009年3月被推选为广州亚运会"外语推广大使";2012年被评为广州十大杰出青年;2014年荣获教育部霍英东教育基金会第十四届高等院校青年教师奖。

张保红(1969—   ),湖北应城人。广东外语外贸大学高级翻译学院教授、文学博士。本、硕、博就读并毕业于南开大学外国语学院,曾任教于中国地质大学外国语学院,1996年破格晋升副教授,2004年晋升教授,担任过学院副院长(1998—2007)等职位,2008年以人才引进的方式来到广东外语外贸大学任教至今。中国英汉语比较研究会理事,中国文化典籍翻译研究会副秘书长,中国翻译协会专家会员,广东外语外贸大学翻译学研究中心研究员,《翻译界》杂志编委。2013年入选"教育部新世纪优秀人才支持计划",2012年入选广东省高等学校"千百十工程"省级培养对象。2005年在美国内华达大学、西东大学短期进修学习,2014年在剑桥大学做访问学者。主要研究方向为文学翻译理论与实践、中英诗歌。近年主持完成国家社科基金项目1项,主持完成省部级研究项目3项。在《外国语》《中国翻译》《翻译季刊》(香港)、《中国外语》等发表学术论文50余篇。出版著作《中外诗人共灵犀——英汉诗歌比读与翻译研究》(上海外语教育出版社,2012),《诗歌翻译探索》(清华大学出版社,2016);译著《文学》(汉译英)

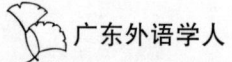

（人民文学出版社，2006），《动物庄园》（英译汉）（天津人民出版社，2012），《老北京画卷 II》（汉译英）（新星出版社，2013）；编著省级精品教材《文学翻译》（外语教学与研究出版社，2011）。

张　弛（1965—　　），陕西咸阳人。广东外语外贸大学教授，博士生导师，"云山杰出学者"。主要研究方向为法国文学、比较文学和比较文化学。1983—1990 年在西北大学中文系学习，先后获文学学士和文学硕士学位，并留系任教。1995 年获法国政府奖学金，入法国新索邦大学学习（巴黎第三大学），先后获深度研究学位（1997）和比较文学博士学位（2004）。2004 年 12 月作为海外引进人才到广东外语外贸大学任教。2005 年晋升副教授；2009 年晋升教授。索邦大学（巴黎第四大学）法国文学与比较文学系访问教授（2012—2014），索邦大学比较文学研究中心、克莱蒙—弗朗大学国际游记文学研究中心、华南师范大学法国哲学与跨文化研究中心、广东外语外贸大学外国文学文化研究中心与中欧跨文化研究中心研究员。中国外国文论与比较诗学研究会、中国法国文学研究会常务理事。已发表《穷究词义为了跨文化的沟通——论西方哲学核心词汇"ốv（on）"的中译问题》《小说何所是？小说当何为？——昆德拉小说诗学研究之二》等 20 多篇论文。在巴黎出版法语论著 3 部：*Chine et Modernité: chocs, crises et renaissance de la culture chinoise aux temps moderns*（You Feng, 2005）、*Sartre en Chine: histoire de sa réception et de son influence*（1939—1976）（Le Manuscrit, 2007）和 *Sartre en Chine: histoire de sa recéption et de son influence*（1977—1989）（Le Manuscrit, 2009）。在国内出版中文著作 3 部：《婉约词三百首赏析》（合著，三秦出版社，1995）、《中国文化的艰难现代化——"现代"焦虑视点中的 20 世纪初期中国文化演进》（西北大学出版社，2011）和《20 世纪法国小说的"存在"观照》（主编兼主撰，暨南大学出版社，2011）。已完成教育部社科基金规划项目"'现代'焦虑视点中的 20 世纪中国文化演进"（2005）、广东省普通高校人文社会科学研究重点项目"20世纪法国小说的'存在'观照"（2006）、国家社会科学基金重大项目"经典法国文学史翻译工程"（2012）子项目"中世纪卷1从起源到13世纪"，完成国家社会科学基金重点项目"西方文化视野中的昆德拉小说诗学研究"（2013）。参与《中国大百科全书》（第三版）编纂工作（2015—2016），撰写有关法国文学的词条21个。2013年《20世纪法国小说的"存在"观照》获广东省哲学社会科学优秀成果三等奖。

张广奎（1967—   ），江苏徐州人。深圳大学外国语学院教授。研究方向主要为英美文学、诗歌、翻译学。中山大学英语语言文学博士，曾在南开大学哲学系从事博士后研究，2008年晋升为教授。广东省外国语言学会副会长，英国诗刊 *Verse Version* 主编。代表性论文有《从艾柯诠释学看翻译的特性》《论＜傅科摆＞的艾柯诠释学回证与诠释熵情》《论哲学诠释学视角下的翻译诠释的读者化》《中西诗歌情感之美学比较》《"翻译移民理论"与诗歌翻译美学研究方法及定位》《"诗无达诂"的艾柯诠释学思考》《从＜激进的策略：媒体时代的诗歌创作＞看帕洛夫的传媒诗学观》；*Poepera as a Poetry's Interpretive Kinetic Art Onstage*；《艾柯之名，玫瑰之名》等。主要学术专著有 *Popular Poetics*（中国社会科学出版社）。诗集《听雨》（远方出版社，2001）。汉语诗歌专集《呐喊》（Leoman Publishing Company，2015）。主持完成的项目有广东省哲学社会科学"十一五"规划2006年度一般项目："诗艺与诗译——中英诗歌美学比较与诗译美学研究"（项目编号：06K05）。广东省哲学社会科学"十一五"规划项目："经典的译介与流变"（项目编号：GD10CWW04）。

张国扬（1939—   ），广东潮州人。1993年晋升教授，2000年起任硕士生导师。1964年毕业于华南师范大学外语系，1974—1978年

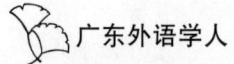

在国内及国外中东地区担任翻译,1987—1988年到美国华盛顿大学进修语言学和从事语言学发展史及应用语言学研究。1978—2000年在广州师范学院工作,1978—1987年任外语系讲师、副教授、外语系系主任,1988—2000年任广州师范学院副院长、院长。研究方向主要是语言学发展史及应用语言学。在《外语教学与研究》《外国语》及《中小学外语教学》（北京师范大学主办）等外语核心刊物发表了《更深刻地昭示人类语言的真谛》《ESP教学的理论与实践》（与程进禄合作）、《结构—功能大纲——我国传统外语教学经验的总结和理论升华》等20多篇专业学术论文。在广西教育出版社、广东教育出版社、中山大学出版社、广东高等教育出版社、牛津大学出版社等出版机构出版了《语言学发展简史》《ESP的理论与实践》《英语趣谈》等专著,担任广州市教育委员会、英国牛津大学合编的广州初中《英语教材》的副主编。《ESP的理论与实践》获广东省高教社科三等奖,《语言学发展简史》获广州市社会科学界联合会20周年优秀成果奖。曾任广东省第八、第九届政协委员,广东省外语协会常务理事、广东省外语教学研究会常务理事、2002—2004年度广州市翻译专业人员中级资格评审委员会委员、广州市语言学会会长、广州外语协会会长等。

张洪岩（1960—   ）,北京人。暨南大学外国语学院教授,硕士生导师。主要研究方向为应用语言学、语言测试及翻译研究。1984年7月毕业于山东师范大学外文系,获学士学位;2002年毕业于暨南大学外国语学院,获硕士学位;2004—2005年赴美国威斯康辛大学欧克莱尔学院做访问学者;1984—1993年在中国矿业大学科技外语系执教,任助教、讲师;1993年调入暨南大学外国语学院大学英语教学部,任讲师;1996年晋升为副教授;2015年晋升为教授。在《外语电化教学》《教育理论与实践》等核心期刊发表学术论文多篇,代表性论文有《基于协作知识建构的专业英语网络课程设计理念》《"SOLO"分类理论在高中英语必修模块终结性评价中的应用》《运用等级描述法设计大学英语非闭卷测试评价方案》等。主编教材有《国际经贸英语》（暨南大学出版社，2010）；翻译学术著作《学习质量评价》（第二译者，人民教育出版社，2011）。主持广东省哲学社会科学"十二五"规划2014年度资助项目"广东地区大学英语测试评价研究"（GD14CJY11）；参与并完成教育部重点研究课题"普通高中新课程学生学业成绩评价研究"［（2005）135号］，获"教育部基础教育改革教学研究成果一等奖"。

张继文（1967—   ），内蒙古赤峰人。深圳职业技术学院教授，日语专业博士。广东高职外语教学指导委员会委员，华南日语教学研究会副会长。主要研究方向为日语语言学、汉日对比、日语翻译。1988年毕业于内蒙古大学日语专业；1996年获日本亚细亚大学硕士学位；2009年毕业于广东外语外贸大学东语学院，获日语文学专业博士学位；2015—2016年在日本早稻田大学高级访问学者。2010年经广东省教育厅评审获教授职称。多次获深圳职业技术学院"教学优秀""优秀班主任"称号，是深圳职业技术学院首届"课堂教学竞赛"最高分获得者；2008年被广东省教育厅评为"南粤优秀研究生（博士）"；2009年被广东外语外贸大学授予"优秀研究生"；2006—2009年三次获广东外语外贸大学科研奖励。兼任广东省外语艺术职业学院客座教授、专业管理委员会委员；广州珠江职业技术学院客座讲授、学科带头人；广东科学技术职业学院专家委员；广东外语外贸大学日语硕士论文答辩评审委员。在《日语学习与研究》《外语研究》《解放军外国语学院学报》《外国语言文学》《译林》《西安外国语大学学报》以及日本的《日本语教育研究》等刊物发表论文30多篇；翻译小说《Y人生路》，由青岛出版社出版；翻译谷川俊太郎、茨木则子、立原道造诗、新川和江等人的诗歌并发表于《译林》《诗潮》《诗选刊》；主编教材《日语国际贸易实务全攻略》《计算机日语与IT操作实务》，由外语教学

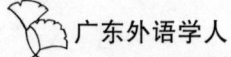

与研究出版社出版；主持并完成日本住友财团《概念化、主观性视角出发的中日语言认知对比研究》科研助成项目、日本国际交流基金教材出版助成项目、广东省教育厅教改项目、中国商务部对外经济与贸易重点课题、深圳市教育学会"十一五"重点教研课题、深圳职业技术学院重点科研项目多项；出版日语专著《日本古典短歌と唐詩の隠喩に関する認知言語学の研究》（大连理工大学出版社，2009）。

张　进（1966—　　），甘肃会宁人。广东外语外贸大学"云山杰出学者"，教授，博士生导师。广东省高校人文社科重点研究基地广东外语外贸大学外国文学文化研究中心主任和校人文学中心主任。主要研究方向为外国文论与比较诗学、文艺美学与比较文学研究。1985年毕业于甘肃省陇西师范学校英语专业。1992年毕业于陕西师范大学中文系，获文学学士学位；1995年毕业于陕西师范大学中文系，获文学硕士学位；2002年毕业于中国人民大学文学院，获文学博士学位。2006年从山东大学文艺美学研究基地博士后流动站出站。2011年赴美国康奈尔大学比较文学系访学。1995年起任教于兰州大学中文系，1997年任讲师；2002年任副教授；2007年任教授；2008年获批为博士生导师，先后在兰州大学、陕西师范大学和广东外语外贸大学的中国现当代文学、文艺学和比较文学研究等专业方向担任博士生导师。2005年入选甘肃省"555人才工程"和"教育部新世纪优秀人才支持计划"，2010年主持国家精品课程"文学概论"，是"马克思主义理论研究和建设工程"重点教材《美学原理》编写组主要成员。兼任全国外国文论与比较诗学研究会副秘书长，中国中外文艺理论学会理事，中国文艺理论学会理事，全国马列文论研究会理事，《兰州大学学报》（哲学社会科学版）编委，《兰州学刊》学术顾问等。先后主持国家社科基金一般项目"新历史主义文艺思潮通论"、国家社科基金后期资助项目"物性诗学导论"、国家社科基金重大项目"丝路审美文化中外互通问题研究",以及中央高校项目、中国博士后科学基金项目和其他各类项目20余项。在人民出版社、中国社会科学出版社等机构出版《新历史主义与历史诗学》《中国20世纪翻译文论史纲》《历史诗学通论》《新历史主义文艺思潮通论》《文学理论通论》《活态文化与物性的诗学》《外国文论研究的学术历程》等专著,参编《中国新时期文艺学史论》《中国当代文艺思潮》《文艺批评学教程》《文化研究关键词》等教材多部,发表学术论文百余篇,论文被《新华文摘》《高校文科学报文摘》《美学》《文艺理论》《文化研究》《文艺报》等重要期刊部分或全文转载30余篇次,论著获省部级及中国中外文艺理论学会优秀论文奖等多项奖励。

张黎黎(1976—),辽宁大连人。教授,硕士生导师。2000年7月毕业于中国海洋大学外国语学院日语系,获日语语言文学学士学位;2010年2月毕业于日本国立九州大学,获教育心理学博士学位。2007年7月—2008年6月在美国密歇根大学做访问研究。主要研究方向为外语学习者的认知和自我调节学习行为、第二语言习得和翻译心理学等。2011年9月—2014年2月在南京航空航天大学外国语学院日语系任教,任副教授、日语系副主任、MTI中心副主任;2014年4月起在华南理工大学外国语学院日语系工作,先后任副教授、教授、日语系副主任。先后主持了教育部人文社科基金、广东省哲社规划基金等科研项目8项。在SSCI一区收录杂志 *Learning and Instruction* 和 *Perceptual and Motor Skills* 等期刊上发表研究论文数篇(其中SSCI收录论文2篇)。代表性著作有《中国学习者的学业满足延迟研究》(主编,国防工业出版社,2014年);《二语动机:理论综述与案例分析》(共同主编,世界图书出版公司,2014年)。曾讲授的科目有高级日语、同声传译、口译理论与技巧、日语教育理论与实践等多门本科生和研究生课程,培养硕士研究生10余名。曾获"我最喜爱的教师""青年团学导师"等称号。同时,在上海元培等翻译机构接受过专业的日汉、汉日交替传译和同声传译训练，曾担任上海世博会、江苏省投资环境介绍及招商引资等重大国际会议的口译工作，并从事过科技、法律、金融、贸易等领域的笔译工作，总翻译字数超过 20 万。

张鸢铃（1915—1996），广东南海人。长期从事英语语言文学的教学工作以及英语语法学和科技英语教学的研究工作。1933 年毕业于广州市立师范学校，先后任教于广东遂溪县立中学、湛江私立四维中学、桂林私立逸仙中学、韶关琼崖中学粤北分校、曲江县立第二中学、曲江县立第一中学、广州私立华南中学、广州私立导正中学；1950 年调入广州市立师范学校任教；1951 年调入中山大学外语系，定职为讲师；1958 年调入暨南大学外语系任教；1962 年晋升为副教授；1978 年暨南大学复办，回任原职，兼任公共英语教研室主任；1981 年晋升为教授。在暨南大学任职期间，主讲文科各系各年级公共英语课、英语专业精读及语法和翻译课程。编译出版《拿破仑传》《简明英汉词典》《汉英分类插图辞典》，撰有英语语法学方面的论文多篇。

张平功（1959—   ），安徽灵璧人。广东外语外贸大学英文学院教授，博士生导师，广东省政协委员（高教界）。主要研究方向为英美文学与文论、文化理论批评、全球化和翻译研究。1980 年毕业于宿州学院英语系；1981 年任助教；1985 年任讲师；1993 年晋升为副教授；1995 年调入佛山大学任教，先后任副教授和英语教研部主任；2003 年晋升为教授。1998—2005 年赴英国留学，先后获得英国斯太福大学（Staffordshire University）学术研究证书（Certificate of Research Methodology）、文化研究硕士学位（MA in Cultural Representation）和博士学位（Doctor of Philosophy）。2000—2005 年任第九届佛山市政协委员，2007—2018 年任第十、第十一届广东省政协委员，文史委员。2017 年起任广东省公共外交协会常务理事。1993—1994 年任中国建筑工程总公司驻南美经理部高级翻译。2000—2004 年在英国路特里奇出版社兼职（Proofreader & Indexer, Routledge）。1999—2014 年兼任北斯泰福夏出版社编审（North Staffordshire Press, UK）。2002 年 1—6 月兼任《社会学》教职（Blythe Bridge Centre, England）。2015 年至今担任美国新视界出版社文学类学刊审稿人（HRPC ＊USA）。2009 年至今担任广东国际战略研究院《战略决策研究》英文编审。2007 年至今兼任广东省哲学社会科学纵向科研课题结题评审专家，博士学位论文评审人，博士后出站报告会评审。2006 年作为引进人才任教于广东外语外贸大学。曾 3 次获得省级科研论文奖：1998—2001 年度福建省社会科学联合会优秀论文奖、2013 年和 2015 年广东省社会科学优秀论文二等奖。1993 年，获安徽省教育委员会优秀教学成果二等奖（个人）。获市级"2001—2002 年度'五个一工程'奖"和"2001—2002 年度宣传文化精品奖"。获民进中央委员会颁发的国家级社会服务奖"民进全国创先争优先进个人"和省级社会服务奖 10 余项。作为首席翻译和专家组成员，参与丹霞山成功申报首批世界地质公园和世界自然遗产工作。承担并完成省级重大研究课题和教育部科研等课题近 10 项。在《新华文摘》《国外社会科学》《外国语》《外国文学研究》《当代外国文学》《外语与外语教学》《学术研究》《学术探讨》《社会科学战线》《东南学术》《中国翻译》等期刊上发表文章 50 多篇。在英语国家学刊发表论文 10 多篇。在英国剑桥学术出版社、中央编译出版社等机构出版专著 10 余种。代表性著作有 *Culture and Ideology at an Invented Place*（Cambridge Scholars Publishing, 2007, 2013）；《中西文化文学十论》（中央编译出版社，2013）；《新编英美文学概论》（主编，汕头大学出版社，2001）；《全球化与文化身份认同》（主编，暨南大学出版社，2013）。

张　萍（1967—　　），江苏扬中人。华南师范大学教授，博士生导师，校学术委员会委员、校教学指导与人才培养专门委员会常务委员、外国语言文化学院学术分委会主任。中国英汉语比较研究会心理语言学专业委员会理事，国家社科基金项目通讯评审专家。《外语教学与研究》等数家国内外语核心期刊审稿专家。主要研究方向为应用语言学、第二语言习得、心理语言学、词汇习得与加工。1987年本科毕业于广州外国语学院英语系；2000年毕业于华东师范大学外国语学院，获硕士学位；2008年毕业于南京大学外国语学院，获博士学位。2007—2008年获国家留学基金全额资助赴英国剑桥大学访学。1987年分配至中国药科大学任教，曾两次获得校级讲课竞赛一等奖（1997/1999）、江苏省优秀研究生课程（2002）、江苏省教育厅"青蓝工程"优秀青年骨干教师（2002）。硕士论文获2001年上海市优秀硕士论文。2003年人才引进至东南大学，任外国语言学及应用语言学研究所所长、院长助理。期间两次获精品课程奖（2005/2010）、三次获得奖教金（2004/2009/2013）、江苏省高校科研成果二等奖（2011）、江苏省哲学社会科学优秀成果三等奖（2012）、入选江苏省"青蓝工程"中青年学术带头人（2012）、江苏省"333工程"第三层次专家（2013）。2011年任教授。2012年受邀加盟中国伦理学三大重镇之一的东南大学人文学院伦理学团队，获博士生导师资格，从事"伦理学与语言"方向的学科建设和"伦理学语言形态"的学术研究，并从同年开始招收该方向的博士生。2013年赴中央党校学习。2014年人才引进至华南师范大学，担任"课程与教学论"（英语）方向的博士生导师。2009—2012年主持完成国家社科基金项目"中国学生英汉语心理词库构建模式对比研究"，2012年获批江苏省社科基金项目"多语言心理词库的母语介入对比研究"；2014年获批广东省社科基金项目"汉—英—日多语言心理词汇加工中母语的句法—语义迁移研究"；2015年获批国家社科基金项目"中国英语学生词汇联想表征与语料库分布的句法—语义耦合研究"。主持完成其他各类厅局级和校级项目等共22项。在《外语教学与研究》《外语与外语教学》《中国外语》《外语研究》《解放军外国语学院学报》《外语教学理论与实践》等外语核心刊物上发表论文30余篇，代表性论文有《硕士研究生基础英语和专业英语词汇学习策略研究》（2001）、《中国英语学习者心理词库联想模式对比研究》（2010）、《中国英语学习者心理词汇语义加工中的同译效应》（2016）。出版专著1部《中国英语学习者心理词汇联想模式研究》（东南大学出版社，2009）、教材2部。

张庆文（1966—　　　），1988年毕业于曲阜师范大学外文系，获文学学士学位；2004年毕业于北京语言大学理论语言学专业，获文学硕士学位；2009年10月毕业于香港理工大学中文及双语学系，获语言学哲学博士学位。2008年10月—2010年8月在香港理工大学中文及双语学系做副研究员，2016年在加拿大多伦多大学语言学系访学一年。2010年9月至今为广东外语外贸大学外国语言学及应用语言学研究中心教授、博士生导师，香港语言学学会终身会员和国际中国语言学学会会员。研究方向为生成语言学，在形式句法学、形式语义学、句法—语义界面以及汉语方言语法研究方面都有涉足，熟悉英汉两种语言的句法特点，尤其擅长用生成语言学理论进行英汉对比和汉语方言语法研究。对普通话名词谓语句、保留宾语句、兼语句、致使句、量化词、名词短语、动词复数等专题均有涉猎，对汉语方言语法也有深入研究，曾对中国境内九大方言区的15种方言的名词短语进行过详细调查，初步建立了"汉语方言名词短语语料库"，并在国内外语言学期刊发表有关粤语、客家话、粤北土话虱婆声语法的研究论文数篇。在《语言暨语言学》、*Journal of Chinese Linguistics*、*International Journal of Chinese Linguistics*、《外语教学与研究》《现代外语》《当代语言学》《世界汉语教学》《汉语学报》等SSCI和CSSCI刊物上发表过一系列关于英汉比较和汉语方言语法研究的论文，其中1篇获广东省2010—2011年度哲学社会科学优秀成果三等奖，2篇被人大报刊复印资料转载，出版学术专著《现代汉语名词谓语句的句法研究》。

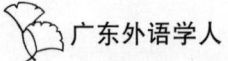

主持教育部人文社科重点研究基地重大项目1项、广东省教育厅特色创新项目1项、广东外语外贸大学校级科研项目2项，参与国家社科基金重大项目1项、香港特别行政区政府研究资助局资助项目2项。曾主办或协助主办多个国际国内会议，包括第五届形式语言学国际研讨会（ICFL-5）、第四届东亚理论语言学国际研讨会（TEAL—4）等，为 Lingua Sinica、Studies in Chinese Linguistics、《中国语文通讯》《世界汉语教学》《现代外语》等多家期刊审稿多次，担任香港语言学学会优秀学位论文评奖人以及中山大学、暨南大学、广东外语外贸大学等多所大学的全国博士研究论坛的评委。

张小波（1965—   ），湖南邵阳人。英语专业教授。1987年7月毕业于湖南师范大学英语专业，获学士学位；2003年12月毕业于湖南师范大学，获硕士学位；1996年4月—1997年7月在湛江水产学院（今广东海洋大学）任教；1997年8月起任教于广东海洋大学外国语学院英语系；2009年12月起任广东海洋大学外国语学院英语专业教授；《广东海洋大学学报》编委和英文编辑。2013—2017年担任广东省高等学校外语教学指导委员会委员，英语专业指导委员会委员；2001年至今为中国英汉语比较协会会员。1998年获得由中共广东省委高校工委、广东省教育厅等颁发的广东省"南粤教坛新秀奖"。2016年获首届世界旅游发展大会会歌全球翻译征集优秀奖。发表的论文主要有《语言形象再现的文类冲突——以〈红楼梦〉对联翻译为例》《古籍英译分析意识形态对翻译的影响》《庄中带谐 相映成趣——莎士比亚和郭沫若悲剧中喜剧情节的穿插艺术》。主持完成广东省新世纪教育教学项目"进入WTO后的英语专业教学模式——功能、输入、模拟"，并获广东海洋大学教学成果一等奖。2012年主持外语教学与研究出版社项目"跨文化网络环境下的语言嬗变与规范研究"。2016年主持广东省普通高等学校省级特色创新项目"译海钩沉——伍光建翻译研究"。

张晓红（1970—   ），湖南怀化人。深圳大学教授，博士生导师。深圳大学外国语学院院长、广东省外国语言文学一级重点学科带头人、广东省高校"千百十工程"省级培养对象、国家社科基金项目通讯评审专家。主要研究方向为比较文学、英美文学、中国当代诗歌和性别研究。1992年毕业于湖南师范大学外语系，获文学学士学位。1995年毕业于湖南大学西语系，获文学硕士学位。1999—2000年在丹麦哥本哈根大学国际交流学院研修北欧文学和欧洲艺术史。2004年毕业于荷兰莱顿大学非西方研究院，获文学博士学位，并获"优秀博士毕业生"称号。1995—1999年在北京语言大学英语系执教。1998年获北京市青年骨干教师教学比赛二等奖。2005年至今先后在深圳大学文学院和外国语学院任教。2005年晋升副教授，2009年晋升教授。2010年、2014年两次荣获广东省优秀教学成果二等奖。2016年被中国社会科学院和四川大学聘为合作博士生导师。2016年任中国比较文学学会副秘书长。2014年获美国国务院"全球学者"计划全额资助，赴美研修当代美国文学。先后应邀访问英国牛津大学、荷兰莱顿大学、奥地利维也纳大学、捷克查理大学、加拿大渥太华大学、美国路易维尔大学、印度国际大学等国外高校开展学术交流。主持国家社科基金项目、广东省哲学社会科学规划项目、荷兰文化部国际合作项目4项。在 *Comparative Literature Studies*、*European Review*、*Canadian Review of Comparative Literature*、*Tamkang Review*、《文学评论》《当代外国文学》《中国比较文学》《社会科学》《人文杂志》《思想战线》等 A&HCI、SSCI 和 CSSCI 刊物上发表中英文论文50多篇。在商务印书馆、上海三联书店、广西师范大学出版社出版著作6种，其中个人独著4种。代表性著作有 *The Invention of a Discourse*（荷兰 CNWS 出版社，2004）、《互文视野中的女性诗歌》（广西师范大学出版社，2008）、《拉什迪的童话诗学和文本政治研究》（商务印书馆，2017）。出版《精神与金钱时代的中国诗歌：从1980年代到21世纪》（北京大学出版社，2016）、《在欧洲》（花城出版社，

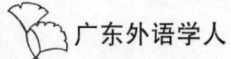

2014)、《达尔文的梦幻池塘》(花城出版社,2008)、《欧洲视野中的荷兰文化 1650—2000 年——阐释历史》(广西师范大学出版社,2007)等译著 8 种。其中《达尔文的梦幻池塘》荣获国家图书馆"文津图书奖"提名奖、台湾吴大猷学术基金会佳作奖、科学时报佳作奖。

张 欣(1976—   ),湖北武汉人。广东外语外贸大学教授,硕士生导师,广东外语外贸大学外国文学文化研究中心研究员,广东外语外贸大学英语语言文化学院副院长。主要研究方向为美国文学、女性文学、西方戏剧。1998 年毕业于原广州外国语学院英语系;2008 年晋升副教授;2016 年晋升教授。2011 年在香港大学历史系美国研究中心做访问学者;2013 年受国家留学基金委资助赴美国伊利诺伊大学香槟校区美国研究中心做访问学者。主持并完成广东省哲学社会科学规划项目"莉莲·海尔曼原创剧中女性身份的规训与建构"(项目编号:GD12YWW02),广东省优秀青年人才培养计划项目"莉莲·海尔曼戏剧创作女性观研究"(项目编号:WYM09093),广东省质量工程项目、广东省精品资源共享课"英美文学";参与国家级和省部级科研教研项目多项。在《外国文学研究》《当代外国文学》《外国语文》、Forum for World Literature Studies、《广东外语外贸大学学报》等国内外文学研究核心期刊上发表文章近 20 篇。

张 兴(1971—   ),江苏扬州人。中山大学教授,博士生导师。主要研究方向为日语语法学、汉日语对比、计算语言学。1993 年毕业于解放军外国语学院四系,获学士学位;1997 年 7 月—2016 年 11 月在解放军外国语学院任教,先后任助教、讲师、副教授。1995 年 8 月—1998 年 4 月、2000 年 8 月—2003 年 6 月在北京外国语大学日本学研究中心学习,分别获批硕士和博士学位。2005 年 7 月—2007 年 6 月在北京大学外国语言文学博士后流动站从事科研工作。2016年12月起任中山大学教授，博士生导师。在《外语研究》《日语学习与研究》《解放军外国语学院学报》等刊物上发表论文50余篇。出版专著1部、编著1部、译著6部（含合译），参编字典2部。获批国家社科项目和博士后科学基金一等资助项目各1项。

张秀强（1975—　），山东临沭人。教授、硕士生导师。1999年毕业于东北师范大学日语语言文学专业，获学士学位；2002年于同校获文学硕士学位。2003年2月起在广东外语外贸大学东语学院日语系任教，先后任讲师、副教授。2013年，获东北师范大学日语语言文学专业文学博士学位。2013年起担任硕士生导师。2015年12月起任教授。先后担任日语系高级翻译教研室主任、日语系主任、东语学院副院长。曾任中国日语教学研究会华南分会秘书长，现任该会副会长。长期从事日本近代文学、中日比较文学、中日口笔译研究领域的研究。主持教育部青年基金项目1项，省级项目多项，在《东北师大学报》《日本学论坛》《成蹊大学文学部纪要》《札幌大学综合论丛》等国内外期刊上发表研究论文近30篇，并在《译林》等期刊上发表译文、译作多篇。代表性学术成果有日文专著《尾崎红叶文学研究》（人民出版社，2015），学术论文《尾崎紅葉文学における中国の要素試論——小説「巴波川」の解読を中心に》等，获得首届全国日语专业青年教师CASIO杯教学基本功大赛三等奖，讲授多门本科生、研究生课程。

张云勤（1966—　），安徽淮北人。广州工程技术职业学院外语商贸系党总支书记、系主任、英语专业教授，研究方向为高职外语、外贸教学与管理等。1983—1987年在安徽阜阳师范学院读英语专业本科，获文学学士学位，1993—1995年在安徽师范大学修读英语专业研究生课程，2001—2004年于暨南大学修读国际经济与贸易专业研究生课程，2013—2015年于华中师范大学修读工商管理专业研究生课程,获得工商管理硕士学位。1993年获评讲师,2009年晋升副教授,2014年晋升教授。广州外国语协会常务副会长、广东省高职院校公共英语课程教学指导委员会副主任委员、广东省高职教育商业类专业教学指导委员会副主任委员兼国贸分指委主任委员、中国职业技术教育学会国际商务教育研究会跨境电子商务专业委员会副主任委员、中国高等教育学会数字化课程资源研究分会常务理事、广东省翻译协会理事、广东外国语言学会委员。在《中国外语》《外国语文》《当代外语研究》等期刊上发表学术论文20多篇。主编出版教材、教辅10多部,包含职业教育"十二五"国家规划教材3部。担任国家入库和省级立项的职业教育商务英语专业教学资源库建设项目负责人,省级品牌商务英语专业、省级商务英语实训基地、省级国际商贸服务教学团队负责人。先后主持全国教育科学规划课题、教育部教育管理信息中心课题、中国外语教育基金课题、省哲学社会科学规划课题、省级质量工程课题等国家级、省部级教科研课题30多项。曾获广东省"南粤优秀教师"、广州市"优秀教师"等荣誉称号。

章国军(1972—   ),河南商城人。广州番禺职业技术学院外语外贸学院教授,信阳师范学院外国语学院翻译专业硕士(MTI)生导师。1994年7月毕业于信阳师范学院外语系,获文学学士学位;1997年6月毕业于长沙铁道学院外国语学院,获文学硕士学位;1997年7月—1998年3月担任柳州铁路局科研所翻译,负责"铁路运输安检设备"引进中的翻译工作;1998年4月—1999年4月担任飞利浦音响系统有限公司(深圳)MQA主管,负责外来物料品质保证;1999年5月—2000年1月担任长城国际信息产品有限公司(IIPC)财务部订单执行区域管理专员;2000年2月—2015年9月在深圳职业技术学院外国语学院工作,先后担任公共外语部教师、教研室主任,协助主管副院长推进高职公共外语教学改革,期间于2001年4月晋升为讲师,2006年12月晋升为副教授;2013

年 7 月毕业于中南大学外国语学院,获文学博士学位,同年 12 月晋升为教授;2015 年 9 月起担任广州番禺职业技术学院外语外贸学院院长,主持学院工作。现兼任广州外语协会副会长、深圳翻译协会理事。长期从事翻译理论与实践、高职外语教育等研究工作。先后主持广东省哲学社会科学"十二五"规划项目(2013)、深圳市哲学社会科学"十二五"规划项目(2013)、中国外语教育基金(高职高专专项)项目(2010)等科研、教研项目多项,主持广州市第四批特色专业学院"广州跨境电商学院"建设项目(2016)。在《外语学刊》《外语教学》《外国语文》《四川外语学院学报》《中南大学学报》等核心期刊上发表翻译研究论文多篇,出版翻译理论研究专著《〈孙子〉西行:名著复译与误读》(外语教学与研究出版社,2014),主编国家"十一五"规划教材 2 部(外语教学与研究出版社,2010)、国家"十二五"规划教材 2 部(外语教学与研究出版社,2015);被外语教学与研究出版社授予"荣誉作者"称号(2012)。

章恒珍(1949—   ),安徽蚌埠人。教授。1966 年 7 月毕业于安徽蚌埠师范学校;1966 年 8 月—1970 年 7 月在蚌埠朝阳路第三小学任教;1970 年 8 月—1974 年 7 月在安徽大学外国语系英语专业学习;1974 年 9 月—1985 年 7 月在安徽蚌埠医学院英语教研室任教;1985 年 8 月—1987 年 7 月在浙江大学外国语学院应用语言学专业攻读硕士学位;1987 年 7 月毕业回安徽蚌埠医学院工作;1993 年 5 月调入暨南大学外国语学院工作至退休。在暨南大学工作期间,先后担任暨南大学外语中心主任、外国语学院副院长兼大学英语教学部主任、校教学指导委员会委员等职。在省部级以上杂志发表论文数十篇,出版著作、译著、教材多部,主持并完成科研项目多项(其中教育部项目 2 项,省级项目 1 项)。

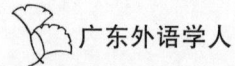广东外语学人

章宜华（1956— ），语言学博士、教授、博士生导师。广东外语外贸大学学术委员会委员，词典学研究中心主任，《中国辞书学报》主编。主要研究方向为认知语言学、翻译学、（计算）词典学、第二语言习得。1979年9月毕业于原西安外国语学院法国语言文学专业，分配到原六机部（后改名为中国船舶工业总公司）710研究所从事翻译和情报研究工作。1988年9月—1991年7月在原广州外国语学院西语系学习，获得硕士学位。1991年8月—1994年8月回710所工作，先后任副译审、情报室副主任、主任。1994年9月—1997年6月在广东外语外贸大学外国语言学及应用语言学研究中心学习，获得博士学位。1997年留校任教至今，先后担任校国际语言文化研究所和国际问题研究所所长兼外国语言学及应用语言学研究中心（国家文科基地）副主任，1999年12月被聘为教授，2002年被聘为博士研究生导师，2009年被评聘为二级教授。现兼任中国辞书学会副会长兼学术委员会主任、全国双语词典专业委员会主任、《澳门语言学刊》和《辞书研究》编委、教育部—鲁东大学汉语辞书研究中心学术委员会委员、商务印书馆特约研究员、厦门大学双语词典与双语语言文化研究中心顾问委员会顾问。曾任亚洲辞书学会执行理事、全国辞书术语标准化技术委员会副主任委员、广州翻译学会执行理事。自1997年以来，一直从事外国语言学及应用语言学和相关交叉学科的研究。主持国家社科基金项目3项（其中重点项目2项），教育部社科规划项目4项（其中文科基地重大项目2项），广东省社科规划项目2项，其他省部级项目2项，省高教研究项目2项，重大横向合作项目4项。在《外语教学与研究》《现代外语》《外国语》《外语界》和《世界汉语教学》等刊物发表论文110余篇，其中60余篇发表于CSSCI/核心刊物及国外）；在商务印书馆、外语教学与研究出版社等机构出版词典10余部，代表作有《英汉医学词典》和《小学英汉插图详解词典》，分别获得国家辞书奖一等奖和二等奖。在商务印书馆和上海辞书出版社等机构出版专著、译著共12部，代表作有《当代词典

学》（商务印书馆，2007）、《语义·认知·释义》（上海外语教育出版社，2009）、《计算词典学》（上海辞书出版社，2013）、《二语习得与学习词典研究》（商务印书馆，2015）；前两项分别获得全国高校社科研究优秀成果三等奖和广东省优秀社科成果奖三等奖。讲授6门研究生课程，指导硕士生60余名，博士生20余名，其中7人次获得南粤优秀研究生等省级奖励，4人获国家奖学金，26人次获得校级优秀论文和优秀研究生的奖励。获"南粤优秀教师"称号。

赵军峰（1966—   ），河南洛阳人。工学学士（长江大学，1988），文学硕士（武汉大学，1994），法律语言学博士（广东外语外贸大学，2009）。2000年晋升副教授，2007年晋升教授。现任广东外语外贸大学高级翻译学院院长、教授，翻译学研究中心研究员。第三届全国翻译专业学位研究生教育指导委员会委员兼秘书长，牵头成立世界翻译联盟（WITTA）并担任首任秘书长，中国翻译协会理事兼法律翻译委员会副主任，广东省翻译协会副会长兼法律翻译委员会主任，广州科技翻译协会常务副会长，中国法律语言学研究会常务理事，广东省翻译专业教指委分委会委员。2008年起负责全国翻译专业学位研究生教指委和教育部高等学校翻译专业教学协作组秘书处日常工作，负责翻译本科国家标准以及翻译硕士专业学位（MTI）相关文件的起草组织工作。主持国家哲学社科基金"国家战略视角下的翻译立法研究"（项目编号：17BYY005）及省部级科研教学项目多项，包括2016年广东省学位与研究生教育改革研究项目——教改项目（重点项目）"复语翻译硕士专项改革"（项目编号：2016JGXM_ZD_40）；2017年广东省法律翻译研究生暑期学校（项目编号：2016SQXX_08）；法律法规翻译（项目编号：2015SFKC26）；2015年广东省研究生教育创新计划项目"基于语料库的法律翻译语篇信息质量评估模式研究"（项目编号：GD13CWW09）；广东省哲学社会科学"十二五"规划项目"国家语言文字事业法律法规体系健全与完善研究"（项目编号：14JZD050）子课题"美国语言立法研究"；教育部哲学社会科学研究重大课题攻关项目"基于语料库的法律翻译语篇信息处理研究"；广东省人文社科基地重大项目等。曾为英国格罗斯特大学商学院高级访问学者（2003—2004），新加坡南洋理工大学访问教授（2007），澳大利亚昆士兰大学高级管理人员进修班结业（2015）。广东外语外贸大学第二批校级"千百十工程"学术带头人（2001）；广东省"南粤优秀教师"（2000）。曾获得广东省第七届教学成果二等奖（2014）。主要研究方向为翻译史、商务口译以及法律翻译。主要科研成果包括专著《法律语篇信息结构及语言实现研究——汉英语篇对比分析》（科学出版社，2011）；主编MTI教材《商务口译》（外语教学与研究出版社，2009）；主编"十一五"国家级规划教材《商务英语口译》（第二版）（高等教育出版社，2009）；主编"十五"国家级规划教材《商务英语口译》（高等教育出版社，2003）等；另有译著《法律翻译新探》（高等教育出版社，2017）、《我的书店：作者畅谈自己钟爱的实体书店》（译林出版社，2017）等。在外语类核心期刊《中国翻译》《外语教学与研究》《外国语》《外语学刊》《外语教学》等期刊发表论文30多篇。

赵　君（1964—　　），四川大竹人。暨南大学教授、硕士生导师，暨南大学外国语学院外语教学研究所所长。主要研究方向为英美文学、文艺美学及文学翻译等。1996年获复旦大学英美文学硕士学位，同年进入暨南大学外国语学院任助教、讲师，2006年获暨南大学文学博士学位；2007年晋升为副教授，2013年晋升为教授；2015年起担任暨南大学外国语学院外语教学研究所所长；2013年获批为英语语言文学专业硕士生导师。近年来，在《外国文学评论》《外国文学》《中国比较文学》《暨南学报》《湘潭师大学报》等权威或核心刊物上发表学术论文20余篇。代表作有《探寻"现实"的本真内涵——论纳博科夫"后现代式"现实观》《纳博科夫对"文学枯竭论"的超越性思考》《纳博科夫对小说艺术本质的"无限还原"》《作家的艺术就是他的护照》等。出版专著、编著、译著等著作 20 余部。代表性著作有《旅游外事英语》（世界图书出版公司，2003）、《研究生英语听说》（暨南大学出版社，2010）、《纳博科夫小说美学思想研究》（世界图书出版公司，2014）、《通往＜洛丽塔＞之路——纳博科夫在美国》（译著，广州出版社，2016）等。主持教育部人文社科基金项目"西方后现代文艺转型期纳博科夫对文艺理论重大命题的超越性思考"（项目编号：08JHQ0032）已成功结项，成果专著已经出版；主持国家社会科学基金项目"纳博科夫诗学问题考辨"（项目编号：09BWW001）结项，获评为良好等级。

赵晓靓（1974—   ），湖南株洲人。广东外语外贸大学东方语言文化学院日语系教授，硕士生导师，广东外语外贸大学东方语言文化学院学术委员会委员。主要研究方向为日本历史、日本政治、中日关系。2006 年毕业于日本名古屋大学，获法学博士学位；2013 年被广东外语外贸大学聘为教授，2015 年起担任中华日本哲学会（国家一级学会）常务理事，中国日本史学会会员，北京外国语大学日本学研究中心客座教授，并曾任教育部留学回国人员科研启动基金评审专家。在《世界历史》《南开学报》（哲学社会科学版）、《历史教学》《东南亚研究》等国内外重要学术期刊上发表论文数十篇，获得中华日本哲学会优秀学术论文一等奖，浙江省中日关系史学会优秀论文三等奖，出版学术专著《日本思想家的中日关系论研究》（九州出版社，2013），主持完成教育部留学回国人员科研启动基金项目，日本住友财团亚洲日本相关研究资助项目，参与多项国家及省部级项目。

赵一农（1959—   ），生于浙江宁波市，籍贯山东曲阜市。广东外语外贸大学教授，硕士生导师。1984 年 7 月毕业于浙江师范学院外语系，获学士学位；1984 年 7 月—1987 年 8 月在宁波教育学院担任英语教师；1984年9月—1990年7月在广州外国语学院英语系学习，获语言学与应用语言学硕士学位；1990年7月起在广州外国语学院涉外秘书系任英语教师，2001年7月转入广东外语外贸大学英语语言文化学院；1999年9月—2000年8月在英国利兹大学传播学院就读，获传播学硕士学位。2008年5月—8月在英国兰开斯特大学访学，2014年2月—8月在英国中央兰开夏大学访学。1991年晋升为讲师，1996年晋升为副教授，2005年晋升为教授。讲授本科课程"英语中级写作""英语高级写作""英语散文赏析""大众传播与社会"和研究生课程"社会社会语言学"。主要研究方向为社会语言学，侧重语码转换、双语创新、语言里的性别歧视、语言死亡、语言维护、语言计划和政策、网络语言、话语构建的社会。曾在《现代外语》《当代语言学》《外语学刊》《解放军外国语学院学报》《山东外语教学》《语言与翻译》《广东外语外贸大学学报》等学术期刊上发表论文。出版专著2部：《语码转换》（上海外语教育出版社，2012）和《话语构建》（人民出版社，2015）。

赵友斌（1962—   ），四川巴中人。暨南大学翻译学院院长，教授，硕士研究生导师。主要研究方向为后殖民文学和文学翻译。兼任国家留学基金委专家评委、广东省高教翻译指导委员会副主任委员、珠海市外语联合会副会长。在《外国文学研究》《国外文学》《外国文学》《中国翻译》等30多种学术刊物上共发表论文70余篇，其中包括：《做一个新西兰人：萨吉森的小说艺术》《在白云的故乡歌唱——新西兰当代毛利文学》《论现代汉语的运动事件词汇化语义编码模式》和 The Study on Quantitative Evaluation in the Translation Quality Management Based on the House's Translation Quality Assessment Model 等。出版论著和译著共16部，主要有《语境与翻译》《英语翻译与文化融合》《中西文化比较》《莎士比亚悲喜剧独白欣赏》等。主持省部级以上课题10余项，其中主要包括：

"中国绘画思想史（英文版）"（2015年国家社科基金中华学术外译项目）；"翻译专业综合改革试点"（2016年教育部本科教学工程项目）；"翻译教学团队"（2015年广东省质量工程项目——教学团队建设项目）和"曼斯菲尔德研究"（2014年广东省社科"十二五"规划项目）等。曾获"南粤教坛新秀"称号、四川省学术与技术带头人后备人选和"珠海市先进教师"称号。

赵　真（1950—　　），河南上蔡人。五邑大学教授。主要研究方向为商务英语教学与研究。1978年7月毕业于山西师范大学英语专业；1978年8月—1981年3月留校任教；1981年4月—2005年1月在山西财经大学经贸英语学院任教，1990年9月—1992年7月公派留学，就读英国伦敦南岸大学现代语言系，商务语言学专业研究生学历；在山西财经大学工作期间先后任讲师、副教授、教授，并先后担任教研室主任、系主任职务；2005年2月—2012年1月在五邑大学外国语学院任教，担任商务英语系系主任。长期从事商务英语教学与研究工作。先后主持了省级课题"翻译理论多学科合流趋势与翻译教学研究"（2001）和"全球经济一体化与跨文化交际研究"（2001）；代表性论文：《中译外翻译教学现状与对策》（《中国高教研究》，2003年第5期）、《从时空价值观看跨文化交际》（《理论视野》，2002年第6期）、《对商务英语专业复合性的几点理解》（《新形势下的商务英语教学与研究》，上海外语教育出版社，2008）。编著：《商务英语写作》（副主编，中国商务出版社，2004，2008，2011）；《新经济英语》（主编，机械工业出版社，2003）；《大学财经英语阅读》（副主编，外语教学与研究出版社，2002）。主要讲授商务英语专业的多门课程：高级商务英语、工商导论、金融英语和经贸时文选读等。

郑立华（1958—　　），广东揭阳人。现任广东外语外贸大学西方语言文化学院法语学科带头人，二级教授，博士生导师，教育部教学指导委员会法语分委员会委员，全国法语教学研究会常务理事，法国刊物《法语在世界：研究与实践》编委会成员，法国马尼斯奇出版社《中国与欧洲跨文化研究系列丛书》主编，外研社《跨文化研究与跨文化管理丛书》主编。1982 年在原广州外国语学院法语语言文学专业获学士学位，1985 年获硕士学位，毕业后留校任教。1988 年留学法国，在巴黎第五大学语言学及应用语言学系攻读博士学位，师从法国著名社会语言学家 CALVET 教授，1994 年 4 月获语言学博士学位。1995 年回国。曾获"南粤优秀教师""广东省高等学校教学名师""全国模范教师"等称号，享受国务院政府特殊津贴专家，获法国教育部颁发"法国教育骑士勋章"，2014 年获评"广东省'特支计划'教学名师"。主攻社会语言学和跨文化交际学。1995 以来，完成"社会语言学研究：ISO 9000 中的书面语研究"等省部级项目 5 项；在国内外发表学术论文 40 余篇，专著 8 部，包括《巴黎华人及其面子策略》（法国 L'Harmattan 出版社，1995）、《企业与日常生活在中国——跨文化研究》（法国 L'Harmattan 出版社，2002）、《中国人如何看欧洲人——反观中国人的价值观念》（法国 L'Harmattan 出版社，2003）等。《语言与社会互动》（外语教学与研究出版社，2002）被教育部遴选为研究生教学用书，《交际与面子博弈》（上海外语教育出版社，2012）于 2013 年入选"广东省优秀社科翻译工程"，被译成英文在美国出版。先后主持了 7 届"中法跨文化研讨会"，主编出版了 7 部国际研讨会论文集。多次应邀到国内外大学及企业做跨文化讲座。注重科学研究与教学研究的结合。主持的教改项目"教学、科研、社会服务相结合，促进外语应用型人才培养"2001 年 6 月获国家级教学成果二等奖；另一项目"外语小语种专业人才培养模式改革"2014 年 1 月获广东省教学成果一等奖。

钟书能（1965—　　　），福建武平人。现任华南理工大学外国语学院院长、二级教授、硕士生导师。1986年起先后就读于福建师范大学英语教育专业、哈尔滨工业大学外国语言学及应用语言学专业以及广东外语外贸大学外国语言学及应用语言学专业，分别获得学士学位、硕士学位和博士学位。2004年获得中共广东省委党校中青班学习毕业证书。1988—1990年在华侨大学外语系任助教。1990—1996年在三明学院外语系任讲师。1996—2010年在广东省外语艺术职业学院任副教授、教授、教务处长、招生办主任，兼任中山大学外国语学院硕士生导师。2005年前往美国ETBU大学任中国语言与文化讲座教授。2008年与2009年分别前往德国与新加坡进修语言学与高等学校管理等理论。2008年主持的"翻译技巧"获批国家级精品课程。2010年获得第六届广东省高等教育教学成果一等奖。2010年起任华南理工大学外国语学院教授、硕士生导师，兼任广东外语外贸大学高级翻译学院硕士生导师。2015年获得"南粤优秀教育工作者"称号。2016年入选广东省学位委员会第六届学科评议组成员。2017年作为哲学社会科学教学科研骨干前往中央党校进修、学习。主要社会兼职：中国认知语言学会常务理事，广东外国语言学会秘书长（2013—2015年）、副会长，广东省翻译协会常务副会长。研究方向为翻译研究、第二语言习得以及认知语言学。先后主持国家社科基金、广东省社科基金、广州市社科基金等项目8项。在《外国语》《外语界》《语言文字学》（中国人民大学书报资料中心复印资料）、《中国翻译》《外语教学理论与实践》《外语教学》《外语研究》《外语与外语教学》《外语学刊》《中国外语》《解放军外国语学院学报》《上海翻译》《北京第二外国语学院学报》《当代外语研究》《华南理工大学学报》（社会科学版）等CSSCI或外语类核心期刊上发表学术论文50余篇。出版著作20部，其中主编出版国家级精品教材《英汉翻译技巧》及《汉英翻译技巧》（对外经济贸易大学出版社），出版专著《汉英认知对比研究》（高等教育出版社）。

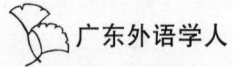

钟佑同（1932—   ），广东广州人。中山大学教授。曾就读岭南大学、中山大学。研究方向为语言学、语言教学。

钟志英（1971—   ），广东韶关人。教授、博士。主要研究方向为应用语言学、第二语言习得、生态语言学。1989—1993年在华南师范大学读本科，获学士学位；2004—2005年在泰国宋卡王子大学学习，获硕士学位；2011—2014年华南师范大学博士研究生毕业，获博士学位。2011—2012年获国家留学基金委资助，在南丹麦大学做访问学者。1993年7月至今在华南农业大学工作，历任助教、讲师和副教授，于2015年底晋升教授。2004—2005年在泰国宋卡王子大学求学期间任中文以及英文教师。在《外语教学与研究》《现代外语》《外语界》《外语与外语教学》《外语教学理论与实践》等期刊上发表论文多篇。目前已发表学术论文20余篇，主编和参编教材2部。曾任外语类核心期刊《现代外语》的匿名评审专家。主持省级课题2项，参加国家社科基金项目、教育部项目5项，主持校优秀成果奖1项。曾被评为广东省南粤优秀教师，华南农业大学教学观摩奖一等奖、华南农业大学"教书育人奖"等奖项。

仲伟合（1966—   ），江苏赣榆人。教授，博士，翻译学博士生导师。英国华威大学荣誉研究员。先后在南京师范大学、英国西敏斯特大学、英国华威大学、上海外国语大学等高校求学，获英语语言文学学士、硕士、口笔译学硕士、英语语言文学（翻译学）博士学位。广东省第四批高层次管理人才出国进修美国加州州立大学成员。曾任英语语言文化学院副院长、院长，高级翻译学院院长，广东外语外贸大学校长等职务。全国翻译专业资格考试专家委员会委员（人事部）、全国外语翻译等级证书考试委员会委员（教育部）、中国翻译工作者协会常务理事、翻译理论与翻译教学委员会委员。曾获教育部"霍英东教育基金优秀青年教师奖"，2001年获"全国优秀教师"称号及奖章，2003年广东省杰出留学回国青年创业之星，2005年获第五届广东省高等教育教学成果奖一等奖，2005年获第七届"广东青年'五四'奖章"等。2006年被评为广东外语外贸大学首届教学名师。2009年入选"新世纪百千万人才工程"国家级人选。较早在华南地区开设同声传译课，为省内外大型国际会议担任首席同声传译员300余次。曾为多位国家及省市领导人担任口译工作，在英国副首相John Prescott及美国前总统Bill Clinton访华期间担任翻译，被誉为"九段翻译""华南同传第一人"。培养了广东的第一支同声传译队伍。首倡在中国设立翻译硕士专业学位（MTI）。多年从事口笔译的教学理论研究。在《中国翻译》、*Translation Journal*、《外国语》及《外语与外语教学》等学术期刊发表口译教学改革与研究系列论文及翻译学研究论文50余篇，出版教材、论（译）著、词典多部。承担教育部"十五""十一五"规划国家级重点教材项目《英语口译教程》《英汉基础口译教程》《英汉同声传译教程》的编写工作。主持的科研项目包括"翻译本科专业人才培养模式研究"（2009年教育部人文社科基金项目）、"口译研究方法论"（广东省普通高校人文社科重点研究基地重大项目）、"计算机辅助口笔译（CATIS）教学系统的开发与应用"（横向课题）、"数字化口译教学系统的开发与应用"（广东省科技厅科技攻关课题）、"双语教学改革的探索与实践"（2006年度广东省高等教育教学改革工程重点项目）、"外语专业人才培养质量保证体系研究"（2007年度广东省高等教育教学改革工程重点项目）、教育部人文社科规划项目"翻译本科专业人才培养模式研究"等。

周富强（1963—　　），河南平顶山人。硕士生导师（2003年），英语专业教授（2007年），管理学博士（2009）。曾任广东外语外贸大学英语教育学院院长、继续教育（公开）学院院长，现任英语教育学院研究生部主任。1987—1992年任教于河南平顶山学院，任

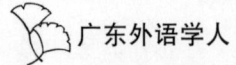

助教、讲师；1995—1998年任教于南京理工大学外语系，任讲师、党支部书记；1998年至今任职于广东外语外贸大学。1999—2000年任国际经贸学院系主任、副院长；2001—2004年任公开学院、继续教育学院院长；2006—2007年任商务英语学院副院长；2007—2010年任英语教育学院院长；2010年9月—2011年9月兼任广东外语外贸大学南国商学院院长助理。2011年10月—2013年7月兼任华南师范大学增城学院（现广州商学院）国际学院院长，为广州商学院成功取得教育部批准的中美合作办学项目。曾多次被评为校级优秀教师和优秀共产党员。2010年获得教育部成人教育学会颁发的突出贡献奖。2010年被评为广东外语外贸大学第三届教学名师。2010年所负责的大学英语系列课程被评为广东省省级精品课程。2014年获得第七届广东省教育教学成果奖一等奖（证书号：2014065）。学科专业为教育管理、英美文学。研究方向为教育管理与教育领导学、比较教育学、英美文学与文化。兼任中国高等教育学会会员，广东省高等学校大学英语教学指导委员会副主任委员，广州外国语学会副会长，广东省现代家庭文明与亲子教育学会常务理事、秘书长。学历：北京大学管理学（高级教育行政管理）博士学位（2009）；英国朴茨茅斯大学教育管理学硕士学位（2005）；教育部中青年骨干教师培训结业（2000）；美国伊利诺伊州立大学高级行政管理培训结业（1996）；南京大学英美文学硕士学位（1995）；郑州大学英语语言文学学士学位（1987）。教授课程：教育思想、教育管理、教育领导学、教育文化学、比较教育学、高级英语、商务英语、英美文学、英美文化等。在《清华大学教育研究》《北大教育经济研究》《中国高教研究》《学位与研究生教育》《教育学报》《当代外国文学》《国外文学》《外语教学》《国际经贸探索》等刊物上发表论文30余篇。主编《西方文化精要》《美国经济概况》《新编英语国家文化教程》《新编经贸英语教程》《商务英语阅读》等教材。承担多项省级及校级科研项目。

周红辉(1975—   ),湖南衡阳人。岭南师范学院英语专业教授,硕士生导师。1999年7月毕业于湘潭大学英语专业,获学士学位;2005年7月毕业于西南师范大学英语专业,获硕士学位;2010年7月毕业于浙江大学,获语言学及应用语言学博士学位。攻读博士学位期间受国家留学基金委"建设高水平大学联合培养博士生项目"资助在美国纽约州立大学奥尔巴尼分校(Albany)师从著名语言学家Istvan Kecskes教授访学一年,研习社会—认知语用理论;2010年9月—2013年3月在广东外语外贸大学国家重点文科基地外国语言学及应用语言学研究中心从事博士后研究工作,合作导师为冉永平教授,并以优秀等级出站。1999年7月至今在岭南师范学院(原湛江师范学院)外国语学院工作,先后获讲师、副教授、教授职称,担任外国语学院翻译系及翻译中心主任、副院长。2013年起担任华南师范大学外国语学院翻译硕士MTI校外兼职导师;现任广东省外国语言学会常务理事、中国语用学会理事、岭南师范学院学术委员会委员、广东省外语类专业教指委委员及大学英语教指委委员;为 *Intercultural Pragmatics*,*Chinese as Second Language Research*,《现代外语》的匿名审稿人,《岭南师范学院学报》(哲社版)的审稿人及英文摘要校译;担任华南师范大学外国语学院翻译硕士学位论文、广东外语外贸大学语用学方向博士学位论文匿名审稿人及答辩委员。主持完成教育部社科项目1项,作为主要参与人完成国家社科1项、省部级项目5项。出版专著《合作与自我中心:言语交际的社会—认知语用研究》,在 *Intercultural Pragmatics*、*Chinese as Second Language Research*、《外国语》《现代外语》《外语与外语教学》等重要学术期刊发表科研论文近30篇,其中SSCI收录论文2篇,CSSCI收录论文6篇。主要研究方向为语用学、翻译及认知语言学。

周建新(1969—   ),广西南宁人。华南理工大学外国语学院教授,硕士生导师。1991年、1994年、2004年分别获英语语言文学专业

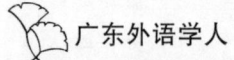

学士、硕士和博士学位。2009年在北京外国语大学英语语言文学博士后流动站从事博士后研究。主要研究方向为英诗研究、汉英诗歌比较与翻译、艾米莉·狄金森研究。曾担任新闻记者和警察（一级警司），2008—2017年担任华南理工大学外国语学院副院长。已发表英诗及翻译研究论文30余篇，有关艾米莉·狄金森研究论文20余篇，教研论文20余篇。发表诗歌、小说、新闻通讯，出版个人诗集3部，专著、译著6部，其中艾米莉·狄金森诗歌翻译3部，主持省部级项目5项。为本科生、研究生讲授的课程主要有英美文学与文化、英语诗歌、西方文论、中国思想经典等课程。被评为华南理工大学第五届"我最喜爱的导师"。获华南理工大学本科教学优秀南光奖。

周　榕（1957—　　），四川泸州人。华南师范大学外国语言文化学院二级教授，博士生导师。西南师范大学（现西南大学）外国语学院英语系77级本科生，1981年跳级提前毕业留校任教，获学士学位。1988—1990年公派英国伦敦大学教育学院留学，获英语教育硕士学位。1997—2000年在西南师范大学心理学系语言认知过程方向获得博士学位。在西南师范大学工作期间，1987年任讲师，1992年晋升副教授，1993年获四川省普通高校第二届优秀教学成果二等奖，1994年任硕士生导师，1997年晋升教授。2001年调入华南师范大学外国语言文化学院任教，2003年开始担任"课程与教学论"博士点语言认知与外语教学研究方向的博士生导师，2005年1月—2009年7月任外国语言文化学院副院长，2009—2017年任外国语言文化学院院长，兼任广东省特色重点学科"外国语言学及应用语言学"负责人，中国认知语言学学会常务理事，中国英汉语比较研究会心理语言学专委会副会长，广东省翻译协会副会长，广东省本科高校外语类专业教学指导委员会副主任委员，广东外国语言学学会副会长，国家社科基金项目通讯评审专家。《现代外语》《外国语》等杂志审稿人。2016年起任广东省人民政府参事。主讲应用语言学、语言研究统计学、心理语言学、语言研究方法、语言测试、语用学等硕士和博士研究生课程，培养硕士和博士研究生100余名，2014年被评为全国教育硕士优秀教师。主持教育部教师教育国家级精品资源共享课"中学英语教学设计"，主持广东省级研究生示范课程"语言研究统计学"。主要从事应用语言学、心理语言学、认知语言学、实验语用学等方面的研究，主持完成了多项省部级以上课题，如国家社科基金项目"隐喻性范畴化的实现机制研究"，教育部考试中心项目"高考英语题型与实际英语能力的相关性研究"，广东省哲学社会科学项目"英汉语隐喻表征机制的对比研究"，广东省教育科学"十五"规划项目"认知发展与情感发展相统一的中学英语教学模式探索研究"等。出版专著、译著和教材10余部，如《电化教育》（重庆大学出版社，1992），译著《人格科学》（华东师范大学出版社，2001），新世纪师范英语系列教材《视听说教程》（上海外语教育出版社，2013），《语言研究统计学实验教程》（暨南大学出版社，2015）等。在《外语教学与研究》《外国语》《现代外语》《外语学刊》《心理科学》《外语电化教学》《外语教学》《外国语言文学》《中小学外语教学》《外国语文》等刊物上发表论文50多篇。

周小兵（1955—   ），浙江宁波人。中山大学教授，博士生导师，国际汉语教材研发与培训基地主任。研究方向为现代汉语、应用语言学、第二语言教学与习得。1982年毕业于中山大学中文系，并留校任教。1994年晋升为副教授，1997年晋升为教授。1998年任对外汉语教学中心主任，2004年任国际交流学院副院长，2008—2015年任国际汉语学院院长。曾任广东省对外汉语教学研究会会长，中国对外汉语教学学会副会长、华南分会会长，世界汉语教学学会常务理事。现任广东省中国语言学会副会长。2012年起享受国务院政府特殊津贴。全国汉语国际教育硕士专业学位第一、第二届教学指导委员会成员。曾任武汉大学、华南理工大学、重庆大学、延边大学兼职教授。2015年底受聘为广东外语外贸大学云山访问学者。在《中国语文》《世界汉语教学》《方言》《语言文字应用》《语言研究》《语言教学与研究》《汉语学习》《汉语学报》《辞书研究》等刊物表论文150多篇。在商务印书馆等出版社出版专著10部,其中两部被外国出版社购买版权,翻译成外语出版。代表作有《句法·语义·篇章——汉语语法综合研究》(广东高教出版社,1996),获广东省高校第二届人文社会科学研究成果三等奖;《对外汉语教学入门》(中山大学出版社,2004第一版;2009年第二版;韩国外国语大学出版社,2011年韩语版),获中国大学出版协会第二届优秀图书奖优秀教材二等奖;《对外汉语教学导论》(商务印书馆,2008;《外国人学汉语语法偏误研究》(北京语言大学出版社,2008;韩国文化社出版,2014年韩文版),获第五届教育部人文社科优秀成果奖三等奖;《汉语知识与教学技巧》(北京语言大学出版社,2015)。在高等教育出版社等出版机构出版教材4种8册:《粤语区人学习普通话教程》(高等教育出版社,1997)、《中级汉语阅读教程》(北京大学出版社,1999)、《泰国人学汉语》(北京大学出版社,2007)、《初级汉语精读教程》(北京大学出版社,2015)。总编出版《阶梯汉语》(华语教学出版社,2001—2005)系列教材7种25册,其中《阶梯汉语·中级口语》(越南语版)于2009年由越南年轻出版社出版。主持建成全球汉语教材展示中心,收藏教材上万册(种);全球汉语教材库(www.ctmlib.com),含教材信息16600册(种),浏览人次超60万。主持国家级和省部级项目9项,包括国家社科项目"基于语料库的汉语教材词汇多角度研究"(2014—2017)、"对外汉语语法点学习难度、顺序及偏误研究"(2005—2008)。省部级项目"国际汉语教材语料库建设"(广东省哲学社会科学规划项目,2013—2015)、"全球汉语教学资源库建设"(国家汉办,2010—2012)、"语法项目的选取的依据与排序"(国家汉办,2003—2005)。

周玉军（1973—　　），黑龙江汤原人。华南师范大学外国语言文化学院教授。主要研究方向为18、19世纪英国文学，19世纪美国文学，英汉笔译。1996年毕业于东北师范大学外语学院，获硕士学位；1999年毕业于北京大学英语系，获博士学位；1999—2001年在外交学院英语系工作，担任讲师；2001—2004年在华侨大学外国语学院工作，2003年起任副教授；2004年至今任教于华南师范大学外国语言文化学院，2013年被聘为教授，并于2015年起担任外国语言文化学院学术委员会委员及英语系系主任。论文主要有《霍桑与催眠术》《服从或反抗：〈白鲸〉中的社会关系初探》《爱默生与美国内战前的慈善运动》，发表于《国外文学》和《外国文学评论》；译著主要有《婚礼的成员》（上海三联书店，2006）、《维多利亚名人传》（上海三联书店，2007）、《大主教之死》（上海文艺出版社，2011）、《触摸生活：蒙田写作随笔的日子》（商务印书馆，2016）。

朱道敏（1927—2017），浙江杭州人。教授。1949年毕业于燕京大学西语系，1959年毕业于外交学院，1949年7月—11月在中共中央外事组工作，1949年11月—1955年在外交部西欧工作，1959—1960年在外交学院任教，1960—1972年在广东省外事办公室工作，1972—1995年在广东外语外贸大学英文学院和出国培训部任教。曾任广东外语外贸大学出国人员培训部副主任。主要研究方向是口译。1983年澳大利亚进修期间，担任西澳高等教育学院的口笔译学位委员会顾问，并应全澳口笔译平时委员会邀请，主持了1984年西澳英汉口译二、三年级考试。1992年10月起享受国务院特殊津贴，1973年和1981年两次获"广外先进工作者"荣誉称号，1994年获广东外语学会优秀科研成果奖。"英语口译"课程创办人之一，20世纪70年代末80年代初在时任校长黄建华的倡导下创办英语口译课，很快由选修课改为必修课，并受到学生欢迎。1991—1992年陆续出版《新编大学英语口译教程》上下册。20世

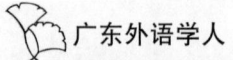

纪80年代初到80年代末在广东省人民广播电台主持英语教育节目《广播英语》《今日英语》《英语口译》，教学节目广受社会青年的欢迎，被评为广东省电台优秀节目。在这期间，受邀在广东外语外贸大学合并前身的广州对外贸易学院为外贸专业学生开设口译课。1987—1988年赴美国加州梅萨学院教授外籍学生英文，并发起该学院与广东对外贸易学院的学者交流项目。1988—1990年在出国人员培训部任教英语口语。主要论著包括《新编大学英语口译教程》（上、下册），论文主要有《美国加州大学洛杉矶分校外国留学生英语训练部一瞥》《结合教学培训TESL师资的一例——访问美国大学所见》《英语口语中的 you know, you see, I mean, well》等。

朱甫道（1950—   ），江西南昌人。英语专业教授、硕士生导师，广东外语学会理事。主要研究方向为第二语言习得、翻译理论与实践。1986年毕业于广州外国语学院英语系，获文学学士学位，2001年获华南师范大学文学硕士学位。1989年任教于江西财经大学，1994年曾任当时政治经济类核心期刊《经济译文》编辑室主任，1996年任教于广东技术师范学院，2000—2009年任该校大学英语教学部主任，2007年赴美国俄亥俄SHAWNEE州立大学做访问学者，2013年任广东技术师范学院天河学院外语系主任。发表论文30余篇，其中多篇发表于《外语界》《外语电化教学》《高教探索》《高等工程教育研究》《南昌大学学报》（人文社科版）等CSSCI、中文核心期刊和其他学术期刊，如《中国英语教学》（英文）（上）。代表论文有《网络辅助大学英语教学条件下教师的主导作用》《专业课程双语教学网络系统的设计》。主持广东省高校现代教育技术151工程项目"大学英语读写训练专题学习网站"（2004，项目编号：GDA115），并获第十二届全国多媒体教育软件大奖赛高等教育组网络课程优秀奖（2008），广东省高校学科与专业建设专项资金项目"依托网络，以输出为导向构建大学英语教学体系"（粤财教 2005（126）/9），2006 年广东省高等学校英语教改与实践培育项目"运用网络/计算机，在整体教学观下的听说训练模式"（项目编号：GDWYB－011，粤教高［2007］7 号），所主持的"高职高专大学英语课堂及校园网辅助教学交互作用实验"项目（项目编号：III26－1－56）于 2004 年获教育部子课题研究成果二等奖。三次应邀赴亚洲英语教学国际研讨会宣讲论文（2003 年，韩国釜山；2006 年，日本福冈；2007 年，马来西亚吉隆坡）。主编大学英语教材《大学英语分类阅读》（华中科技大学出版社，2004）；主译《未来竞争的优势，全球研发管理案例分析与研究》（广东经济出版社，2002）。发表财经类译文多篇，其中《变化中世界的发展问题：新教训，旧争论，公开的问题》由人大书报资料中心《世界经济》全文转载（1995 年 12 月），《韩国工农业的刺激政策》由人大书报资料中心《世界经济》全文转载（1992 年 12 月）。

朱立霞（1974—   ），山东淄博人。华南理工大学外国语学院教授，硕士生导师。研究方向为日语语言学、日汉对比和认知语言学。1992—1999 年在解放军外国语学院学习，获学士和硕士学位。1999 年考入北京大学日语系攻读日语语言文学专业博士，师从著名学者徐昌华教授，2002 年 6 月获博士学位。此后，回到解放军外国语学院任教。2004 年被评为副教授，担任硕士生导师。2016 年被华南理工大学聘为教授。长期为日语专业的本科生和研究生开设精读、泛读、日语文言语法、日语语言学等课程，深受学生好评。出版专著《现代日语省略现象研究——从认知语言学与语用学的角度》，是国内第一部主要运用认知语言学理论研究日语的专著。发表论文 30 篇，其中 CSSCI 和外语类核心期刊论文 15 篇，包括《外语界》《外语教学》《外语与外语教学》《解放军外国语学院学报》《外语研究》《日语学习与研究》等。因科研成绩突出，曾多次被评为校"科研标兵"。论文获 2014 年"河南省社科优秀成果"三等奖。主持国家社科基金项目"认知语言学角度的日汉省略对比研究"。

朱其智（1961—   ），江苏南京人。现为中山大学外国语学院国际汉语系教授、博士生导师。研究方向为应用语言学、汉语语法篇章、对外汉语教学/汉语国际教育、西周金文及古文字研究。1979—1983年在苏州大学中文系就读，获学士学位；1986—1988年在北京大学对外汉语教学中心现代汉语专业对外汉语方向研究生班学习，毕业后分配至中山大学汉语培训中心工作（后改名为对外汉语教学中心、国际汉语学院，现为外国语学院国际汉语系），至今已有29年——其中1996—1998年公派至泰国华侨崇圣大学中文系担任助理教授；2000—2004年在中山大学中文系在职攻读汉语言文字学专业博士学位。2002年被中山大学聘为副教授，2010年聘为教授，2016年认定为博士生导师。多次担任HSK总主考、汉语教师志愿者主考官和汉语教师资格证书主面试官。在《中国语文》《语言研究》《学术研究》《中山大学学报（社科版）》《世界汉语教学》《出土文献》等学术期刊上发表了20多篇论文。如：《西周金文"余""朕"和"我"的区别与混用》《"蔑历"新说》《"V/A得OC"结构中"得"具有致使义》《"由"字句的语篇分析》等。出版《西周铭文篇章指同及其相关语法研究》（河北大学出版社，2007）、《外国人学汉语语法偏误研究》（第二作者，北京语言大学出版社，2007；该书获教育部2009年人文社科优秀成果奖三等奖）、《中山大学国际汉语教育三十年教师论文集》（副主编之一，中山大学出版社，2011）等多部学术专著和论文集。主持"西周金文考证歧见汇释与相关语法研究"（国家社科）、"汉语网络资源建设"（国家汉办）等多个国家级和省部级科研项目。

朱　望（1956—   ），山西永济人。硕士，教授，硕士生导师。1982年毕业于云南大学外语系并留校任教至2005年。1998年破格晋升为教授，2005—2016年任教于汕头大学文学院外语系，自1993年起担任硕士生导师。教学和主要研究方向为现当代西方文化、现代英国文学。开设的本科和研究生课程包括：十九世纪以前的英国文学、二十世纪英国文学、后现代文学导论、英语文学研究、现代西方社会运动与文化思潮、现代西方政治思想等。多次赴英美做研究项目，在《外国文学》《外国文学研究》《国外文学》《欧洲研究》《思想战线》《解放军外国语学院学报》《外国语文》《重庆大学学报》《华文文学》及《中外文学》（台湾大学）等杂志上发表论文30余篇。主编出版2部英文教材：*Major Writers of Modern English Literature*《现代英国文学大家》（北京大学出版社，2011）；*Major Theorists of Modern and Contemporary Western Culture*《现当代西方文化名家》（北京大学出版社，2014）。建设"现当代西方文化和现代英国文学"的教学网站。完成教育部项目：中国—欧盟高等教育合作项目——关于"欧盟一体化过程中的英国民族性问题"的研究（1998）。获得教学和科研优秀成果奖多项，包括云南省级"优秀教师"称号（1994）、云南省"1996—1998年社会科学优秀成果三等奖"（2000）、"李嘉诚基金会卓越教师奖"（2012）。

朱晓燕（1963—　　），1979年应届毕业考入第一志愿的华南师范学院外语系英语师范本科专业；1983—1987年在中学任教四年，后考入广东省教育科学研究所，攻读现代教学理论方向硕士学位。1990年开始在广州师范学院从事英语教学法专任教学，并于1996年任副教授；1999—2003年在香港大学教育学院课程学系攻读全日制英语教学专业博士学位，于2003年12月获得哲学博士学位；后回到合并后的广州大学外国语学院任教，并于2004年任英语专业教授，2005年任硕士生导师；2009年开始在华南师范大学外国语言文化学院任英语专业教授和硕士生导师。其专业研究领域为外国语言学与应用语言学，主要方向是英语学科教学知识PCK、英语教学理论和实践、教材分析和教学设计、行动研究和质性研究等，现兼

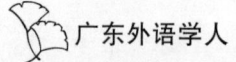

任中国高等教育学会中国英汉语比较研究会外语教师教育与发展专业委员会常务理事；中国英语阅读教育研究院学术委员；中国教育学会中国外语教学专业指导委员会教学研究与教师教育指导委员；广东省高校外语教师教学发展示范中心专家委员会成员；广东省中小学教材评审委员会委员；广州市"百千万教学名师培养对象"英语学科理论导师，先后担任广东省教育厅基础教育学科教学指导委员会专家组成员，广东省普通高中英语教学水平评估专家组成员，广东省高中英语教师全员职务培训网络远程课程英语专家组成员等。出版专著10部，包括《外语教师如何开展小课题研究》（专著，外语教学与研究出版社，2013）、《英语课堂教学策略：如何有效选择和使用》（专著，上海外语教育出版社，2011）、《未来之路——新教师入职教育》（第一作者，北京师范大学出版社，2009）、《新课程课堂教学技能与学科教学：初中英语》（第一作者，北京师范大学出版社，2007）、《中学英语单元课型教学行动研究》（主编，广东教育出版社，2007）、《中学英语新教师学科教学知识的发展》（专著，南京师范大学出版社，2004）；《英语教学技能训练》（专著，广东科技出版社，1995）等。已发表论文30多篇，其中包括《外语教师运用PCK框架提升其教学专业性的行动研究》《探寻华南地区外语教育优秀传统的内涵与特征——对广州高校九位资深外语教授的访谈分析报告》、*Understanding PCK*：*Its background, components and models——A comprehensive review on PCK in the past two decades* 等。主持并完成广东省中小学教学研究"十二五"规划重点课题"大学、中学合作开展高中英语课堂有效教学模式的实证研究"。